에니어그램

조선 왕들의
성격 이야기

조성민

박영사

머리말

아무리 높이 솟아 있어도 홀로 된 돌을 탑이라 하지 않습니다. 여럿이 받쳐 주며 높아질 때 탑이 됩니다. 산길 한쪽에 사람들이 오며 가며 쌓은 돌탑이 무너지지 않는 것은 돌을 균형에 맞춰 얹었기 때문입니다. 수없이 불어온 바람에 맞서지 않고 돌과 돌 틈 사이로 바람을 보내주었기 때문입니다. 세상에 맞서 홀로 우뚝 서기는 힘겹습니다. 여러 사람의 힘과 도움으로 더욱 강해지고 높아지는 것입니다.

사람은 사회적 동물이므로 살아가면서 참된 인간관계가 중요합니다. 사람에게는 9가지 성격이 있고 누구나 그중 하나를 가지고 태어납니다. 에니어그램(Enneagram)은 자신의 성격을 알 수 있도록 도와주는 프로그램입니다. 우리는 에니어그램을 통하여 타고난 재능과 능력에 기초한 전략을 계발함으로써, 자신이 처한 환경에 대처하는 법을 배우고 인간관계를 잘 형성할 수 있습니다.

본서는 에니어그램을 통해 조선 왕들의 성격을 분석함으로써 자신을 발견하고, 성격을 개선하며, 상대방을 이해하고, 인간관계를 개선하여, 자신이 처한 환경에 대처하는 법을 배울 수 있도록 다음과 같이 구성하였습니다.

제1장 [단번에 읽는 조선왕조의 역사]에서는 27명의 왕이 519년 동안 통치한 내용을 일목요연하게 압축하여, 언제 어디서든 짧은 시간에 조선의 역사를 한눈에 담도록 하였습니다.

제2장 [조선 왕들의 삶과 업적]에서는 구중궁궐에서 생활한 임금들의 특이한 삶의 특징을 살펴보고, 그들의 많은 업적 중에서 대표적인 4개의 업적을 선정하여 서술하였습니다.

제3장 [성격유형의 이해]에서는 에니어그램의 기초, 9가지 성격유형, 9가지 성격의 부속유형에 관해 살펴보았습니다. 에니어그램의 기초로 에니어그램의 의미와 에니어그램의 목적을 기술했습니다. 사람의 9가지 성격유형을 완진주의자·협조주의자·성취주의자·감정주의자·분석주의자·수호주의자·만능주의자·주장주의자·평화주의자로 나누어 알기 쉽게 설명하였습니다. 9가지 성격유형의 공통성향으로는 자기보존 본능·개인적 본능·사회적 본능의 3가지가 있으므로, 27가지 부속유형(9가지 성격유형×3가지 공통성향＝27가지 부속유형)의 특질을 분석하였습니다.

제4장 [조선 왕들의 성격유형]에서는 성격의 27가지 부속유형에 따라 27명의 조선 왕들의 성격유형을 분석했습니다. 이 분석 작업을 위해 ① 27명의 왕을 9가지 성격으로 3명씩 분류하고, ② 분류된 각 유형의 왕을 다시 부속유형으로 세분화하였습니다.

이상의 내용과 같이 현대인들에게 삶의 지표가 되는 이정표를 세우고자 『조선 왕들의 성격 이야기』를 집필했습니다.

본서를 출간하면서 떠오르는 분들이 있습니다. 호원대학교 김성필 교수, 대진대학교 소성규 교수, 한양사이버대학교 양재모 교수, 대전대학교 박진근 교수, 공주대학교 김지석 교수, 충북대학교 김판기 교수, 자동차보험전문가 박영민 박사, 십일번가(주) 박상민 이사, 서울중앙지방법원 김경수 부장판사, 전익수 장군(전 공군본부 법무실장), 배현모 변호사, 이용호 변호사, 기업은행 우창훈 지점장, 이동기 변호사(전 남부지방검찰청 검사장), 중부대학교 이기민 교수, 한성대학교 곽수환 교수, 문학의 빛 하옥이 발행인님에게 감사드립니다.

아울러 박영사 조성호 이사님, 편집부 소다인 선생님께 이 자리를 빌려 감사드립니다.

2024년 8월
한양대학교 민사법교실 연구실에서
民山 趙 誠 民

차례

제1장 단번에 읽는 조선왕조의 역사   9

조선 전기   10
골육상쟁의 한이 맺힌 태조
처세술의 대가 정조
왕자의 난으로 권력을 잡은 태종
부친의 덕을 많이 본 세종
세자 역할을 잘한 문종
비운의 왕이 된 단종
조카의 왕위를 뺏은 세조
조선 왕 중에서 최연소 아버지가 된 예종
상전이 많았던 성종
성격이 포악한 연산군
관운이 좋은 중종
가련한 왕, 인종
문정왕후 그늘에 가린 명종
당쟁에 휘말린 선조

조선 후기   30
중립외교를 펼친 광해군
굴욕의 왕, 인조
볼모로 잡혀갔던 효종
예송논쟁에 휘말린 현종
환국정치에 능한 숙종
당쟁의 화를 입은 경종
재위 기간이 가장 긴 영조
사도세자의 아들, 정조
세도정치의 막을 연 순조
최연소 왕, 헌종
농사짓다가 왕이 된 철종
대한제국의 초대황제 고종
조선의 마지막 왕, 순종

제2장
조선 왕들의 삶과 업적   47

태조의 삶과 업적   49
정종의 삶과 업적   55
태종의 삶과 업적   58
세종의 삶과 업적   64
문종의 삶과 업적   69
단종의 삶과 업적   73
세조의 삶과 업적   78
예종의 삶과 업적   82
성종의 삶과 업적   86
연산군의 삶과 업적   90
중종의 삶과 업적   95
인종의 삶과 업적   100
명종의 삶과 업적   103
선조의 삶과 업적   108
광해군의 삶과 업적   115
인조의 삶과 업적   120
효종의 삶과 업적   125
현종의 삶과 업적   130
숙종의 삶과 업적   135
경종의 삶과 업적   140
영조의 삶과 업적   146
정조의 삶과 업적   150
순조의 삶과 업적   155
헌종의 삶과 업적   160
철종의 삶과 업적   163
고종의 삶과 업적   167
순종의 삶과 업적   173

제3장
성격유형의 이해   183

에니어그램의 기초   184
9가지 성격유형   187
9가지 성격유형의 부속유형   204

제4장
조선 왕들의 성격유형   219

1유형—원칙주의자들   220
  순조: 자기보존 본능 1유형(SP1)
  예종: 개인적 본능 1유형(SE1)
  정조: 사회적 본능 1유형(SO1)
2유형—협조주의자들   232
  철종: 자기보존 본능 2유형(SP2)
  숙종: 개인적 본능 2유형(SE2)
  현종: 사회적 본능 2유형(SO2)
3유형—성취주의자들   244
  효종: 자기보존 본능 3유형(SP3)
  인종: 개인적 본능 3유형(SE3)
  세종: 사회적 본능 3유형(SO3)
4유형—감정주의자들   254
  헌종: 자기보존 본능 4유형(SP4)
  연산군: 개인적 본능 4유형(SE4)
  순종: 사회적 본능 4유형(SO4)
5유형—분석주의자들   267
  명종: 자기보존 본능 5유형(SP5)
  광해군: 개인적 본능 5유형(SE5)
  성종: 사회적 본능 5유형(SO5)

6유형—수호주의자들   279
선조: 자기보존 본능 6유형(SP6)
단종: 개인적 본능 6유형(SE6)
중종: 사회적 본능 6유형(SO6)

7유형—만능주의자들   291
세조: 자기보존 본능 7유형(SP7)
고종: 개인적 본능 7유형(SE7)
영조: 사회적 본능 7유형(SO7)

8유형—주장주의자들   303
인조: 자기보존 본능 8유형(SP8)
태조: 개인적 본능 8유형(SE8)
태종: 사회적 본능 8유형(SO8)

9유형—평화주의자들   317
정종: 자기보존 본능 9유형(SP9)
경종: 개인적 본능 9유형(SE9)
문종: 사회적 본능 9유형(SO9)

제 **1** 장

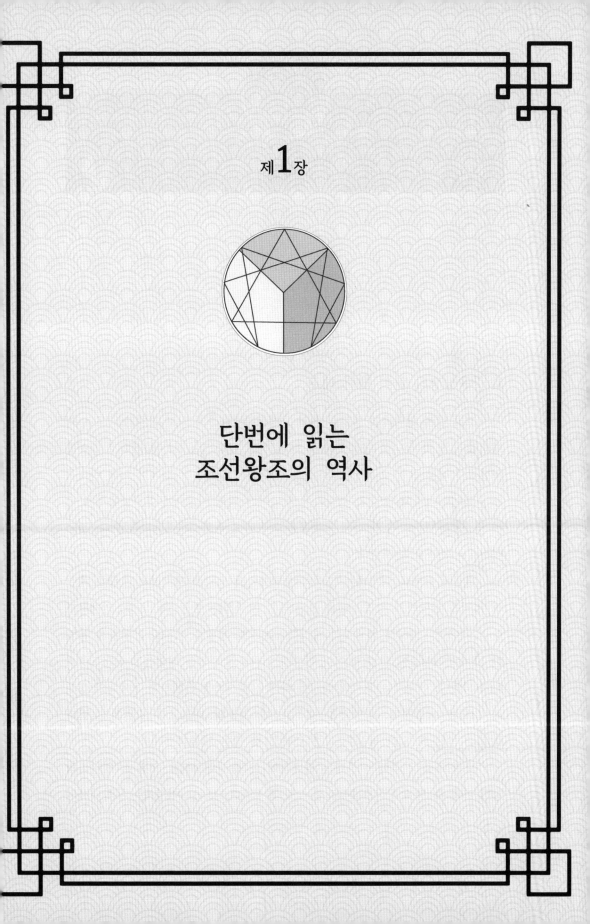

단번에 읽는
조선왕조의 역사

1. 골육상쟁의 한이 맺힌 태조

고려 말에 명나라의 철령위 설치 문제로 두 나라의 외교 관계가 극도로 악화되었다. 명이 무리한 공물 요구를 하며 철령 이북 땅을 차지하겠다고 고려를 위협했기 때문이다. 고려조정에서 요동 정벌이 결정되자 이성계가 이에 반대했으나 받아들여지지 않았다. 명나라를 정벌하기 위해 이성계가 우군도통사가 되어 좌군도통사 조민수와 함께 정벌군을 거느리고 위화도까지 나아갔으나, 결국 이성계는 회군을 단행했다.

개경에 돌아온 이성계는 고려의 실권자이던 최영을 제거하고 우왕을 폐한 뒤 정권을 장악하고 창왕(9세)을 옹립했다. 이성계는 수시중과 도총중외제군사가 되어 정치·군사적 실권자의 자리를 굳힌 후, 창왕을 폐하고 공양왕을 옹립한 뒤 수문하시중이 되었다. 이어 이성계는 전국의 병권을 장악하고 삼군도총제사가 되었다. 이성계는 조준의 건의에 따라 전제개혁을 단행하여 구세력의 경제적 기반을 박탈하고, 공양왕을 내쫓아 새 왕조의 태조로서 왕위에 올랐다(1392.7). 이로써 고려 왕실은 34왕 474년으로 막을 내렸다.

새 왕조를 건국한 이성계는 명나라에 대해 사대정책을 쓰면서, 명나라의 양해 아래 새 왕조의 국호를 「조선」으로 확정했다(1393.3). 이성계는 무학대사의 의견에 따라 한양을 새로운 수도로 정하고 수도를 개경에서 한양으로 이전했다 (1394.10). 태조는 경복궁과 4대문(홍인지문-동대문, 돈의문-서대문, 숭례문-남대문, 숙정문-북대문), 4소문(홍화문-동소문, 소의문-서소문, 광희문-남소문/수구문이라고도 부름, 창의문-북소문/자하문이라고도 부름)을 지어 왕성의 면모를 갖추었다. 그리고 정도전의 「조선경국전」을 비롯한 각종 법전이 편찬되고, 숭유척불정책을 시행해 서울에 성균관, 지방에는 향교를 세워 유학의 진흥을 꾀하는 동시에 전국의 사찰을 폐하는 등 불교를 배척하는 정책을 펼쳤다.

그 후 왕자 사이에 왕위 계승권을 둘러싸고 치열한 쟁탈전이 벌어졌다. 태조에게는 부인이 두 명 있었는데, 첫째 부인(신의왕후 한씨)은 아들 여섯을 낳았고, 둘째 부인(신덕왕후 강씨)은 둘을 낳아 아들이 모두 여덟 명이었다. 이렇게 아들이 많으니 누구에게 임금 자리를 넘겨주느냐로 태조가 골머리를 앓고 있던 중, 둘째 부인의 간곡한 부탁과 정도전의 역할로 막내인 방석을 세자로 삼았다. 그러자 다른 아들들은 화가 단단히 났는데, 첫째 부인의 다섯째 아들인 방원이 특히 더 그랬다. 방원은 군사를 이끌고 가서 세자 방석과 방번을 죽이고, 둘째 형인 방과가 왕이 되도록 하였다(1차 왕자의 난). 방원이 곧바로 임금이 되면 다른 형들이 싫어할 것이기 때문이었다.

와병 중에 일어난 1차 왕자의 난으로 이성계는 상심한 나머지 둘째 아들 방과(정종)에게 왕위를 물려주고 상왕이 되었다(1398.9). 이렇게 해서 조선의 두 번째 임금으로 정종이 들어섰다. 정종이 즉위한 후 넷째인 방간이 임금 자리를 차지하려고 또 한 번 반란을 일으켰다가, 방원에게 붙잡혀 멀리 귀양을 갔다(2차 왕자의 난-1400년). 정종은 3년 동안 허수아비 같은 임금 노릇을 하다가 왕위를 방원에게 넘겨주어, 방원이 조선의 3대 임금으로 즉위했고(태종) 이성계는 태상왕이 되었다.

두 차례에 걸친 왕자의 난에 울분하여 태조 이성계는 방원에 대한 증오심을 간직한 채 함흥으로 가버렸다. 태조는 자식들끼리 서로 죽이고 난리를 피우니, 자식들이 꼴 보기 싫어서 한양을 떠난 것이다. 형제들을 살해하고 왕위를 차지한 태종 이방원은 아버지로부터 왕위 계승의 정당성을 인정받기 위해 아버지를 궁궐로 모셔오려고 신하를 함흥으로 보낸다. 방원은 이 일을 맡은 신하에게 '차사'라는 벼슬을 주었는데, 차사란 중요한 일을 위해 파견된 임시 직책이었다. 태조 이성계는 방원이 보낸 차사가 오면 그 사신들을 죽이거나 잡아 가두어 돌려보내지 않았는데, 이때부터 한번 가면 돌아오지 않는 사람을 가리켜 '함흥차사'라고 했다. 함흥차사는 태종에 대한 태조의 증오심이 어떠했는지를 보여주는 단적인 예이다. 그 후 태조는 태종이 보낸 무학대사의 간청으로 한양으로 돌아왔다(1402). 태조는 불도에 정진하면서 덕안전을 새로 지어 그곳에서 염불삼매로 나날을 보내다가 창덕궁 별전에서 74세로 생을 마감했다.

2. 처세술의 대가 정조

태조의 둘째 아들 방과는 원래 왕위에 뜻이 없었다. 세자책봉 문제가 제기되었을 때도 개국의 업적은 모두 동생인 방원의 공로라며 세자 되기를 사양했으나, 방원의 양보와 권유로 세자에 책봉되었다. 이성계의 장남은 방우였으나 지병으로 일찍 사망하여 방과가 맏아들이 되었다.

제1차 왕자의 난 이후 백성의 원성과 신하들의 반발을 의식한 이방원이 자기 대신 옹립한 왕이 둘째 형인 방과(정종)였다(1398.9). 방과가 왕이 되었으나 모든 권력이 사실상 방원에게 있었기에 허울만 좋은 왕이었고, 동생의 눈치를 봐야했던 허수아비 왕이었다. 왕위에 오른 정종은 수도를 한양에서 개경으로 옮기고(1399년), '분경금지법'을 제정하여 관료들이 왕족과 외척들에게 의존하는 것을 금지하여 권력을 가진 귀족들의 힘을 약화시켰다. 또한 정종은 나랏일에 관심을 보이면 실권자인 방원이 가만있지 않을 거라는 생각으로, 모든 국사를 동생이 처리하도록 방임할 수밖에 없었다. 왕이 되었지만 정종은 실권이 없었으므로 스스로 몸을 낮추고, 처세술의 일환으로 격구(말을 타고 달리면서 막대기로 공을 쳐서 상대방 골문에 넣는 경기)를 즐겼다. 정무보다는 오락에 탐닉한 보신책 덕분에 정종은 방원과의 우애를 유지할 수 있었으나, 재위하는 동안 군왕의 대우를 온전하게 받지 못했다.

제2차 왕자의 난이 일어나자 정종은 방원을 세자로 책봉했다(1400.1). 방원이 정종의 동생임에도 세제(世第)가 아닌 세자(世子)에 책봉된 것은 정종을 왕으로 인정하지 않으려는 측면에서 나온 발상이었다. 형식적으로는 방원이 정종의 세자로서 왕위를 이었지만, 실제로는 태조의 세자로 왕위를 잇고자 했던 것이다.

정종은 왕족 및 권력자들의 사병을 혁파하고 병권을 '의흥삼군부'로 집중시켰다. 정종은 재위 2년 만에 동생인 방원에게 왕위를 물려주고 상왕으로 물러났다(1400.11). 정종에게 왕위를 내주라고 권유한 사람은 정비인 정안왕후 김씨였다. 정종이 왕위를 더 오래 유지하고 있다가는 방원에게 죽임을 당할 수 있다는 생각 때문이었다. 정종은 왕비로부터 퇴위를 권유받은 다음 날 왕위에서 물러났다. 정종과 정안왕후는 잠자리에서조차 죽음을 걱정해야 할 정도로 동생(방원)을 두려워했다. 이는 실권 없는 왕과 왕후의 처지가 얼마나 비참했는지를 단적으로 보여주는 예이다. 정종은 짧은 치세에도 후궁이 9명이었다. 정종은 상왕으로 물러난 뒤 인덕궁에 머물면서 격구, 사냥, 연회, 온천 등의 유유자적한 생활을 하며 63세까지 천수를 누렸다.

3. 왕자의 난으로 권력을 잡은 태종

이성계는 둘째 부인 강씨(신덕왕후)를 총애했다. 신덕왕후의 친정은 권문세가이고 정도전 등 개국공신들과도 친밀한 관계를 맺고 있었으므로, 그녀의 영향력은 세자책봉까지 미치게 되었다. 태조는 첫째 부인 한씨(신의왕후) 소생의 왕자들의 반발에도 불구하고 둘째 부인 강씨 소생의 여덟 째 아들인 방석(11세)을 세자에 책봉했다. 그러자 첫째 부인 한씨 소생의 아들들이 반발했고, 방원이 중심이 된 한씨 소생의 왕자들이 정도전 등 반대파를 습격하여 죽이고, 세자 방석과 그의 형 방번도 살해했다(제1차 왕자의 난).

이때 병중에 있던 태조가 방석과 방번 형제가 죽임을 당했다는 소식을 듣고 둘째 아들 방과에게 왕위를 물려주고 상왕으로 물러났다. 정종이 즉위하자 이성계의 4남 방간이 왕위 계승에 대한 야심을 노골적으로 드러냈는데, 방원이 정략적으로 왕자들의 사병을 혁파할 조짐을 보이자 왕위 계승에 대한 조정의 중론이 방원 쪽으로 기울었다. 이에 방간은 시기심과 불만이 쌓이게 되어 박포와 함께 제2차 왕자의 난을 일으켰다. 개성 한복판에서 방간(태조의 4남)과 방원(태조의 5남) 형제간에 치열한 시가전이 벌어졌으나, 방원이 방간의 무리를 진압했다.

정종은 상왕 태조의 허락을 얻어 방원을 세자로 책봉했다(1400.2). 세자에 책봉된 방원은 사병을 혁파하고 군사를 삼군부로 집중시켰으며 도평의사사를 의정부로 고쳐 정무를 담당케 했고 중추원을 삼군부로 고쳐 군정을 맡도록 하여, 방원은 세자 시절에 왕권안정책을 수립했다. 세자로 책봉된 지 9개월 후에 방원은 정종의 양위를 받아 조선의 제3대 왕으로 등극했다(1400.11). 등극 후에 방원(태종)은 「신문고」를 설치하여 억울한 일을 당한 백성이 자유롭게 청원하는 등 민심을 수습하고, 과거제도를 개선하여 귀족 위주의 관리 등용 제도를 혁파하고 능력과 실력 위주로 관리를 등용할 수 있게 하였다. 그리고 숭유억불정책이라는 개국 이념에 따라 불교와 도참사상을 억제했다. 태종은 경복궁이 준공되자 수도를 개경에서 다시 한양으로 옮겼다(1404.9/태종5).

이후로 한양은 500년 동안 조선의 문화와 정치의 중심지가 되었다. 또한 태종은 호패법을 실시하여 호구와 인구를 파악하고, '육조(이조·호조·예조·병조·형조·공조) 직계제'를 단행했다(1414년/태종14). 이로써 왕 → 의정부 → 육조 체제이던 국정이 왕 → 육조로 전환되면서 왕권과 중앙집권이 강화되었다.

그 후 태종은 장자인 양녕대군이 절제 없이 방탕한 생활을 일삼는다는 이유로 세자(1404년 세자에 책봉됨)에서 폐하고(1418년), 3남인 충녕대군(세종)을 세자로 삼았다. 그런데 태종은 왕권을 강화하기 위해 자신을 도왔던 원경왕후의 동생들인 민씨 집안의 처남들을 제거해 버렸다. 태종의 왕비 원경왕후에게는 4명의 남동생이 있었는데, 이들 중 민무구와 민무질은 1, 2차 왕자의 난과 태종의 즉위에 결정적인 역할을 한 인물이었다. 그들은 양녕대군과 각별한 사이였는데, 양녕은 어린 시절을 외가에서 보내며 외삼촌들인 그들과 매우 가까웠기 때문이다.

이런 이유로 제거되기 전의 민무구와 민무질 형제는 조정의 막강한 실세로 부각했는데, 태종은 이러한 처남들을 못마땅하게 생각했다. 더구나 태종은 즉위 이후 원경왕후 민씨와 자주 다퉜는데, 태종이 지나치게 색을 탐한 것에 대해 원경왕후가 반발했기 때문이다. 태종은 원경왕후가 오만하게 구는 것은 동생들의 권세에 바탕한 것이라고 판단하고, 권력이 막강한 처남들을 제거하려고 선위파동을 일으켰다. 즉, 태종이 세자(충녕대군)에게 왕위를 물려주겠다고 선언한 것이다(1406.8.16.). 이에 신하들이 선위는 불가하다고 상소했지만, 민무구 형제는 내심 태종의 선위를 바라고 있었다. 그러자 조정은 민무구 형제를 비판하는 양상을 띠고, 태종은 협유집권, 즉 어린 세자를 끼고 권력을 잡으려 했다는 이유로 처남들을 유배 보냈다가 자진하도록 했다.

세종이 즉위한 후(1418년) 세종의 정비 소헌왕후 심씨의 부친 심온이 세종 즉위 초에 영의정에 올라 사은사로 명나라에 갔다. 심온이 명나라에서 귀환하던 중, 아우 심정이 군국대사를 상왕인 태종이 처리한다고 불평을 하자, 심온은 이 사건의 수괴로 지목되어 사사되었다.

태종은 이처럼 세종의 왕권안정을 위해 피의 숙청을 마다하지 않았다. 태종의 문물제도 정비와 중앙집권체제의 정착 등 개혁에 힘입어 세종 대에는 정치적 안정과 문화적 발전을 이루게 되었다. 태종은 17년 10개월 동안 재위하고 56세를 일기로 생을 마감했다.

4. 부친의 덕을 많이 본 세종

세종은 1418년 6월에 왕세자에 책봉되었다가 8월에 태종의 양위를 받아 조선 제4대 왕으로 즉위했다. 세종 대에는 우리 민족사상 가장 빛나는 시기로 유교정치와 찬란한 민족문화를 꽃피웠다. 세종은 부왕인 태종이 이룩해 놓은 왕권안정을 바탕으로 정치, 경제, 사회, 문화 전반에 걸쳐 기틀을 확립했다. 육조직계제를 '의정부서사제'로 변혁하고 왕에게 집중되어 있던 국사를 의정부로 넘김으로써 왕권과 신권이 조화된 유교적 왕도정치를 이끌어냈다.

세종 대의 정치체제의 변화는 유교정치의 진전에 의한 것이었다. '집현전'을 통해 많은 인재가 양성되었고, 유교정치의 기반이 되는 의례제도가 정비되었으며, 다양하고 방대한 편찬사업이 이루어졌다. 집현전은 고려시대에 설치된 기관으로 조선 정종시대에도 설치된 일이 있었지만, 세종 초에 이르러 기능이 대폭 확대되었다(1421년/세종3년). 개편된 집현전은 학문적 사업뿐만 아니라 인재 양성과 새로운 문화 창작에 목적을 두었다. 집현전에는 젊고 유망한 학자들이 채용되었고 특전이 주어졌다. 학문에 전념할 수 있도록 생활비를 지원하고, 집현전에 소속된 관원은 경연관·서연관·시관·사관 등의 직책을 겸하게 했다. 집현전 인재들은 책 편찬사업과 훈민정음 연구사업에 투입되어 훈민정음 체계를 완성했으며, '훈민정음 창제'는 세종의 가장 빛나는 업적이다.

세종은 『농사직설』을 비롯한 실용 서적과 역사, 법률, 지리, 문화, 유교, 어학 등 다양한 분야에서 획기적인 성과를 얻어냈다. 천문학을 전문적으로 연구하는 서운관이 설치되어 천체 관측 기계인 혼천의, 해시계인 앙부일구, 물시계인 자격루와 옥루, 강우량 계측기인 측우기 등을 만들어 백성들의 생활에 도움을 주었다.

세종은 박연을 등용해 아악을 정리하고 금속화폐인 조선통보를 주조했다. 그리고 농업과 과학기술의 발전, 의약기술과 음악 및 법제의 정리, 공법의 제정, 국토의 확장 등 수많은 사업을 통해 민족국가의 기틀을 공고히 했다. 나아가 세종은 국토의 개척과 확장을 통해 국력을 신장시켰다. 두만강 방면에 육진개척, 압록강 방면에 사군을 설치하여 두만강과 압록강 이남을 조선의 영토로 편입하는 대업을 이뤘다.

천부적인 능력과 뛰어난 인성 그리고 넓은 덕을 바탕으로 조선왕조의 역사적, 문화적, 정치적 기틀을 닦아놓은 세종은 54세를 일기로 세상을 떴다.

5. 세자 역할을 잘한 문종

문종은 세종의 맏아들로 조선 전기 제5대 왕이다. 세종 즉위 3년에 왕세자에 책봉되어 29년 동안 왕세자로 있었으며, 세자로서 8년간(1442~1450) 섭정을 하면서 실제적인 정치 경험을 쌓았다. 부왕 세종은 세자가 섭정을 하는 데 필요한 기관인 첨사원을 설치하여 국가의 중대사를 제외한 모든 서무는 세자의 결재를 받도록 하였다.

세종이 승하하자 문종은 조선 최초로 적장자로서 왕위에 올랐다. 따라서 정통성 시비에서 자유로웠고 부왕 세종의 화려한 업적으로 누구보다 좋은 시대적 배경에서 등극했다. 문종은 언론에 대한 관대한 정치를 펼쳤는데, 6품 이상의 신하들이 돌아가며 왕과 응대를 하면서 정무의 잘잘못을 아뢰는 윤대를 허락하는 등 하급 관리들의 말도 경청하는 열린 정책을 폈다. 또한 문종은 학문을 좋아했고 학자들을 아꼈으며 많은 서적들을 편찬했다.『고려사』개찬과『고려사절요』편찬은 조선왕조의 정치·제도·문화의 정리를 위해 중요한 의의를 가진 사업이었다. 문종은 군정에도 관심이 많아 병법의 정비와 군정의 안정을 위해『동국병감』을 편찬했다. 즉위 초에 12사로 분리돼 있던 군제를 5사로 집약시킴으로써 군제개혁을 단행했다. 문종은 역사와 병법을 정리함으로써 사회기반을 정착시키고 제도를 확립하고자 했다.

문종은 학식과 인품을 갖춘 성군으로 성장할 자질이 있었다. 다만 세종이 말년에 세자섭정을 시킨 것이 오히려 왕권을 약화시키는 결과를 초래했다. 그 와중에 문종의 두 동생 수양대군과 안평대군 등 종친세력이 커진 것이 화근이 되었다. 문종이 39세에 사망하자, 나이 어린 세자 단종이 즉위했다.

6. 비운의 왕이 된 단종

단종이 8세가 되던 해(1448년/세종30)에 세손에 책봉되고, 세종이 죽고 문종이 즉위하자 세자로 책봉되었다(1450년). 문종이 고명(임금이 신하에게 유언으로 뒷일을 부탁하는 일)을 남기고 병사하자, 단종이 12세에 조선의 제6대 왕위에 올랐다(1452년). 어린 나이에 왕위에 올랐으나 대왕대비, 대비, 왕비도 없었으므로 수렴청정할 고치도 빌을 수가 없었다.

그러므로 문종의 고명을 받은 대신들과 세종의 부탁을 받은 집현전 학사 출신들이 단종을 보좌했다. 모든 조치는 의정부와 육조가 도맡아 했으며 왕은 형식적인 결재만 했는데, 인사권 결재에도 신하들이 인사 대상자의 이름에 황색 점을 찍어 올리면 왕은 단지 그 점 위에 낙점을 하는 '황표정사' 제도를 썼다. 따라서 정치권력은 고명대신인 황보인, 김종서 등에게 집중되었으므로, 왕권은 유명무실해지고 신권이 절대적인 위치에 이르러 왕족의 세력이 팽창해지기 시작했다.

단종 즉위 2년 차에 숙부 수양대군이 왕위찬탈을 도모하기 위해 계유정난을 일으켜 고명대신들(김종서·황보인 등)을 주살하고 정권을 장악했다(1453.10). 중앙을 장악한 수양대군은 변방도 장악하기 위해 김종서의 측근인 함길도 도절제사 이징옥을 교체했다. 그러자 이징옥은 신임절제사로 부임하던 박호문을 참살하고 난을 일으켰으나(이징옥의 난), 실패함으로써 수양대군이 조정의 실권자가 되었다.

단종이 14세가 되던 해에 송현수의 딸을 왕비(정순왕후)로 맞이했다(1454.1). 수양대군은 자신의 권력기반을 공고히 하기 위해 금성대군(수양대군의 동생) 등 단종의 측근 신하들을 죄인으로 몰아 유배시켰다. 위험을 감지한 단종은 왕위를 내놓고 상왕으로 물러나 수강궁으로 옮겨갔다. 그 후 집현전 학사 출신 등에 의해 단종복위 사건이 일어났으나 실패하자(1456.6), 단종은 노산군으로 강봉되어 강원도 영월에 유배되었다. 단종복위 사건을 주도한 성삼문·박팽년·이개·하위지·유성원·유응부들을 '사육신'이라 부르고, 세조 밑에서 한평생 벼슬을 하지 않고 단종을 위해 절개를 지킨 김시습·남효온·성담수·원호·이맹전·조려 등을 '생육신'이라 부른다.

몇 달 후에 유배되었던 금성대군이 단종복위를 계획하다가 발각되어(1456.9) 단종은 서인으로 강등되었다가 17세에 사사되었다(1456.10). 조선 후기에 들어와 숙종에 의해 노산대군으로 추봉되었다가(1681년) 단종으로 복위되었다(1698년/숙종 15).

7. 조카의 왕위를 뺏은 세조

세조는 '계유정난'을 일으켜 국정을 마음대로 처리하다가, 1455년에 단종을 핍박하여 39세에 왕위를 물려받은 조선의 제7대 왕이다. 즉위한 세조는 단종을 상왕에 앉혔다. 세조가 즉위한 지 1년 후에 성삼문 등 사육신으로 불리는 집현전 학사 출신들의 단종복위 사건을 계기로 세조는 단종을 노산군으로 강봉해 영월로 유폐시켰다(1456년). 세조의 아우 금성대군이 다시 한번 단종복위 사건을 일으키자 세조는 갈등의 불씨를 없애기 위해 단종을 살해했다(1457년).

세조는 왕권강화를 목적으로 의정부 서사제를 폐지하고 육조직계제를 시행했다. 백성들의 동향을 파악하기 위해 태종이 실시했던 호패법을 다시 복원시켰다. 성삼문 등의 단종복위 사건을 빌미로 학자 배출소로 자리 잡았던 집현전을 폐지했고, 정치 문제를 토론하고 대화하는 경연을 없애버렸다.

재위 초기의 불안정한 정국이 수습되자 세조는『경제육전』정비,『경국대전』찬술 시작 등 왕조정치의 기반인 법전 편찬과 문화 사업으로 사회를 일신시켰다. 관제개혁, 국방력 강화, 직전제 실시 같은 업적도 남겼다. 또한 세조는 관제 개편과 관리들의 기강 확립을 통해 중앙집권제를 확립하고 민생안정책과 유화적인 외교 활동을 통해 민간생활의 편리를 꾀했다.

세조는 모든 정무를 자신이 직접 처리하기 위해 비서실 중심의 측근 정치를 펼쳤다. 이로 인해 왕명을 출납하는 승정원의 힘이 막강해질 수밖에 없었고, 그 결과 '원상제'가 탄생했다(1468년). 세조가 말년에 악화된 건강 때문에 도입한 원상제는 왕이 지명한 3중신(한명회·신숙주·구치관)이 승정원에 상시 출근해 왕자(예종)와 함께 모든 국정을 결정하는 대리서무제였다.

세조 대는 왕권이 명실공히 강화된 시기였다. 하지만 세조의 상명하달식 국정 운영은 정국경색을 초래했으며 공신들의 권력 남용으로 비리가 누적되기도 했다. 세조의 정치는 왕권강화에 기여한 면은 있으나 정치 운영에서는 분치가 아닌 무단 강권정치로, 인재 등용에서도 실력 중심이 아닌 측근 중심의 인사로 일관하여 병폐가 심각했다.

세조는 즉위 기간 내내 단종을 죽인 죄책감에 시달렸다. 이로 인해 세조는 궐내에 사찰을 건립하는 등 불교를 융성시키는 정책을 펼치기도 했다. 불교 융성책은 유교적 입지가 약한 그의 현실적인 측면이 있다. 형제들을 죽이고 조카의 왕위를 찬탈하는 것도 부족해 결국 죽여 버린 패륜적인 행동이 명분과 예를 중시하는 유교적 입장에서는 용납할 수 없기 때문이다. 세조의 친불정책은 유교 이념에 투철한 성리학자들을 견제하기 위한 수단이기도 했다.

세조는 11년간 재위를 하고 52세를 일기로 세상을 떴다.

8. 조선 왕 중에서 최연소 아버지가 된 예종

세조의 장남 의경세자가 18세의 나이로 세자에 책봉되었으나 2년 후에 횡사했다(1457년). 예종은 세조의 둘째 아들로 형(의경세자)이 사망하자 8세의 나이로 세자에 책봉되어, 세조 사후 19세에 즉위한(1468.9) 조선의 제8대 왕이다. 예종은 11세에 5세 연상인 영의정 한명회의 딸(장순왕후)과 혼인하여 이듬해 인성대군을 낳아 조선의 왕들 중에서 최연소 나이(12세)의 아버지가 되었다. 장순왕후는 산후병으로 사흘 만에 요절하고 인성대군도 얼마 살지 못하고 3세에 사망했다.

예종은 세자 시절인 1466년부터 승명대리로 정치에 참여하면서 세조의 통치 방법을 몸에 익혔다. 예종은 세자 시절에 왕의 서무에 참여한 일로 국사 처리가 생소한 것은 아니어서 조정은 흔들림이 없었으나 왕권은 미약했다.

예종은 즉위년에 현직 관료에게 지급하는 직전에 대한 수조법을 제정했고, 이듬해에는 각 도와 읍에 있는 둔전을 일반 농민이 경작하도록 허락했다. 예종은 건강이 좋지 않아 왕권을 실질적으로 행사하지 못하고, 모후 정희왕후(세조비)가 수렴청정을 함으로써 조선왕조 최초의 수렴청정이 이루어지게 되었다. 또 부왕 세조가 죽기 전에 예종의 원만한 정사운영을 위해 마련한 신하들에 의한 섭정제도인 원상제의 도움을 받았으므로 치세가 이루어졌다.

유자광의 계략으로 '남이의 역모사건'이 발생하여 남이를 비롯한 그의 측근들을 처형시켰다(1468년). 이듬해에는 삼포에서 행해지던 왜와의 사무역을 금지하였다(1469년). 각도에 있는 병영에 예속된 전답인 둔전을 일반 농민이 경작하도록 했다(1469.6). 최항 등이 『경국대전』을 찬진했으나(1469.9), 반포를 하지 못했다.

예종은 14개월 동안 재임하고 20세에 요절했다.

9. 상전이 많았던 성종

예종이 죽고 그 아들 제안군이 아직 어리자(4세), 정희대비가 대신들과 의논해 의경세자(덕종으로 추존)의 둘째 아들 13세의 자을산군을 왕위에 앉히니, 이가 조선의 제9대 왕인 성종이다. 세조의 첫째 아들인 의경세자에게는 장남 월산군(16세)이 있었으나, 정희대비는 당대 최고의 권력가이며 자을산군(성종)의 장인 한명회와 정치적 결탁을 하여 왕위에 올렸다. 어린 나이로 성종이 왕위에 오르자 정희왕후가 수렴청정을 시작했고, 성종이 성인이 되어 친정을 하자 7년 동안의 섭정이 끝났다(1478년).

성종은 어린 나이에 왕위에 올랐으나 자신을 지켜줄 왕실 여인이 3명이나 있었다. 할머니 정희왕후(세조 비), 어머니 소혜왕후(덕종 비인 인수대비), 숙모 안순왕후(예종 계비) 등이 그들이었다. 정희왕후가 수렴청정하며 든든한 후원자가 되주어 성종은 20세가 될 때까지 왕이 될 준비를 차곡차곡 쌓았다.

치세에 능한 성종은 권신을 견제하기 위해 사림세력을 끌어들여 권력의 균형을 이룸과 동시에 유교사상을 더욱 정착시켜 왕도정치를 실현해 나갔다. 성종은 훈구세력(세조 때의 공신들)을 견제하고 신진사림세력을 근왕세력으로 성장시켰다. 성종은 훈신과 사림 간의 균형을 이룸으로써 왕권을 안정시켰고, 조선 중기 이후의 사림정치의 기반을 조성했다. 성종은 조선왕조의 전반적 체제를 완성시킴으로써 조선개국 이래 태평성대를 이뤘다. 성종시대는 조선개국 이래 가장 평화로웠던 시기였다.

성종은 세조 때부터 편찬해 오던 『경국대전』을 완성하여 반포했다(1485년). 경국대전은 고려부터 조선 초까지 1백여 년간에 걸쳐 반포된 여러 법전, 교지, 조례, 관례 등을 총망라한 것이다. 또한 『대전속록』 완성 등 통치의 전거가 되는 법제를 완비했고, 토지의 세습·겸병 및 관리들의 수탈을 방지하기 위하여 관수관급제를 실시하여 민생의 안정을 도모했다. 성종 대는 태평성대와 더불어 퇴폐풍조를 낳았는데, 성종 자신이 집권 후기에 들어서 유흥에 빠져들어 궁중을 빠져나가 규방을 출입했기 때문이다. 성종은 12명의 부인을 거느리고 30명의 자식들이 있었다. 성종의 방탕한 생활로 인해 왕의 총애를 독차지 했던 왕비 윤씨(연산군의 모친)가 성종의 얼굴에 손톱자국을 내는 사건이 발생해 폐비사건으로 비화되었다.

성종은 25년간 재위하고 38세에 사망했다.

10. 성격이 포악한 연산군

성종은 첫째 부인인 공혜왕후가 사망하자 후궁인 윤씨를 중전으로 간택하여 연산군을 낳았다. 연산군을 출산한 지 4개월 후부터 중전 윤씨는 시어머니 인수대비(성종의 모친인 소혜왕후)와 갈등이 시작되었다. 며느리인 중전 윤씨가 질투가 심해 성종의 얼굴을 할퀴어 상처를 냈기 때문이다. 며느리 윤씨는 또한 성종의 후궁들을 투기하여 그들을 저주하고자 굿을 하는 책과 왕 주위의 후궁들을 독살할 요량으로 비상을 숨겨놓았다가 발각되었다. 이에 화가 난 성종이 중전을 빈으로 강등하여 별궁으로 내쳤다. 이후에도 윤씨가 잘못을 뉘우치지 않고 질투심으로 왕의 얼굴에 손톱자국을 내자 왕의 분노도 컸지만, 시어머니인 인수대비의 격분은 더 심했다. 성종은 윤씨를 폐서인시키고 출궁시켰다.

성종은 윤호의 딸을 왕비로 간택했다(정현왕후). 윤씨가 폐출된 지 3년이 지나자(1482년), 조정에서는 왕자 연산군을 세자에 책봉해야 한다는 논의와 더불어 폐비 윤씨에 대한 동정론이 대두되었다. 윤씨 동정론에 위기를 느낀 인수대비는 그녀를 위기상황으로 몰아넣고자 성종을 사주하여 윤씨를 사사케 했다. 성종은 폐비 윤씨에 대한 일을 세자인 연산군에게 비밀에 부치라는 어명을 내렸다.

연산군은 계모인 정현왕후(성종의 세 번째 부인이며 중종의 친모)의 아들로 자라게 되었다. 연산군은 생모의 존재를 모르고 성장했으므로, 안정된 양육을 받지 못했다(4세 때 어머니 윤씨가 폐위되고 7세 때 어머니가 죽음). 연산군은 윤씨가 폐출된 후 5년 만에 8세의 나이로 세자에 책봉되었다(1483년). 할머니 인수대비는 세자 융(연산군)에게 지나칠 만큼 혹독하게 대했으나, 정현왕후의 아들 진성대군(중종)에게는 친절하게 대해 연산군의 가슴에 응어리를 만들었다. 연산군은 왕이 될 때까지 생존의 위협에 시달렸으므로, 정서 불안·애정 결핍·자신감 결여·의존심·심한 분노 감정 등을 갖게 되었다. 따라서 연산군은 자신의 내면을 쉽게 드러내지 않았고, 괴팍하고 변덕스러우며, 학문을 싫어하고 고집스럽고 독단적인 성향이 강했다.

성종이 승하하자 19세의 연산군이 조선의 제10대 왕위에 올랐다. 연산군은 즉위하여 4년 동안은 국정 수행을 올바르게 했으나, 자신의 생모를 죽음으로 몰아넣은 사건의 전말을 알고 난 후부터 극단적인 광기와 잔인성이 폭발했다. 연산군은 광폭한 살육과 학정 등의 광기 어린 행동을 통해 내면의 갈등을 해소하려고 했다. 마음에 분노가 가득하고 정치적으로 불안정한 위치에 있던 연산군은 왕권강화를 위해 '무오사화', '갑자사화'를 일으켜 사림과 훈구세력에 대해 대규모 숙청을 단행했다. 연산군은 또한 엽기적인 향락을 추구했는데, 채홍사를 두어 음악적 재능과 미색을 갖춘 장악원의 기생인 흥청(궁중으로 들어온 기생) 1,000명을 선발했다. 연산군은 흥청과 놀기 위해 경복궁에 경회루를 설치하고, 여색을 탐하기 위해 연회를 자주 열어 물자를 낭비해 국고를 소진시켰다. 여기서 재산을 탕진해 마음껏 떠들고 논다는 뜻인 '흥청망청'이라는 말이 생겨났다. 연산군에겐 많은 후궁이 있었는데 그중에서 장녹수를 제일 총애했다.

연산군의 계속된 폭정으로 민심이 이반되자 성희안·박원종 등이 군사를 일으켜 연산군을 폐하고, 성종의 둘째 아들 진성군(중종)을 왕으로 옹립한 사건이 중종반정이다(1506년). 중종반정으로 12년 동안의 연산군과 궁중세력의 독재 정치는 종식되었다. 중종반정으로 연산군은 왕자의 신분으로 강등되어 강화도에 유배되었다가 두 달 뒤에 31세를 일기로 생을 마감했다.

11. 관운이 좋은 중종

중종은 성종의 둘째 아들이며, '중종반정'으로 연산군을 쫓아낸 뒤 19세에 추대된 조선의 제11대 왕이다. 타인의 손에 의해 권좌를 차지한 관운이 좋은 임금이다. 중종반정은 성희안과 박원종에 의해 계획되었다. 성희안은 이조참판으로 연산군의 방탕한 국정 운영을 비판하는 시를 지어 올렸다가 미관말직으로 좌천되었다. 무신 출신인 박원종은 국가 재정 문제를 맡았던 관료로 연산군의 사치행각을 간언하다가 삭직되었다. 성희안과 박원종은 거사를 결행하여 궁궐을 쉽게 장악하였다. 거사에 성공한 이들은 정현왕후(성종의 계비이자 진성대군 중종의 모친)를 찾아가 연산군을 폐하고, 진성대군으로 하여금 왕위를 잇도록 하는 교지를 받아냈다.

이러한 과정으로 등극한 중종은 연산군의 폐정으로 말미암아 문란해진 나라 기강을 바로잡고 정치 수준을 끌어올리는 데 역점을 두었다. 왕의 자문을 담당하는 홍문관의 기능을 강화하고, 경연을 중시하여 정책 논쟁의 강도를 높였다. 이러한 정책은 왕도정치를 앞세워 훈신과 척신들의 세력 팽창을 견제하기 위함이었는데, 초기에는 거의 실효성을 거두지 못했다. 반정공신 세력에 밀려 중종이 조정의 주도권을 장악하지 못했기 때문이다.

따라서 중종은 공신세력을 견제하기 위해 신진사림세력이자 급진개혁론자인 조광조를 끌어들였다. 엄격한 도학사상가인 조광조를 앞세운 중종은 도학사상에 근거한 철인정치를 표방하며 조정을 장악하고 있던 공신세력을 견제하는 동시에 철저한 유교정치를 펼쳐나갔다. 중종은 민간에 유교적 도덕관을 심기 위해 '여씨향약'을 전국적으로 실시했는데, 여씨향약은 유교사상을 기반으로 한 민간 자치 규율이다. 중종은 또한 과거제가 인재를 등용하는 데 한계가 있어 천거 등용제인 현량과를 실시했다.

조광조의 개혁정책은 지나치게 급진적이고 과격해서 훈구세력의 반발을 불러일으켰다. 중종은 조광조의 급진적 경향에 염증을 느끼고 다시 훈구파의 전횡을 용인하게 되면서 개혁정치의 기운은 사라지고 내정은 각종 옥사로 혼탁해졌다. 훈구파 일파가 반정공신 위훈 삭제 사건을 계기로 조광조 일파를 몰아낼 계획을 세웠다. 이들은 조광조 일파가 붕당을 만들어 요직을 독차지하고 임금을 속여 국정을 어지럽히려 한다는 상소를 올렸고, 중종은 훈신들의 상소를 받아들여 조광조 등 신진세력을 숙청하는 '기묘사화'를 일으켰다. 기묘사화로 조광조를 통한 4년 동안의 중종의 개혁정치는 종말을 고했다.

군사면에서는 북로남왜가 괴롭히는 정세가 이어져 중종은 비변사를 설치해 대응했다. '비변사'는 이후 영구적인 합좌기관으로 발전하여 군사적 기능뿐만 아니라 정치기관의 성격도 띠었다. 문화면에서는 주자도감을 설치하여 많은 동활자를 주조하여(1516년) 『사성통해』, 『속동문선』, 『신동국여지승람』 등이 편찬 간행되었다. 경제면에서는 저화와 동전 사용을 적극 권장하고 도량형의 통일을 꾀했다. 또한 의복, 음식, 혼인 등과 관련된 사치를 금지했으며, 신인 관리들에 대한 황영배례를 금하는 등 민생안전을 노력을 가했다.

중종은 38년간 재임하고 57세에 사망했다.

12. 가련한 왕, 인종

중종의 아들인 인종은 세자로 책봉되어(1520년/중종15) 25년간 세자의 자리에 있다가 즉위하여(1544년) 9개월간 재위했다. 그는 조선의 역대 왕들 가운데 가장 짧은 치세를 남긴 조선의 제12대 왕이다. 인종은 태어난 지 7일 만에 생모 장경왕후가 사망하여 계모인 문정왕후 윤씨 손에서 자랐다. 인종은 3세 때부터 글을 읽기 시작했고, 8세에 관례를 행하고 성균관에 들어가 매일 세 차례씩 글을 읽었다. 인종은 성품이 어질었고 도학사상(선비 정신과 의리의 근원이 된 사상)에 매료되어 여자를 일체 가까이하지 않았다.

인종의 어진 성품은 계모 문정왕후의 표독하고 사악한 성격을 방치하는 요소도 작용했고 자신의 생명을 단축시키는 결과를 초래했나. 문성왕후는 고약하고 시기심이 많아 전실 부인의 아들인 인종을 괴롭히고 죽이려 했다. 인종이 세자로 있을 때 부부가 잠들어 있는데 동궁이 불에 타고 있었다. 인종은 누가 불을 지른 것인지 알고 있었기 때문에 빈궁을 깨워 먼저 나가라고 하고, 자신은 불타 죽겠다고 했다. 계모인 문정왕후가 자신을 그토록 죽이려고 하니, 자식 된 도리로 죽어주는 것이 효를 다하는 것이라고 생각했기 때문이다. 위급한 상황에서 세자를 애타게 부르는 중종의 목소리가 들렸다. 인종은 죽는 것이 문정왕후에겐 효행이 되나 부왕에겐 불효이자 불충이라고 말하면서 빈궁과 함께 불길을 헤쳐 나왔다. 인종은 불을 낸 범인을 뻔히 알면서도 이를 발설하지 않았다.

중종의 계비 문정왕후는 35세의 늦은 나이에 어렵게 명종을 낳았다. 명종이 태어났을 때 장경왕후의 아들 인종은 20세였으므로, 명종이 왕이 될 확률은 거의 없었다. 하지만 인종에게는 후사가 없어 인종이 일찍 죽게 된다면 명종의 왕위 계승이 가능한 상황이므로, 문정왕후는 호시탐탐 그런 결과를 노리고 있었다.

30세에 즉위한 인종은 이듬해에 기묘사화로 없어진 현량과를 복구시켜 조광조 등의 사림세력들을 신원(억울함을 풀어줌)했다(1545년). 인종은 자신이 익히고 배운 도학사상을 현실 정치에 응용하려는 의도에서 사림들을 다시 등용시켰다.

성군이었던 인종은 미처 뜻을 펼쳐보지도 못하고 재위 9개월 만에 31세로 사망했다(1545.7). 인종이 일찍 죽은 원인은 계모인 문정왕후의 시기심에 있었다. 어느 날 문정왕후가 내놓은 독이 든 떡을 먹고 시름시름 앓다가 숨을 거둔 것이다. 문정왕후의 극악스러움이 먹혀들었던 것은 인종이 너무나 유약하고 선하기만 했기 때문이다.

13. 문정왕후 그늘에 가린 명종

명종은 중종의 둘째 아들로 인종의 동생이며, 인종이 재위 9개월 만에 죽자 12세의 나이에 즉위한 조선 제13대 왕이다. 명종이 나이가 어렸으므로 어머니 문정왕후가 8년 동안 수렴청정을 했는데, 외척인 윤원형(문정왕후의 동생)이 '을사사화'를 일으켜(명종1/1545년), 선대왕 인종 시기에 있었던 왕권 계승과 관련한 반대파를 숙청했고 인사권을 전횡하는 등 횡포가 심했다. 을사사화로 조정을 장악한 윤원형은 미처 제거하지 못한 정적들을 제거하기 위해 다시 '양재역

벽서사건'을 일으킴으로써, 윤원형 일파가 정적들을 모두 제거하고 조정을 완전히 장악해 외척 전횡시대가 도래했다.

윤원형의 세도는 명종이 친정을 한 이후에도 계속되었으므로, 명종이 윤원형을 견제하고자 친위세력을 형성하기 위해 이량(명종의 비 인순왕후의 외삼촌)을 등용했지만, 이량의 부정부패가 극에 달했다. 게다가 권신들의 횡포에 시달리고 있는 명종에게 문정왕후까지 왕을 괴롭혔다. 문정왕후는 자신이 원하는 일을 종이에 적어 보냈다가 그것이 수용되지 않으면 왕을 불러 모욕을 주거나 폭행까지도 자행했다.

따라서 왕의 권위가 땅에 떨어지고 조정대신들은 권력을 독점하며 사리사욕을 채워 사회는 어수선한 데다가, 흉년이 계속되어 백성들이 굶주림에 시달리게 되어 도처에서 도적 떼가 난립했다. 특히 양주 백정 출신 임꺽정이 도적 떼의 두령들을 모아 관군을 괴롭혔는데, 임꺽정은 3년 동안 전국 5도를 누볐다(1559~1562년). 하지만 임꺽정은 백성들 사이에서 의적으로 통해 그를 잡으러 다니는 관군이 오히려 민간의 원흉으로 취급되었다.

이렇게 사회가 혼란스러워지자 국방이 허술해져 왜구가 전라도에 침입했다(을묘왜변). 명종은 을묘왜변을 계기로 중종 때 임시로 설치된 비변사를 상설기구화 하고 외침에 대비하는 방안을 마련했다. 그런데 조선 사회 혼란의 원인은 문정왕후에 있었다. 문정왕후는 왕권을 마음대로 쥐고 흔들며 자신의 권력을 이용하여 친정 동생 윤원형의 폭압적인 권력독점과 남용을 후원했다.

문정왕후가 죽자(1565년) 조선은 급속도로 평화를 되찾기 시작했다. 명종은 모후 문정왕후의 극악스러움에 눌려 평생 눈물로 왕위를 지켜야 했다. 명종은 인순왕후 심씨와의 사이에 순회세자를 얻었으나 13세의 어린 나이에 사망했다. 명종은 후사를 남기지 못해 중종의 9번째 아들인 덕흥군의 셋째 아들 하성군(선조)이 왕위를 이어받았다.

명종은 22년간 재위하고 34세에 사망했다.

14. 당쟁에 휘말린 선조

명종이 후사 없이 죽자 16세에 즉위한(1567.6) 조선의 제14대 왕이 선조이
다. 선조는 중종의 서손으로 왕위를 이어받아 조선은 서얼 출신인 방계승통시대
를 열어나가게 되었다. 이때부터 외척중심의 척신시대가 사라지고 사림세력이
중용되어 붕당정치시대가 도래했다. 선조는 즉위 초부터 사화를 입은 사림들을
신원하고 이황·이이 등을 중용하여 침체 된 정국에 활기를 불어넣으려고 노력
했다. 하지만 사림들은 파벌로 갈라져 당쟁이 극심해졌고 국력은 더욱 쇠잔해졌다.

사림 분열은 신진사류 김효원과 심의겸(명종비 인순왕후의 동생)의 암투로 시
작되었다. 김효원이 인사권을 쥐고 있는 전랑직에 천거되자, 심의겸은 그가 윤
원형(문정왕후의 동생)에 아부한 소인배라고 하면서 반대했지만 김효원이 취임했
다. 얼마 후 김효원이 다른 자리로 인사이동을 하자, 심의겸의 아우 심충겸이
후임으로 천거되었다. 전랑직을 둘러싼 두 사람의 대립이 가속화되고 사림들은
동인과 서인으로 갈라졌다. 김효원의 집이 도성 동쪽(건천동)에 있어 '동인', 심
의겸의 집이 도성 서쪽(정동)에 있어 '서인'이라 불렀다.

동인이 조정을 장악했을 무렵, '정여립의 모반 사건'이 발생했다. 정여립은
과거에 급제한 후 이이 등 서인과 친밀한 교분을 이어오다가, 이이가 사망하자
동인 측에 붙었다. 정여립의 처신과 과격한 기질은 선조에게 용납되기 어려웠
다. 정여립은 고향인 전주로 낙향하여 중앙정계의 동인세력과 긴밀한 유대관계
를 유지했다. 정여립은 진안 죽도에서 대동계를 조직하여 세력을 황해도로 확대
시켰다. 황해도 관찰사가 정여립이 한강의 결빙기를 이용해 황해도와 전라도에
서 동시에 봉기하여 입경해 병권을 장악한다는 모반을 꾸민다고 선조에게 고변
했다. 정여립은 죽도로 피신했다가 관군의 포위망이 좁혀오자 자살했다. 서인이
정여립 사건을 조사하면서 동인 인사들 1천 명이 숙청된 사건이 '기축옥사'이다
(1589년).

선조의 비 의인왕후가 아들을 낳지 못하자 조정은 후궁 소생 중에서 세자
를 책봉해야 했다. 좌의정이었던 서인의 거두 정철이 동인의 계략에 빠져 광해

군을 세자로 책봉해야 한다고 주청하자, 인빈 김씨(선조의 후궁, 인조의 할머니)의 소생인 신성군을 총애하던 선조의 진노를 사 삭탈관직 되었다. 이처럼 세자책봉 문제로 서인이 실각하고 동인이 득세했다(1591년). 정권을 잡은 동인들은 실각한 서인들에 대해 유혈숙청을 감행했다. 숙청 과정에서 동인은 온건파인 남인(정철을 귀양 보내자는 파)과 과격파인 북인(정철을 사형시키자는 파)으로 나누어졌다. 분당 이후 남인이 한때 정권을 잡았으나 다시 북인이 정권을 장악했다. 정권을 장악한 북인은 다시 대북과 소북으로 분파된다. 선조말기에 광해군이 세자로 책봉되면서 대북세력이 정권을 독점하게 되었다.

당시에 왜의 동태가 수상하다는 판단하에 통신정사 황윤길, 통신부사 김성일 등을 일본에 파견해 그곳 동향을 살피도록 했는데 상반된 보고를 했다(1591년). 황윤길은 일본이 전쟁 준비에 한창이라고 하면서 그들의 침략에 대비해야 한다고 했으나, 김성일은 토요토미의 인물됨이 보잘것없고 군사 준비가 있음을 보지 못했기에 전쟁에 대비하는 것은 민심만 혼란시킬 뿐이라고 했다. 이는 동인과 서인의 정치적 대결 양상으로 치달아 김성일의 주장대로 전란에 대비하지 않는 쪽으로 결론이 났다. 그러나 김성일의 주장과 달리 이듬해 일본은 대대적인 침략을 감행해 '임진왜란'이 발발했다(1592.4).

임진왜란 뒤 이은 정유재란(1597년)으로 나라 전체가 황폐해지는 수난을 겪었다. 7년간의 왜란 후 선조는 전후 복구 사업에 힘을 기울였지만, 거듭되는 흉년으로 인해 쉽게 효과를 볼 수 없었다. 조정은 당쟁이 더욱 악화되어 혼란이 점차 가속화되었다.

선조는 41년간 재위하고 57세에 사망했다.

1. 중립외교를 펼친 광해군

　광해군은 임진왜란이 일어나자 피난지 평양성에서 서둘러 세자에 책봉되고 '분조(비상사태에 즈음하여 임시로 조정을 분리하는 일)'로서 왕권을 부왕인 선조와 나누어 수행했다. 광해군은 분조의 소임을 다하여 조야의 명망을 얻게 되었다.

　그런데 선조의 계비 인목왕후가 적자 영창대군을 낳으면서 당쟁이 격화되었다. 선조는 적자로 하여금 왕위를 계승시키려고 했다. 그러자 조정의 대신들은 영창대군을 지지하는 소북파와 광해군을 지지하는 대북파로 분리되었다. 이런 와중에 선조의 병이 악화되자 광해군에게 선위교서를 내려 34세에 즉위했다 (1606.2). 왕이 된 광해군은 외적으로는 실리적 외교론을 폈고, 내적으로는 왕권 강화를 통해 민생을 안정시키고 당쟁을 종식시키려 애를 썼다.

　광해군은 왕권 안정 과정에서 영창대군을 사사하고 인목대비를 경운궁(서궁-덕수궁)에 유폐시켰다. 광해군은 왜란으로 인한 전화를 복구하는 데 많은 힘을 쏟았으며, 후금과 명이 대립하는 가운데 탁월한 외교역량을 보였다. 명나라에 대해서는 겉으로만 협력하는 체하고, 후금에 대해서는 명의 강요에 의해서 출병했을 뿐 그들과의 우호를 다지겠다는 양면의 계책을 폈다. 이처럼 광해군은 밖으로는 실리주의 외교노선을 걸었고, 안으로는 강력한 왕권체제하에서 부국

강병의 길을 모색했다.

광해군이 재위하는 동안 대북파가 정권을 장악하고 있었는데, 정권을 전복할 기회를 노리고 있던 서인 세력이 일으킨 '인조반정'으로 폐위되었다(1623년). 폐위된 광해군은 강화도에 안치되었다가 제주도에 이배되어 18년간 연명하다가 67세로 죽음을 맞이했다(1641년).

2. 굴욕의 왕, 인조

능양군(인조)은 대북세력으로부터 피해를 입은 서인들과 접촉하면서 무력정변을 추진했다. 서인은 정치, 외교적 차원에서 대북파와 대치했다. 대북파가 명과 후금 사이에서 중립 외교노선을 걷는 반면에 서인은 대명사대주의를 고수했다. 서인세력은 선조의 유명을 받들어 영창대군을 지지하고 인목대비를 따랐다. 인조는 선조의 손자로 광해군의 배다른 조카이자 '신경희의 옥사(1615년)'가 일어났을 때 왕으로 추대되었다는 죄목으로 죽은 능창군의 형이다.

인조는 이귀·김류·이괄 등과 역모를 도모하여 광해군을 폐출하고 폐비 인목대비의 윤허를 받아 29세에 왕위에 오른(1623.3) 조선의 제16대 왕이다. 인조는 즉위하여 광해군 시절에 득세했던 대북파를 숙청하고 친명사대주의를 표명했다. 인조반정에 참여했던 이괄이 혁혁한 공을 세웠음에도 2등 공신으로 책록된 데다 평안병사 겸 부원수로 임명되어 외직으로 밀려난 것에 불만을 품고 반란을 일으켰다(1624.1). '이괄의 난'으로 조선의 국력은 극도로 쇠약해지고 사회는 혼란과 불안에 휩싸였다.

이러한 상황하에서 인조는 명과 친하고 금을 배척하는 '친명배금정책'을 펴다가 호란을 겪었다. 후금이 3만의 군사를 이끌고 조선을 침략해 '정묘호란'을 일으키자(1627년), 이에 위협을 느낀 인조와 조정대신들은 강화도로 피난했다. 조선이 후금과 형세관계를 맺는 등의 '정묘약조'를 성립시키자 후금은 철군했다. 그 후 후금은 국호를 청으로 바꾸고 정묘약조의 형제관계를 폐지하고, 새로 군신관계를 맺어 공물과 군사 3만 명을 지원하라고 요구했다. 조선이 이를 거부하자 청 태종이 12만 청군을 이끌고 조선을 침략하여 '병자호란'을 일으켰다(1636년). 조선군은 남한산성에 1만 3천의 군사로 방어했지만 45일 만에 항복했다. 인조는 삼전도에서 청과 군신의 예를 맺고 소현세자(인조의 장남)·봉림대군(인조의 차남), 항복하는 것을 반대하고 척화론을 펼친 삼학사(홍익한·오달제·윤집) 등이 볼모로 잡혀가는 치욕을 겪었다.

인조는 삼전도에서 당한 굴욕을 이겨내지 못하고 반청의 색깔을 짙게 드러내고, 망해가던 명나라에 대한 사대주의 노선을 강화시켰다. 이러한 인조의 모화사대정책은 청에 인질로 잡혀 있던 소현세자의 의견과 배치되어 소현세자를 불신하게 되었다. 소현세자와 봉림대군은 청에 8년 동안 볼모로 잡혀 있었지만, 완전히 다른 입장을 고수했다. 소현세자는 청에 수입된 서양 문물을 대하면서 서양인들과의 접촉을 통해 새로운 문물과 사상을 익혀나갔다. 이에 반해 패전국의 왕자라는 이유로 청나라 관리들로부터 멸시를 받은 봉림대군은 철저한 반청주의자가 되어버렸다. 또한 인조는 청으로부터 반청주의자로 낙인이 찍혀있었다.

소현세자는 청과의 원만한 관계를 유지하고 있었다. 인조는 소현세자가 청에서 조선의 왕 노릇을 하고 있다는 후궁인 귀인 조씨와 김자점 등의 이간질에 말려들어 볼모생활을 마치고 돌아온 소현세자를 독살했다. 인조는 소현세자의 첫째 아들을 세자로 책봉하지 않고 둘째 아들 봉림대군(효종)을 세자로 세웠다. 이는 현종 대의 서인과 남인 사이에 치열한 정쟁으로 비화 된 예송의 원인을 제공했다. 인조는 총융청·수어청 신설 등 군제 정비, 대동법 확대 실시, 상평통보 주조 등의 업적이 있고 서양 문물과 시헌력을 도입했다. 인조는 굴욕과 고통으로 왕위를 유지하다가 재위 24년 만에 55세를 일기로 세상을 떠났다(1649년).

3. 볼모로 잡혀갔던 효종

효종은 병자호란 후 형 소현세자와 청에 볼모로 가 있다가, 먼저 귀국한 소현세자가 갑자기 죽자 돌아와 31세에 즉위한(1649년) 조선의 제17대 왕이다. 효종이 즉위 후에 대청강경파를 중용해 북벌계획을 강력하게 추진하자, 친청파인 김자점 일파가 이를 청에 고변했다. 이에 청나라는 군대를 압록강 근처에 배치하고 진상을 조사하기 위해 사신을 파견했지만, 조선의 외교 능력에 힘입어 사건은 무마되었다.

효종은 북벌을 위해 국방 강화와 화포 개량, 군사 훈련 강화 등 군사력 증진정책을 펼쳤다. 북벌의 선봉부대인 어영청을 대폭 개편 강화하고, 임금의 호위를 맡은 금군을 기병화 했다. 남한산성을 근거지로 하는 수어청을 재강화하여 한성 외곽의 방비를 보강했다. 남방지대 속오군에 정예 인력을 보충시켜 기강을 튼튼히 했다. 효종은 군비 증강을 바탕으로 두 차례의 나선(러시아)정벌을 감행했다. 나선인들이 빈번하게 청의 국경을 침입했으나, 청이 그들을 막아내지 못하자 조선에 구원병을 요청한 까닭이었다. 조선 조정은 조총군사 1백 명과 여타 병력 50명을 파견하여 청나라 군사와 함께 나선 병력을 흑룡강 이북으로 격퇴시켰다(제1차 나선정벌/1654년). 또다시 청의 요청으로 조총부대 2백 명과 초관 및 여타 병력 60명을 파견해 나선군을 정벌했다(제2차 나선정벌/1658년).

나선정벌 후에 조선은 산성을 정비하고 군비를 확충하여 북벌 작업에 박차를 가했으나, 북벌 기회를 갖지 못했다. 재정적 어려움과 시간이 흐를수록 청나라의 세력이 더욱 강해졌기 때문이다. 효종은 경제적인 안정을 꾀하기 위해 대동법을 확대 실시했고 전세개혁으로 백성들의 부담을 줄였다. 그리고 '상평통보'를 주조·유통시켰고 역법을 개정해 시헌력을 쓰게 했다.

효종은 10년간 재위했으나 북벌의 뜻을 이루지 못하고 41세를 일기로 세상을 떠났다(1659.5).

4. 예송논쟁에 휘말린 현종

현종은 효종의 맏아들로 조선 제18대 왕이다. 부왕 효종이 심양에 볼모로 있을 때 태어났다(1641년). 연종시대는 내적으로는 사회가 안정을 되찾고 밖으로는 외침이 일체 없어서 비교적 평화로운 시대였다. 현종은 집권 15년 동안 예론을 둘러싼 서인과 남인의 정쟁 속에서 지냈기 때문에 예론정쟁의 시대였다. 이 당시의 조정은 인조반정으로 정권을 장악한 서인세력과 인조의 중립정책으로 기용된 남인세력으로 양분되어 있었다.

현종이 즉위하자마자 효종의 상에 인조 계비인 자의대비(장렬왕후)가 어떤 상복을 입어야 하는가를 둘러싸고 서인과 남인 사이에 치열한 대립이 있었다(1차 예송논쟁). 인조의 장남 소현세자의 상중에 자의대비가 맏아들에게 행하는 예로써 3년 상을 치렀으므로, 서인은 효종이 차남이므로 기년 상(1년 상)이 치러져야 한다고 주장했다. 이에 대해 남인은 효종은 차남이지만 왕위를 계승했으므로 장남과 다름없기에 3년 상이어야 한다고 주장했다. 이처럼 정쟁으로 확대되자 현종은 서인의 기년 상을 채택하여 남인의 기세가 크게 꺾였다.

그 후 현종의 어머니 인선왕후(효종 비)가 죽자 다시 대립되었다(2차 예송논쟁/1673년). 서인은 효종이 인조의 차자이므로 인선왕후를 차자비로 다루어, 인조 계비 장렬왕후가 9개월 상복을 입어야 한다는 대공설(9개월복)을 주장했다. 이에 반해 남인은 인선왕후가 장렬왕후의 둘째 며느리이긴 하나 중전을 지냈으므로, 큰며느리나 다름없다며 기년 설(1년)을 내세웠다. 효종이 남인의 기년 상을 받아들여 자의대비로 하여금 기년복상을 입도록 하여 서인은 실각했다. 서인 세력이 정계에서 밀려나자 남인이 조정을 장악했다.

현종은 호남지방에 '대동법'을 실시했고 동활자 주조, 혼천의 제작, 동성통혼의 금지, 지방관 상피법(친족끼리 같은 부서에 있거나 송사를 맡거나 시험관을 맡는 것을 금지함)을 제정했다.

현종은 효종 대에 계획한 북벌계획이 실효성이 없다는 판단 아래 이를 중단했지만, 군비 증강을 위해 훈련별대를 창설했다. 또한 현종 대에는 제주도에 표류해 구금되어 있던 하멜이 탈출하여 본국(네델란드)으로 돌아가 14년간의 억류 생활을 서술한 『하멜표류기』를 발간해 조선이 유럽에 알려지는 계기가 되었다.

현종은 서인과 남인의 예론정쟁에 시달리며 15년간 재위하고 34세에 세상을 떴다(1674년).

5. 환국정치에 능한 숙종

숙종은 현종의 외아들로 14세의 어린 나이로 왕위에 오른(1874년) 조선 제 19대 왕이다. 숙종 재위기는 붕당정치가 절정에 이르러 당폐가 심각한 지경에 이른 시기였음에도, 숙종은 비상한 정치력을 발휘하여 왕권을 회복하고 사회를 안정시켰다.

현종이 죽고 서인(송시열)이 종래의 기년 설(상복을 1년 입음)을 주장하자 (1674.8), 남인이 송시열의 예론을 반대하는 상소를 올렸다. 예송정쟁이 발발하자 숙종은 부왕의 유지에 따라 남인의 3년 상을 지지하면서 송시열을 유배시켰고, 서인의 세력이 약해져 조정은 남인에 의해 장악되었다.

그런데 남인이 정권을 주도하게 되자 숙종은 남인세력을 견제했다. 숙종이 갑자기 대신들을 불러들여 승지와 대간들을 모두 서인으로 교체함으로써, 집권 당이었던 남인이 서인에게 축출당한 사건이 일어나는데 이것이 '경신환국(1680 년/숙종6)'이다. 재집권에 성공한 서인은 노론(송시열세력 중심)과 소론(윤증세력 중심)으로 나뉜다. 그 후 남인계의 후궁 장희빈이 낳은 원자가 세자(경종)로 책봉되는 과정에서 서인이 몰락하고 남인이 다시 집권하는 '기사환국'이 일어났다 (1689년). 5년 후에 장희빈이 사사되면서 서인(노론과 소론)이 재집권한 사건이 '갑술환국'이다(1694년). 숙종은 즉위하여 현종시대 정쟁의 핵심 사항이었던 예송 논쟁에 휘말리자, 정치 주도세력을 일거에 뒤바꾸는 환국정치(경신환국·기사환국·갑술환국)로 이를 타파하고 왕권의 존재를 확인했다.

숙종은 왕권을 강화하여 숙원 사업이던 대동법을 백 년 만에 전국으로 확대 적용했고, 전국에 걸친 양전사업도 마무리했다. 또한 숙종은 상평통보를 주조해 통용케 했고, 북한산성을 개축하여 남한산성과 함께 서울수비의 양대 거점으로 삼았다.

환국정치로 왕권을 강화시키며 조신을 인징시켰던 숙종은 46년간의 봉사를 끝내고 60세를 일기로 세상을 떠났다(1720년).

6. 당쟁의 화를 입은 경종

경종은 숙종과 남인계에 속하는 희빈 장씨(장옥정) 사이의 맏아들로 조선의 제20대 왕이다. 경종은 원자와 세자로 책봉될 때부터 남인과 서인의 극한적인 대립이 있었고, 숙빈 최씨에게서 연잉군이 출생한 이후에는 세자(경종)와 연잉군(영조)을 각각 지지하는 소론과 노론의 대립이 격화되었다. 남인세력이 약해지고 서인 일색이 되자 노론과 소론의 대립이 첨예화되는 당쟁의 소용돌이 속에서 경종은 14세 때, 아버지(숙종)에 의해 어머니(장희빈)가 죽는 것을 목격했다(1701년).

숙종이 사망하자 경종이 33세에 즉위했는데(1720년), 즉위 초년에는 노론이 정권을 잡고 있었다. 노론은 경종의 건강 악화와 후사마저 없다는 이유로 세자를 세워야 한다는 건저를 주장했다. 경종은 소론의 반대에도 불구하고 연잉군을 세제에 책봉했다(1721년). 더 나아가 노론이 경종이 병약하여 정사를 주관할 수 없다며 연잉군의 대리청정을 주장하자, 소론은 왕을 보호해야 한다는 명분으로 거세게 반발했다. 소론의 반대에도 경종은 세제의 대리청정을 명했다가 다시 거둬들이기를 반복했다.

소론은 노론을 공격하기 위해 대대적인 옥사를 신축년과 임인년에 연이어 일으켰다. 소론이 대리청정을 요구한 노론 4대신(영의정 김창집, 좌의정 이건명, 영중추부사 이이명, 판중추부사 조태채)을 왕권교체를 기도한 역모자라고 공격하는 소를 올리자, 노론 4대신은 파직되어 귀양갔다(신축옥사/1721년). '신축옥사'로 노론의 권력기반이 무너지고 소론정권으로 교체되자, 소론의 강경론자들이 노론측 인사에 대한 축출작업을 가속화했다. 이때 남인의 서얼 출신 목호룡은 노론측에서 경종을 시해하고 모의했다는 삼급수설(대급수-칼로 살해, 소급수-약으로 살해, 평지수-모해하여 폐출함)을 들어 고변했다. 이로 인해 노론 4대신 등 60여 명이 처형되고, 관련자 170여 명이 유배되었다(임인옥사/1722년).

'임인옥사'의 보고서에는 왕세제(연잉군)도 모반에 가담했다는 내용이 기록되어 있었다. 연잉군은 갖가지 고초를 겪게 되었으나, 노론측 입장이었던 대비

인현왕후(경종이 생후 2개월 무렵에 숙종의 계비 인현왕후의 양자로 입적됨)의 도움으로 목숨을 부지할 수 있었다. '신임사화(신축옥사＋임인옥사)' 후 정권은 소론에 의해 독점되었다.

경종은 재위 기간 내내 당쟁이 절정을 이루었다. 경종은 모친 장씨가 왕비로 책봉되었다가 희빈으로 격하되어 사사된 후부터 병약해졌고, 즉위 4년 차에 병세가 급격히 악화하여 재위 4년 2개월 만에 37세를 일기로 사망했다(1724.8)

7. 재위 기간이 가장 긴 영조

영종은 숙종과 무수리(나인들에게 세숫물을 떠다 바치는 종) 숙빈 최씨 사이에 태어난 조선의 제21대 왕이다. 연잉군에 봉해지고(1699년), 숙종의 명에 의해 대리청정을 했으며(1717년) 경종에 의해 왕세제에 책봉되었다(1721년/경종1). 이복형 경종이 사망하자 33세에 왕으로 등극하여 54년(1724~1776) 동안 재위하여 조선 역대 왕 중에서 가장 오랫동안 왕위에 있었다.

영조는 노론과 소론의 당쟁의 틈바구니 속에서 생명의 위협마저 느끼며 가까스로 왕위에 오른 후, 자신을 곤경에 몰아넣고 수많은 대신을 죽게 했던 신임옥사에 대한 책임을 추궁했다. 영조는 신임옥사를 일으킨 대신들(소론)을 숙청하고 노론 인사들을 등용하는 '을사처분'을 단행했다(1725년/영조1). 을사처분은 경종 대의 신임옥사를 소론측의 무고라고 판정한 처분이다. 을사처분으로 정권을 잡은 노론은 임인옥사에 대한 보복을 주장했다. 하지만 영조는 '탕평책'을 펴고자 했기 때문에 노론의 소론에 대한 정치적 보복을 반대하고 소론을 불러들여 조정에 합류시키는 '정미환국'을 단행했다(영조3/1727년). 정미환국은 정쟁의 폐단을 없애기 위해 당색이 온건한 인물로 인사를 개편하여 정국을 변화시킨 사건이다.

이인좌의 난이 일어났으나 평정되었다(1728년/영조4). '이인좌의 난'은 경종이 갑자기 죽자 정치적 기반을 위협받게 된 이인좌 등 과격 소론세력들이 갑술환국(남인계의 장희빈이 사사되면서 서인이 집권함) 이후 정권에서 배제된 남인들을 포섭하여 밀풍군 탄(소현세자의 증손자)을 추대하고, 무력으로 영조와 노론을 제거하고자 한 모반 사건이다. 이인좌의 난의 평정에는 소론정권이 앞장섰으나 주모자 대부분이 소론측 인사였으므로 소론의 입지가 약화 되었다. 이인좌의 난을 계기로 영조는 탕평책의 명분을 강화시킬 수 있었다.

영조는 즉위 과정과 즉위 후에 왕위 자체를 부정당하는 당쟁의 폐해를 몸소 체험했으므로, 이를 타파하기 위해 탕평책을 적극 구사하여 국정 안정을 도모했다. 탕평정국이 지속되자 각 당파들은 다시 정권을 독점하기 위하여 '사도세자 사건'을 꾸몄다. 영조는 정빈 이씨와의 사이에서 효장세자를 얻고, 양빈 이씨와의 사이에서 사도세자를 얻었다. 그런데 장남 효장세자는 세자책봉 후 요절하여 둘째 아들 사도세자(선)가 세자에 책봉되었다. 영조는 건강상의 이유로 세자 선으로 하여금 대리청정을 하게 하였다(1749년).

이때 남인·소론·소북 세력이 사도세자를 등에 업고 정권을 장악하려는 움직임을 보이자, 노론세력은 세자와 영조 사이를 벌려놓기 위해 이간질을 했다. 노론의 세자에 대한 무고에 따라 영조는 세자를 자주 불러 질책했다. 세자는 정신적 압박으로 고통을 받자 궁녀를 함부로 죽이거나 왕궁을 몰래 빠져나가는 등 돌발적인 행동을 했다. 그리고 세자는 부왕도 모르게 관서지방을 유람하고 돌아왔다(1761년). 노론에서 세자의 행동이 체통에서 벗어났다는 소를 올리자, 영조는 세자의 관서순행에 관여한 자들을 파직시켰다.

그 후 노론의 사주를 받은 나경언이 세자의 비행 10조목을 담은 상소를 올렸다. 분노를 참지 못한 영조는 세자에게 자결을 명했으나, 세자가 응하지 않자 그를 폐위하여 서인으로 강등시킨 후 뒤주 속에 가두어 굶어 죽게 했다. 영조는 세자를 죽인 것을 후회하고 '세자의 죽음을 애도한다'는 뜻으로 '사도(思悼)'라는 시호를 내렸다. 사도세자 사건으로 조정은 그의 죽음을 당연시한 '벽파'와 동정한 '시파'로 분리되었다.

이후 영조는 탕평정국의 입지를 더욱 다지기 위해 힘썼다. 영조는 붕당의 근거지로 활용되던 서원의 사사로운 건립을 금지시키고 과거시험으로 탕평과를 시행했다. 탕평정국이 안정기에 접어들면서 재야에서는 실사구시의 학문이 일어나 사회전반에 새로운 바람을 일으켰다. 나아가 영조는 균역법 실시 등 국정 운영을 위한 제도 개편과 문물 정비 등에 뛰어난 업적을 남겼다. 영조는 조선 후기 사회경제적 변화에 대응하여 민생안정을 통해 민심을 추스르는 데 많은 노력을 기울였다.

영조는 83세에 사망했다.

8. 사도세자의 아들, 정조

정조는 영조의 손자로서, 영조의 차남 사도세자와 혜경궁 홍씨의 둘째 아들로 조선 제22대 왕이다. 정조는 8세에 세손에 책봉되었는데 부친 사도세자가 뒤주에 갇혀 죽자, 횡사한 영조의 맏아들 효장세자의 양자로 입적되었다가 조부 영조가 죽자 25세에 왕으로 즉위했다(1776년).

정조는 세손 시절에 항상 죽음의 위협 속에서 생활했다. 우여곡절 끝에 즉위한 정조는 탁월한 학문적 능력을 바탕으로 임금이자 스승임을 자부하며 당파적 분쟁을 뛰어넘어 개혁과 통합을 이루어냈다. 정조는 왕실 도서관인 '규장각'을 정권의 핵심 기구로 삼아, 규장각을 통해 인재를 모아 외척과 환관들의 역모와 횡포를 누르고 혁신정치를 펼치려 했다. 따라서 규장각은 정조의 근위세력을 양성하는 곳이고, 신하들에게 독서와 연구의 편의를 제공했다. 규장각 중심의 정치는 영조의 탕평책을 계승함으로써 사색당파에서 시파와 벽파의 갈등으로 전개되었지만, 정조의 통치이념에 찬성하던 시파 중심으로 운영되었다.

정조는 실학파(남인에 뿌리를 둠)와 북학파(노론에 기반을 둠) 등 제학파의 장점을 수용하여 문화정치를 완성해갔다. 문물제도의 정비사업 완결, 사고전서 수입과 각종 서적 편찬, 왕권강화를 위한 친위군인 장용영을 설치했다. 정조는 강한 왕권으로 왕도정치의 모범을 보이며 조선 후기 문화 부흥을 이루었고, 탕평책을 추진하여 강국을 인정시켰다.

개혁군주인 정조는 신분에 관계 없이 뛰어난 인재를 양성하여 많은 학자를 배출했다. 이로 인해 개국 이래로 입신의 길이 막혀 있던 서얼들에게 능력과 학식 중심으로 조정으로 진출할 수 있는 길을 터주었다. 정조시대는 양반, 중인, 서얼, 평민층 모두가 문화에 대한 관심을 집약시킨 문예부흥기였다. 정조는 가난하고 소외된 백성들을 위한 정책을 추진하여 성군으로 추앙받았다. 이러한 과정 속에서 화산 아래에 있던 수원부의 읍치를 팔달산 아래로 이전하여 수원 화성축성과 행궁을 짓고 새로운 도시 건설로 오늘날 수원의 기틀을 마련했다.

정조의 재위 기간은 24년으로 49세에 사망했다(1800.6).

9. 세도정치의 막을 연 순조

순조는 정조가 승하하자 11세의 어린 나이로 즉위한(1800) 조선 제23대 왕이다. 순조가 어렸으므로 대왕대비 정순왕후(영조의 계비―경주 김씨)가 수렴청정을 했다. 정순왕후는 사도세자의 죽음에 찬동하던 벽파이므로 벽파들을 대거 등용했다. 벽파는 정적인 시파(천주교 신자들이 많았음)를 제거하기 위해 천주교를 박해하는 '신유박해'를 일으켰다(순조1/1801년). 신유박해는 벽파와 시파의 정치투쟁에서 시파의 제거를 오랜 숙원 사업으로 한 벽파가 천주교 탄압을 명분으로 일으킨 사건이다. 신유박해 때 시파를 모조리 숙청함으로써 벽파의 전횡이 시작되었다.

그 후 15세가 된 순조가 친정을 시작했다(1804년). 정순왕후가 사망하자 안동 김씨 김조순(순조의 장인)이 정권을 장악했는데, 안동 김씨 일문이 요직에 앉아 전횡과 뇌물수수를 일삼아 정치 기강이 문란해지고 민생은 도탄에 빠졌다. 이러한 안동 김씨의 '세도정치'로 정조 대의 개혁정치를 일거에 무너뜨렸다. 이때 왕조에 대한 전면적인 부정과 새로운 정치체제의 기치를 내건 '홍경래 난'이 발생했다(1811년/순조11). 홍경래 난은 농민층의 자각을 가져왔고 조선 후기 사회의 붕괴를 가속화 시켰다. 이어 조선 사회에 흉서·괘서사건, 모반 사건 등이 잇달았고 역병이 번지고 수재가 계속 이어졌다.

순조는 세도정권의 폐단을 없애고자 풍양 조씨를 끌어들이고자 했다. 순조는 풍양 조씨 조만영의 딸을 장남인 효명세자의 빈으로 맞았다. 그리고 순조는 효명세자에게 대리청정을 하게 하여 안동 김씨의 세도정치를 견제하고자 하였으나 실패했다. 다른 외척세력인 풍양 조씨 일문이 세도정권을 만들어냈기 때문이다. 세도정치는 당쟁이 없는 대신에 반대파가 없는 독재정권으로서 민생과 사회문제는 도외시하고 일문의 영달에만 관심을 쏟았다.

순조는 34년간 재위하고 45세를 일기로 세상을 떠났다(1834.11).

10. 최연소 왕, 헌종

순조의 손자인 헌종은 조선 제24대 왕이다. 헌종은 효명세자(순조의 장남)와 신정왕후(풍양 조씨 조만영의 딸)의 아들로 태어났다. 헌종의 부친 효명세자는 22세에 요절했다. 순조가 죽자 헌종은 조선 역사상 최연소인 8세에 즉위하여 대왕대비 순원왕후(순조의 비)가 수렴청정을 했다. 순원왕후가 대리청정하던 시기에는 그 친정인 안동 김씨 세력이 계속하여 튼튼한 정치적 기반을 유지하면서도, 생전의 순조로부터 헌종 보도의 책임을 위촉받은 조만영이 정국운영에 적극적으로 참여함으로써 안동 김씨와 풍양 조씨 두 세력 사이에는 어느 정도 균형이 유지되었다.

헌종이 직접 정사를 행하던 시기(1840년/헌종6)에는 왕실의 외척 안동 김씨 세력(순원왕후 김씨-대왕대비인 헌종의 할머니)과 풍양 조씨 세력(신정왕후 조씨-효명세자비, 왕대비인 헌종의 어머니) 간의 권력쟁탈전이 벌어졌다. 이때 헌종의 후원을 이용하여 풍양 조씨 세력이 한동안(5~6년) 세도를 잡았다. 하지만 풍양 조씨 일문의 내부 알력과 조만영의 죽음으로 정권은 다시 안동 김씨 일문으로 넘어갔다.

헌종이 친정을 시작했으나(1841년/헌종7) 관리 임명의 근간이 되는 과거제도 및 국가 재정의 기본인 '삼정(전정·군정·환곡)'의 문란으로 국가 기강이 흔들렸다. 헌종의 재위 15년 중 9년에 걸쳐 수재가 발생하고 모반 사건·이양선 출몰 등으로 민심이 흉흉했으며, '기해박해'로 많은 천주교 신자를 학살하고 신부 김대건이 처형되었다. 당시의 국제 정세나 국내 정세에 어두웠던 조정에서는 이양선의 출몰이나 위협에 별다른 방책도 세우지 않은 채 권력 장악에만 골몰했다. 헌종시대는 내우외환으로 후기 조선 사회의 붕괴 조짐이 드러났던 시대였다.

최연소 나이에 즉위한 헌종은 15년간 재위하고 23세로 후사 없이 죽음을 맞이했다(1849년). 헌종 사후 대왕대비 순원왕후가 철종을 대통으로 잇게 함으로써 어떠한 견제세력도 없이 안동씨가 독주하는 극성기가 시작되었다.

11. 농사짓다가 왕이 된 철종

철종은 사도세자의 증손자이자 은언군(정조의 아우)의 손자이다. 헌종이 후사 없이 죽자 대왕대비 순원왕후(순조의 비)의 명으로 강화도령 원범(헌종의 7촌 아저씨뻘)이 19세에 왕위에 오르니(1849년), 조선의 제25대 왕이 된 철종이다. 철종은 농사를 짓다가 갑자기 즉위한 탓에 대왕대비가 수렴청정을 했다.

철종이 21세가 되던 해부터(1852년) 친정을 했으나 정치의 실권은 안동 김씨 일족이 좌지우지했다. 세도정치로 인해 '삼정문란'이 더욱 심해지고 탐관오리가 횡행하여, 진주민란을 시발로(1862년/철종13) 곳곳에서 민란이 일어났다. 세도정치가 절정에 달해 있던 안동 김씨 일문은 왕족 중에서도 나중에 왕위에 올라 자신들의 권력에 위협이 될 만한 자가 있으면 미리 처단했다. 이로 인해 이하전(대원군의 형)이 희생되었다. 이때 영조의 현손(손자의 손자)인 이하응(대원군)은 안동 김씨의 위협에서 살아남기 위해 건달들과 어울리고 안동 김씨 가문을 찾아다니며 구걸함으로써 목숨을 부지했다. 세도정치로 인해 사회가 어지러운 상황에서 동학이 크게 번창하자 '세상을 어지럽히고 백성을 속인다'는 죄목으로 동학의 창시자 최재우를 처형했다.

안동 김씨의 전횡에 대항할 수 없었던 철종은 술과 여색에 빠져, 재위 14년 만에 33세를 일기로 사망했다.

12. 대한제국의 초대황제 고종

고종은 영조의 현손 흥선군 이하응의 둘째 아들로 조선의 제26대 왕이자 대한제국 제1대 황제이다. 고종은 익종(효명세자)비인 조대비(헌종의 어머니인 신정왕후)와 대원군의 묵계 아래 후사가 없던 철종의 뒤를 이어 12세에 즉위했다 (1863년). 고종이 즉위한 시기는 순조 이후 안동 김씨가 세도정치로 60년간 권력을 독점하고 있었다. 신정왕후 조대비는 이러한 권력 구도를 깨뜨리기 위해 고종을 왕위에 앉혔다.

어린 고종이 즉위하자 신정왕후가 수렴청정을 하고 흥선대원군에게 섭정의 대권을 위임했다. 그러자 흥선대원군은 10년간 권력을 쥐고 정사를 운영하며 안동 김씨의 세도정치를 타파하고 쇠락한 왕권을 되찾고 외세에 대처하기 위한 개혁정치를 추진했다. 대원군은 왕의 위엄을 세우고자 경복궁을 중건하면서 원납전을 징수하여 백성들의 원성을 샀다.

대원군의 '병인박해'로 천주교 신자 8천여 명이 학살되었다(1866~1872년). 천주교 신자 박해로 프랑스 신부 9명이 사망하자 프랑스군이 강화도를 점령했으나, 조선군이 정족산성 싸움에서 승리하여 프랑스군을 격퇴하였다(병인양요). 그리고 미국군이 조선의 개항을 요구하면서 강화도 초지진을 점령했으나, 흥선대원군의 강력한 쇄국정책에 밀려 한 달 만에 강화도에서 물러갔다(신미양요 −1871년). 이처럼 제국주의 열강의 침탈야욕이 가속화하는 가운데 대내적으로는 흥선대원군과 명성왕후·외척연합의 대립, 개화파와 수구파의 대립이 격화하는 어려운 시기를 헤쳐나가야 했다.

고종이 성인이 되어 친정을 시작하자 대원군이 정계일선에서 물러났다(1873년). 고종의 친정 이후에 정권은 왕비 민씨의 척족들이 장악하게 되었다. 민씨 척족들은 일본의 국교 요청을 받아들여 강화도에서 '병자수호조약'을 맺어 제물포항, 부산항, 인천항이 개항되었다(1876년). 고종은 일본과 수교 이후에 미국, 프랑스, 러시아 등과 조약을 맺었다. 개항 이후 일본의 정치적·경제적 침투가 가속화되자 개화파와 수구파의 대립이 심해졌다.

그 후 구식군대 폐지와 관련하여 5군영에 소속됐던 군인들에 의해 '임오군란'이 발생했다(1882년). 또 개화파의 '갑신정변'이 일어나 개화세력이 정권을 장악했다가 청군에 밀려남으로써 왕권이 실추되었다(1884). 그리고 고종이 농북아시아의 정세에 효과적으로 대처하지 못함으로써 사회 혼란이 가중되어 '동학혁명'이 일어났다(1894년). 동학혁명이 전국으로 확산되자 고종과 민씨세력은 청에 원병을 청했고, 이어 일본도 군대를 동원했다. 이렇게 외세가 개입하자 농민군과 관군은 화의를 하고 싸움을 중단했다.

일본은 단독으로 민씨정권을 몰아내고 개혁 추진 기구로 군국기무처를 설치해 내정개혁을 단행했다(갑오경장). 나아가 일본이 청일전쟁에서 승리하자 조선정복을 위해 내정에 간섭하기 시작했다. 이에 해산되었던 동학군이 외세배격의 기치로 내걸고 농민전쟁을 감행했으나 패배하여 농민봉기는 실패했다. 그러자 조선의 조정은 배일친러 정책을 실시하여 일본군을 몰아내고자 했다. 이에 맞서 일본은 대러관계를 주도하고 있던 명성왕후를 시해하고 친일세력으로 조정을 장악게 하는 '을미사변'을 일으켰다(1895.8).

을미사변 후 신변에 위협을 느끼고 있던 고종은 러시아 영사관으로 몸을 옮겼다(아관파천–1896.2). '아관파천' 1년 후에 경운궁(덕수궁)으로 환궁하여 국호를 '대한제국'이라 고치고 황제에 올라 연호를 광무라 했다(1897.2). 고종은 열강들 사이의 외교적 노력과 대한제국 수립 선포 등으로 자주권을 지키려 했으나 '을사보호조약'을 체결해야만 했다(1905년). 을사보호조약으로 일본이 설치한 통감부에 의해 외교권이 박탈당하자, 고종은 네델란드 헤이그에서 개최된 만국평화회의에 특사를 파견할 계획을 세웠지만 실패했다(1907.6). 이를 계기로 고종은 일본의 강요로 퇴위하게 되었다(1907.7).

고종은 44년간 재위하고 67세를 일기로 세상을 떴다(1919.1).

13. 조선의 마지막 왕, 순종

순종은 일제와 매국노들의 강요로 물러나게 된 고종의 양위를 받아 황제로 즉위한 대한제국의 제2대 황제이다(조선의 마지막 왕임). 즉위 후 연호를 광무에서 융희로 고쳤다. 순종은 매국대신과 친일인사들에 둘러싸여 국가책임자로서 권한을 제대로 행사하지 못했다. 차관정치, 군대 해산, 사법권 강탈 등으로 숨통을 조여오던 일제에 의해 '한일합병조약'이 성립되면서 대한제국은 멸망되었다(1910년).

순종의 재위 기간은 3년이다(1907~1910년). 순종은 한일합병 후 왕으로 강등되어 창덕궁에 거처하며 망국의 한을 달래다가 53세에 사망했다(1926년). 순종의 인산일에 6·10독립만세 운동이 전국적으로 전개되었다.

물새와 파도

조성민

한가로운 오후
낙도 해변에서
물새와 파도가 재미나게 놀고 있다

술래가 된 파도가 잰걸음으로 달려오면
물새는 뒷걸음치며 백사장에 숨다가
발목을 잡히고 마는 일상들

물새가 종종걸음으로 뒤좇아 가면
다급해진 파도는 바닷물에 뛰어들지만
부초 같은 흰머리를 들키고 만다

구경하던 새털구름
배시시 웃으면
나도 덩달아 웃는다.

제 **2** 장

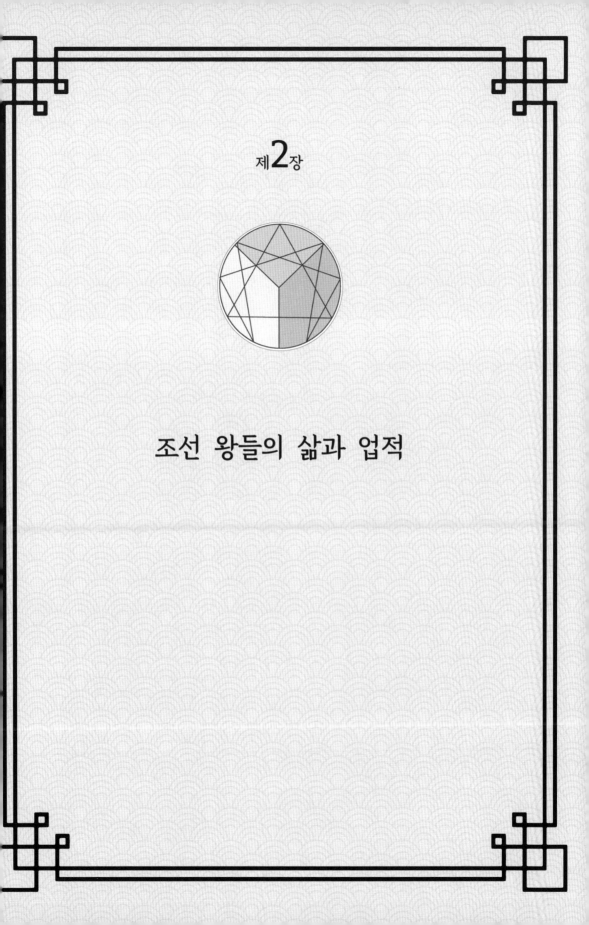

조선 왕들의 삶과 업적

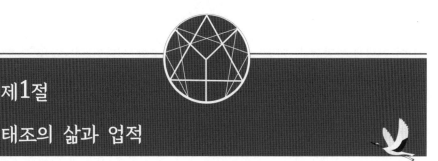

1. 태조의 삶

태조 이성계(1335~1408년)는 조선의 제1대 왕으로 재위 기간은 6년이다(1392~1398년). 이성계는 이자춘과 최한기 딸과의 사이에서 둘째 아들로 태어났다. 태조의 비는 신의왕후 한씨이고, 계비는 신덕왕후 강씨이다. 이성계는 어려서부터 총명하고 담대했으며 특히 활 솜씨가 뛰어났다.

고려 말에 명나라의 철령위 설치 문제로 두 나라의 외교관계가 극도로 악화되자(1388년), 고려에서 요동정벌이 결정되어 이성계가 이에 반대했으나 받아들여지지 않았다. 이성계는 우군도통사가 되어 좌군도통사 조민수와 함께 정벌군을 거느리고 위화도까지 나아갔으나, 결국 회군을 단행했다.

위화도회군 4년 후에 이성계는 공양왕을 내쫓아 고려왕조를 무너뜨리고, 새 왕조의 태조로서 왕위에 올랐다(1392.7). 역성혁명을 이룩한 태조는 명나라에 대해 사대정책을 쓰면서, 명나라의 양해 아래 새 왕조의 국호를 '조선'으로 확정했다. 이성계는 무학대사의 의견에 따라 한양을 새로운 수도로 삼았다.

이성계가 개국한 후 몇 년이 지나 왕자 사이에 왕위 계승권을 둘러싸고 치열한 쟁탈전이 벌어졌다. 태조 즉위 후에 세자책봉 문제로 여러 의견이 있었으나, 이성계가 계비 강씨의 소생인 이방석을 세자로 결정하자 이방원(이성계의 5

남)이 거세게 반발했다. 이방원은 태조의 와병 중에 세자인 이방석을 보필하고 있던 정도전·남은 등이 자신을 비롯한 신의왕후 소생의 왕자들을 제거하려 한다는 이유로, 사병을 동원해 그들을 살해하고 이방석·이방번마저 죽여 후환을 없앴다(제1차 왕자의 난/1398년). 제1차 왕자의 난으로 새 세자는 이방원의 요청에 의해 이방과(이성계의 2남)로 결정되었다. 태조는 이방석·이방번 형제가 무참히 죽자 몹시 상심하여 왕위를 이방과에게 물려주고 상왕이 되었다(1398.9).

그 후 정종이 2년을 재위한 후에 이방원이 왕위에 오르자(태종), 정종은 상왕이 되고 태조는 태상왕이 되었다(1400년). 그런데 형제들을 죽이고 왕위에 오른 태종에 대한 태조의 증오심은 대단히 컸다. 따라서 태종이 즉위한 뒤 태조는 한때 서울을 떠나 소요산과 함흥 등지에 머물러 있기도 했다. 이성계가 함흥에 있을 때 태종이 문안사(問安使)를 보내면, 그때마다 그 차사(差使)를 죽여 버렸다는 이야기가 전해진다. 어디에 가서 소식이 없을 경우에 일컫는 '함흥차사(咸興差使)'라는 말이 여기에서 유래한다.

그 후 태조는 태종이 보낸 무학의 간청으로 서울로 돌아와(1402.12) 불도에 의탁하며 지내다가 74세에 창덕궁 별전에서 사망했다(1408.5.24). 능호는 건원릉으로 경기도 구리시 인창동에 있는 동구릉 내에 있다.

2. 태조의 업적

1) 고려 말의 정치·군사 활동

가. 홍건적과 원나라 격퇴

홍건적이 압록강 결빙을 이용하여 10만 대군을 이끌고 고려에 침입하여 삽시간에 수도(개경)가 함락되었다(1361년). 이성계는 군사 2,000명을 거느리고 수도탈환작전에 참가하여 선봉에 서서 말을 탄 채, 장수만 골라 쏘는 맹공을 펼쳐 홍건적의 괴수를 참살하고 수도를 탈환하는 전공을 세웠다. 또 원나라 장수 나하추가 수만 명의 군대를 이끌고 함경도 혼원지방으로 쳐들어와 기세를 올리자(1362년), 동북면 병마사가 된 이성계는 수차례 격전 끝에 함흥평야에서 원나라

나하추 군대를 격퇴시켰다. 원나라에 있던 최유가 공민왕을 몰아내고 덕흥군(26대 충선왕의 3남)을 세우려고 압록강을 건너 침입해오자, 이성계가 이를 막았다(1394년).

나. 왜구격퇴

고려 말기에 왜구가 빈번히 약탈하며 고려를 괴롭혔다. 이키섬 출신 아키바츠(소년장수)가 왜구를 이끌고 고려를 침공하여 지리산 일대를 약탈하며 북진하자(1380년), 이성계가 삼도도원수가 되어 출전했다. 이성계 군대가 황산에 진을 치고 왜구와 대치했을 때, 아키바츠는 이성계가 쏜 화살에 맞아 죽고 왜구의 정예부대가 모두 죽었다(황산대첩).

고려 말기 여러 가지 혼란스러운 상황은 이성계를 변방의 무명장수에서 일약 고려 제일의 장수이자 영웅으로 만들어, 고려 내에서 입지를 굳히게 했다. 이를 계기로 이성계는 백성들의 신망을 받고 신진사대부들이 몰려들었다.

2) 정변과 집권

가. 요동정벌반대와 출정

명나라가 고려에 철령(강원도 안변) 이북 땅을 점령하겠다는 통고를 해왔다(1388.2). 철령은 본래 원나라의 쌍성총관부가 있던 지역이니 명나라 땅이라고 주장하며, 철령위라는 관청을 설치하고 관리를 파견했다. 최영은 이에 반발했으나, 이성계와 신진사대부는 명나라 요청을 받아들이자고 했다. 우왕과 최영은 명의 만주기지인 요동을 공격해서 명나라의 야심을 꺾자고 주장했다(1388.4).

이성계는 '4불가론'을 들어 요동정벌에 반대했다. ① 소로서 대를 거역하는 것, ② 여름에 군대를 동원하는 것, ③ 온 나라 군대를 동원하여 원정하러 가면 왜적이 그 틈을 노리는 것, ④ 여름철이라 비가 자주 내리므로 아교가 녹아 활이 눅고 군사들은 질병을 앓을 것이라는 이유였다. 그러나 고려의 원나라에 대한 요동정벌은 단행되었다.

나. 위화도회군

고려는 병력 4만 명을 동원하여 최영을 팔도도통사로 총지휘관, 이성계를 우군도통사, 조민수를 좌군도통사로 삼아 요동정벌을 감행했다. 그러나 이성계가 위화도에서 회군하여 반대파를 제거하고 권력을 잡았다(1388). 당시에 중국은 원나라와 명나라의 교체기였고, 고려조정은 친원파와 친명파 사이의 대립이 확대되었다.

회군한 이성계는 개경을 점령한 후 우왕을 폐위시키고, 최영을 제거하여 군사적 실권을 장악한 명실상부한 최고권력자가 되었다. 위화도회군은 정도전·조준·정몽주 등의 적극적인 찬성과 지지 덕에 내부반발을 무마할 수 있었다.

다. 정적 숙청

이성계가 역성혁명파(정도전 등)를 이끌고 신왕조를 수립할 계획을 세우자, 그를 지지했던 이색·정몽주는 적으로 변신했다. 이성계는 삼군도총제사가 되어 조준 등과 결탁하여 사전을 개혁하고 특권층의 세력을 좌절시키는 한편 신흥세력의 기반을 굳건히 했다.

한편 신진사대부 사이에 사회 모순에 대한 개혁 방향을 둘러싸고 서로 대립했다. 온건개혁파(이색·정몽주)는 고려왕실을 보전하여 그 틀 안에서 점진적인 개혁을 추진하려고 했고, 급진개혁파(정도전)는 고려왕조를 부정하는 쿠데타를 주장했다.

정몽주가 이성계 세력들을 탄핵하여 기회를 봐서 이성계를 제거하려 하자, 이성계가 병을 칭하여 은신했다. 정몽주가 이성계의 동향을 파악하기 위해 말을 타고 오자, 이방원(이성계 5남)이 정몽주를 추격하여 선죽교에서 타살했다.

3) 조선을 건국함

가. 조선의 개국

역성개혁파는 이성계와 연계하여 쿠데타를 기도했다. 위화도회군 후에 이성계는 어린 창왕을 몰아내고 공양왕을 세움으로써 정치적 실권을 차지했다

(1388년). 이성계는 정도전 등의 추대를 받아 개성 수창궁에서 공양왕으로부터 선위 받는 형식으로 왕위에 올라 개국했다(1392.8).

이성계는 명나라에 책봉을 청하는 사신을 보냈으나, 명나라 홍무제는 이성계를 정식 군왕으로 봉하지 않고 '권지고려국사'라는 직책을 내렸다. 이성계는 즉위 초반의 집권 기반이 취약했으므로, 정도전과 무학대사에게 명하여 민심을 수습할 방안을 마련케 했다.

나. 고려 구신들의 반발과 회유책

신진사대부의 무력쿠데타세력은 수많은 사람을 죽음으로 몰아넣었다. 유능한 관리들로 하여금 벼슬길을 버리고 은둔생활을 하게 만들었다. 이성계는 지역 민심과 사상적 기반을 달리해야 될 필요가 있다는 정도전의 건의를 받아들여, 새로운 도읍지를 정할 것을 명했다.

개국 직후 이성계는 길재·이색 등 구신들을 방문하여 협력을 요청했으나, 이들은 새 조정에 참여하기를 거절했다. 또한 이성계는 개국공신을 책록하면서 구신들에게 원종공신의 칭호를 내려 회유·포섭하려했으나, 대부분 고려에 구신으로 남겠다며 요청을 거절했다.

다. 수도 이전 계획과 한양 천도

조선의 첫 번째 수도 부지로 지목된 곳은 계룡산으로 이성계는 곧바로 궁궐터를 닦기 시작했으나, 계룡산 천도에 반대하는 상소가 올라왔다. "계룡산은 너무 협소하여 백성들이 들어가 살기 어렵고, 토지가 비옥하지 못하며 교통이 불편하고 금강이 멀어 백성들이 고생한다"는 이유였다.

그리하여 두 번째 수도 후보지는 한양이었다. 어명을 받은 무학대사는 인왕산을 주산으로 삼고 백악과 남산으로 좌우용호를 삼는 곳(종로 필운동 근처)을 궁궐터로 정했으나, 정도전의 건의에 따라 잡은 자리가 북악산 밑 경복궁 자리이나. 조선은 수도를 개경에서 한양으로 전도했다(1394년/태조3).

라. 3대 기본정책을 건국이념으로 삼음

이성계는 정치적으로는 '사대교린정책'을 펼쳤다. 명나라를 종주국으로 삼고 국호 및 왕위의 승인을 받아 양국의 친선을 도모하며 그 밖의 다른 나라와 교린했다. 문화적으로는 '숭유배불정책'을 펼쳐, 고려 말기의 부패한 불교를 배척하고 유교를 건국이념으로 세웠다. 경제적으로는 '농본주의정책'을 펼침으로써, 농업을 장려하고 농지제도를 개혁하여 농본민생주의에 따른 신분사회제도를 확립했다.

1. 정종의 삶

정종(1357~1419, 63세)은 조선의 제2대 왕으로 2년 동안 재위했다(1398~1400). 정종은 이성계와 신의왕후 한씨 사이의 둘째 아들이며 초명은 방과이다. 정종은 성품이 순직, 근실하고 행실이 단엄(단정하고 엄숙함), 방정하면서 무략이 있었다. 일찍부터 관계에 나가 이성계를 수행해 지리산에서 왜구를 토벌하였고(1377.5/우왕3), 절제사 유만수와 함께 해주에 침입한 왜적을 방어하였다(1389.7/창왕1).

조선왕조가 개창되자 영안군에 봉해졌다(1392년/태조1). 그 후 정안군 방원이 주도한 제1차 왕자의 난이 성공하면서 세자에 책봉되었다가(1398.8), 1개월 뒤 태조의 양위를 받아 왕위에 올랐다. 정종은 자력에 의한 것이 아니라 정안군의 양보로 즉위했으므로 무력할 수밖에 없었다. 그러므로 정종조의 정치는 거의 정안군의 뜻에 따라 전개되었다.

정종은 즉위하자 한양에서 개경으로 천도하였다(1399.3). 분경금지법을 제정하여(1399.8) 관인이 권귀(권세가 있는 사람)에 의존하는 것을 금지해 권귀의 세력을 약화시켰다. 정종은 제2차 왕자의 난을 계기로 방원(정안군)을 세자로 책봉했다(1400.2). 사병을 혁파하고 내외의 병권을 의흥삼군부로 집중시켰다(1400.4). 이로 인해 의정부는 정무를 담당하고, 삼군부는 군정을 담당하는 군·정 분리체제를 이뤘다. 이러한 개혁은 왕권강화를 위한 것으로 이방원의 영향력하에서 이뤄진 것이다.

정종은 집현전을 설치해 장서와 경적의 강론을 맡게 하였고(1399.3), 조례상정도감을 설치하였으며(1399.11), 노비변정도감을 설치해 노비 변정을 기도하였다(1400.6). 정종은 재위 시에도 정무보다는 격구 등의 오락에 탐닉하면서 보신책으로 삼았다. 왕위에서 물러난 뒤에는 상왕으로 인덕궁에 거주하면서 격구·사냥·온천·연회 등으로 유유자적한 생활을 하였다. 이로 인해 태종의 우애를 받으면서 천명을 다하였다.

정종의 능호는 후릉으로 경기도 개풍군 흥교면에 있다.

2. 정종의 업적

1) 개경으로 환도함

왕위에 오른 정종은 변고가 자주 발생하는 한양을 벗어나고자 했다. 골육상쟁이 발생했던 한양을 좋아하지 않았기 때문이다. 정종은 종척과 중신들의 회의에서 논의하여 개경으로 다시 환도하기로 결정했다. 정종은 수도를 개경으로 옮기고 어느 정도 안정을 되찾았다.

제2차 왕자의 난(방간의 난)이 발발했으나 이방원이 최후의 승자가 되었다. 제1차 왕자의 난은 이복형제간에 발생한 변란이고, 제2차 왕자의 난은 동복형제간에 발생한 변란이다.

2) 노비변정도감 설치

노비변정도감은 노비의 소속과 신분의 시비를 판정하는 기관이다. 정종은 노비변정도감을 설치하여 고려 말에 억울하게 노비가 된 사람들을 양인으로 환원시켰다. 노비변정사업은 태조 이성계부터 시작하여 태종 이방원까지 진행되었다.

3) 분경금지법 제정

분경이란 '분추경리(奔趨競利)'의 준말로 벼슬을 얻기 위해 권세 있는 사람의 집을 분주히 드나드는 엽관운동, 즉 인사청탁을 의미한다. 정종이 엽관운동을 막기 위해 하급관리가 상급자의 집을 방문하지 못하도록 교지를 내린 게 분경금지법의 시초이다(1399년).

"만약 억울한 일이 있으면 소속관서에 고할 것이고 비밀리에 청탁을 말 것이며, 이를 위반한 자는 사헌부에서 규찰하여 귀양 보내고 종신토록 등용하지 말라"고 정종은 말했다. 정종 이후에도 몇 차례 관련 조치가 취해지다가(1470년/성종1년) 경국대전에 분경금지가 법제화되었다. 이에 따르면 상급관리의 집에 동성 8촌 이내, 이성 6촌 이내, 혼인한 가문, 이웃 사람 등이 아니면서 출입한 사람은 분경자로 간주 돼 100대의 곤장을 맞고 3,000리 밖으로 유배당하도록 했다. 하지만 관리들이 직접 나서지 않고 간접적으로 청탁을 하는 경우가 많아 이 규정은 실질적 효과가 별로 없었다. 그 후 동성 6촌 이내, 이성 4촌 이내 등이 아니면 상관 집에 가지 못하도록 규정이 강화되었다(1688년/숙종14).

4) 군·정 분리체제를 이룸

정종은 사병을 혁파하고 내외의 병권을 의흥삼군부로 집중시켰다(1399.4). 또 도평의사사를 의정부로 고치고 중추원을 삼군부로 고치면서, 삼군의 직장을 가진 자는 의정부에 합좌하지 못하게 하였다. 의정부는 정무를 담당하고, 삼군부는 군정을 담당하는 군·정 분리체제를 이뤘다. 이러한 개혁 조치는 왕권을 강화하기 위한 것이었다.

1. 태종의 삶

태종 이방원(1367~1422년/56세)은 조선 제3대 왕으로 재위 기간은 18년이다 (1400~1418년). 이성계와 신의왕후 한씨 사이의 다섯째 아들로 태어난 이방원은 고려 우왕 9년(1383년)에 집안에서 최초로 문과에 급제하였다. 변방 무과 출신이라는 콤플렉스를 갖고 있던 이성계는 감격한 나머지 눈물을 흘리며 기뻐했다. 태종의 비는 원경왕후(민제의 딸 민씨)이다. 태종은 성균관에서 수학하고 길재와 같은 마을에 살면서 학문을 강론하기도 하였으며, 한때 원천석에게서 가르침을 받았다.

어느 날 이성계가 해주에서 사냥하다 말에서 떨어져 중상을 입었다(1392.3/ 공양왕4). 이를 기화로 수문하시중 정몽주가 이성계를 제거하려 하자, 이방원이 판전객시사 조영규를 시켜 정몽주를 격살함으로써 대세를 만회하였다. 같은 해 정도전 등과 공작하여 도평의사사로 하여금 이성계 추대를 결의하게 하고, 왕대비에게 압력을 넣어 공양왕을 폐위시킨 뒤 이성계를 왕위에 오르게 하였다(1392년). 하지만 정도전 등 개혁파의 배척으로 이방원은 군권과 개국공신책록에서 제외되고 세자책봉에서도 탈락되었다. 그리고 이성계의 8남인 방석이 왕세자가 됨으로써, 스물여섯 살의 장년인 방원은 열한 살 이복동생에게 밀려났다.

그 후 정도전에 의하여 요동정벌론이 대두되자(1398년), 정도전은 막대한 군사력이 필요한 요동정벌을 위해서는 사병혁파와 병권이 나라에 집중되어야 한다고 주장했다. 이방원은 자신의 세력기반인 사병이 혁파될 위기에 놓이게 되자, 자신의 군사력을 동원해 이방석을 왕으로 지지했던 정도전을 제거하고, 배다른 형제 이방번과 이방석을 살해하는 '제1차 왕자의 난'을 통해 정치적 실권을 장악했다(1298년). 제1차 왕자의 난은 부친의 왕권을 찬탈한 반란 사건이다. 방원은 형제들 간의 권력관계를 고려하여 둘째 형 정종이 왕위에 오르게 했다. 이는 적장자가 후계가 되는 상황을 만들어 방원의 야심이 드러나지 않게 하기 위함이었다.

왕위 계승과 권력다툼에서 비롯된 제1차 왕자의 난을 거치면서 조선의 세력구조는 이방원 일파가 실권을 장악했다. 방원의 동복형제들은 사병을 거느리고 있어 방원에게는 위협요소가 되었는데, 넷째 형 방간이 왕위 계승에 대한 야심을 드러내고 있다가 박포와 함께 사병을 동원하여 '제2차 왕자의 난'을 일으켰다(1400년 정월). 개성 한복판에서 방간과 방원 형제간에 치열한 시가전이 벌어졌으나, 방원과 그의 사병들이 방간의 세력을 진압했다(이때 방원이 처가의 도움을 받음). 제2차 왕자의 난은 형(방간)이 동생(방원)을 축출하려고 일으킨 반란이다. 방원은 왕위 계승권 확보를 위해 전력을 쏟았다. 한 달 후에 정종이 상왕 태조의 허락을 얻어 방원을 세자로 책봉했고(1400.2), 정종의 양위를 받아 조선 제3대 왕으로 등극하였다(1400.11.0).

태종은 이성계를 보필해 조선왕조 개창에 공헌하였다. 개국 초에는 한때 불우하기도 했지만, 정도전 일파를 제거하고 국권을 장악하였다. 정종의 뒤를 이어 문물제도를 정비하고 중앙집권을 이룩함으로써 세종 성세의 토대를 닦았다. 태종의 능호는 헌릉(獻陵)으로 서울특별시 서초구 내곡동에 있다.

2. 태종의 업적

1) 왕권을 강화함

태종은 왕권강화를 위해 다음과 같이 중앙집권의 틀을 다졌다.

문하부를 혁파하면서 의정부합좌에 참여했던 삼사·예문춘추관·삼군총제를 제외시키고(1401년), 의정부 구성원으로만 최고 국정을 합의하게 하여 의정부제를 정립했다. 간쟁을 관장하던 문하부낭사를 사간원으로 독립시키고, 삼사와 삼군부는 사평부와 승추부로 개정했다.

의정부 기능을 축소하고 육조 기능을 강화해 육조직계제로 강화하기 위해 육조장관을 정3품 전서에서 정2품 판서로 높였다(1405년). 전곡과 군기를 각각 관장하던 사평부와 승추부를 폐지하고 그 사무를 호조와 병조로 이관시켰고, 좌·우정승이 장악했던 문무관의 인사권을 이조·병조로 이관시켰다. 그리고 육조의 각 조마다 세 개의 속사를 설치하고, 당시까지 존속한 독립관아 중에서 의정부·사헌부·사간원·승정원·한성부 등을 제외한 90여 관아를 기능에 따라 육조에 분속시켰다.

그 후 태종은 육조직계제를 시행하여 육조가 국정을 나눠 맡게 함으로써, 왕→의정부→육조의 국정체제를 왕→육조의 체제로 전환해 왕권과 중앙집권을 크게 강화했다(1414년). 또 전국을 8개 도로 나누어 각 지방에 관찰사(도사)를 보내 왕의 명령이 잘 전달되도록 했다.

태종은 왕권을 강화하기 위해 조정의 기구개편뿐만 아니라 공신과 외척을 무더기로 제거했다. 태종은 '이거이 난언사건(태종을 축출하고 태조를 다시 추대하자는 역모사건)'을 들춰내 이거이와 이저를 귀향시켰고(1404년), 불충을 들어 처남으로서 권세를 부리던 민무구·민무질 형제를 사사시켰으며(1407년), 민무구와 연계지어 이무·윤목·유기 등을 제거했고(1409년), 불충을 들어 나머지 처남인 민무휼·민무회 형제를 사사했으며(1415년), 측근인 이숙번마저도 축출했다(1415년).

2) 사회·조세제도의 정비

가. 사회제도의 정비

태종은 인구를 조사하는 제도인 '호패법'을 실시했다. 16세 이상의 남자에게 호패(신분증)를 차고 다니게 했다. 신문고를 설치하여 왕이 직접 시정을 살피고 억울한 일을 당한 백성이 자유롭게 청원케 하여 민심을 수습하고자 했다(1401년). 신문고는 송나라의 등문고를 본떠 설치한 것이다.

나. 조세제도의 정비

'양전법'을 시행했다. 양전(量田)은 세금을 정확하게 물리기 위해 농지를 조사하고 실제 생산량을 파악하는 것이었다. 양전은 처음에 6도에서 시행했고(1405-1406년), 평안·함경도까지 양전을 확대 시행했다(1411~1413년). 모두 120만여 결의 전지를 확보하고, 군자보충·조운타개·신권억압을 위해 사전(私田)의 지배를 강화했다.

태종은 별사전을 혁파해 새로 벼슬한 자에게 지급할 것을 정하였다(1401년). 과전법을 개정하여 세를 물지 않았던 사원·공신전을 유세지로 편입시켰다(1402년). 1~18과의 과전에서 5결씩 감하여 군자전으로 충속시켰다(1405년). 외방 거주를 원하는 전직 관리의 과전은 5~10결로 제한하고, 고려 말의 전제개혁에서 제외되었던 사원전을 혁파해 5만~6만 결을 확보(1406년). 한량관의 군전을 몰수해 군자전으로 했고, 공신전전급법을 정해 공·사 천인의 자손과 기첩 및 천첩의 공신전 전급을 금하였다(1409년). 원종공신전의 세습제를 폐지하고 외방에 퇴거한 자의 과전을 몰수하였다(1412년). 수신전·휼양전의 지급을 제한하면서 액수를 줄였고, 군자전의 과전 절급을 중지해, 겸직이 없는 검교를 폐지하였으며, 평양·영흥 토관의 수를 반으로 줄이면서 녹과의 3분의 2를 줄였다(1414년).

3) 군사제도를 정비함

가. 중앙군

태종은 군사력을 배경으로 즉위한 만큼 군사에 관심이 극진하였다. 왕 개인을 위한 군사에 유의하여 수하병을 갑사로 편입하고, 의관 자제 중 무예에 뛰어난 자를 뽑아 별시위로 편성했다(1400년). 삼군부를 승추부로 개편해 왕명 출납과 군기를 장악하도록 하고(1401년), 삼군부를 삼군도총제부로 부활시켜 승추부는 군기를, 도총제부는 군령을 나눠 장악하게 했다(1403년). 응양위를 설치하고(1404년), 승추부를 병조에 귀속시켜 병조가 군사지휘권까지 장악하게 했다(1405년). 내상직을 내금위로 개편하면서 가장 신임하는 인물을 왕의 의지로써 등용하고(1407년), 내시위를 설치하여 10사(司) 중 9사를 시위사로 개편했다(1409년). 삼군진무소를 설치해 병조는 군정을, 진무소는 군령을 담당하게 하고(1409년), 삼군진무소를 의흥부로 개칭했다가 의흥부를 혁파하고 병조가 군정을 맡게 했다(1412년).

나. 지방군

태종은 각 도마다 경쾌속선을 10척씩 만들어 왜구에 대비하게 했고(1403년), 11도에 도절제사를 파견했다(1409년). 군역에서 제외된 향리·공사노비·교생 등으로 잡색군을 조직해 유사시에 내륙을 지키게 했고(1410년), 병선 200여 척을 새로 만들었다(1410~1412년). 또한 배 밑바닥에 석회를 바르는 축선법과 배 밑바닥을 연기로 그을리는 연훈법을 채택해 벌레의 피해를 막도록 하였다(1412/1417년). 거북선(이순신이 만든 것과 구조가 다름)도 개발했는데(1413~1415년), 거북선은 왜구 격퇴를 위한 돌격선으로 특수하게 제작된 철갑선의 일종이다. 해안을 중심으로 영진군·수성군을 정비했다(1415년).

4) 산업을 장려함

가. 농업정책

농업을 장려하기 위해 김제 벽골제를 수축해 1만여 결에 필요한 수리를 도모했다(1415년), 강화에 국농소를 설치했다(1416년). 조종미원잠실을 설치해 각 도에 뽕나무를 심게 했고(1416년), 각 도에 잠소를 정했으며 『양잠경험촬요』를 이두로 역간해 보급하는 등 양잠 장려에도 심혈을 쏟았다(1417년).

나. 상업정책

시전의 지역적 한계를 극복하고자 곡물·우마 교역소를 정하고, 경시감·청제감을 설치해 시장·시전을 감독하고 상세의 징수를 주관하며 시가의 청결을 감독했다(1410년). 궁궐·관서·행랑과 시전행랑도 함께 조성하고(1412~1414년), 공산품·상공세를 이익에 따라 3등급으로 부과했으며 장랑(長廊)에 자리 잡은 공랑(公廊)의 상인에게는 장랑세를 부과했다(1415년).

다. 광업·수산업정책

명나라에 금·은을 조공하기 위한 금·은광이 개발의 중심을 이루었다. 광산은 개발되었으나 광상이 빈약하고 기술이 부족해 실익은 없었다.

염업으로 저화(楮貨)·잡곡도 소금의 교환대상물로 추가했다(1411~1413년). 과염법을 정했고(1414년), 어업도 1406년에 어획량의 독점을 금하면서 원하는 자에게는 어업을 하게하고 1/10을 징수했다.

1. 세종의 삶

세종은 태종과 원경왕후 민씨 사이의 셋째 아들이다(1397~1450. 52세). 충녕군에 봉해지고(1408년/태종8), 1412년 충녕대군에 진봉되었으며, 1418년 6월 왕세자에 책봉되었다가 태종의 양위를 받아 즉위하였다. 세종은 조선의 제4대 왕으로 재위 기간은 32년이다(1418~1450년). 세종의 비는 소헌왕후(심온의 딸)이다.

원래 태종의 뒤를 이을 왕세자는 양녕대군이었다. 그런데 양녕대군이 세자로서의 품위를 손상시킨 일련의 행동과 사건들로 인해 태종의 선위에 대한 마음이 동요되었다. 태종은 자신이 애써 이룩한 정치적 안정과 왕권을 이어받아 훌륭한 정치를 펴기에 양녕대군이 적합하지 못하다고 판단했다. 그리하여 태종은 "충녕대군은 천성이 총민하고, 또 학문에 독실하며 정치하는 방법 등도 잘 안다"라고 하며 충녕대군을 세자로 책봉했다(1418.6). 태종의 선위를 이어받아 세자 충녕대군이 왕위에 오르니 이가 세종이다(1418.8).

세종은 영응대군(세종의 여덟째 아들)의 집 별채에서 승하했다(1450.2.17). 능호는 영릉으로 경기도 여주시 능서면 영릉로(왕대리)에 있다.

2. 세종의 업적

1) 훈민정음의 창제와 편찬사업

가. 훈민정음의 창제

세종은 중앙집권체제를 운영하기 위해 연구기관인 '집현전'을 경복궁 내에 설치했다. 집현전을 설치하게 된 목적은 조선이 표방한 유교정치와 대명 사대관계를 원만히 수행하는 데 필요한 인재의 양성과 학문의 진흥에 있었다. 집현전에서 유망한 소장학자들을 채용해 여러 가지 특전을 주었다.

집현전 소속의 구성원들에게 사가독서(賜暇讀書 – 젊은 문신들에게 휴가를 주어 학문에 전념하게 한 제도)를 내렸고, 또 생활비 지원 등의 혜택을 제공했다. 그들의 직무는 중국의 옛 제도를 연구하거나 각종 서적의 편찬사업에 동원되는 등 주로 학술적인 것이었다. 세종은 이들이 학술로써 종신할 것을 희망했으므로 다른 관부에는 전직도 시키지 않고 집현전에만 10년에서 20년 가까이 있게 하였다. 그 결과 집현전을 통해 수많은 쟁쟁한 인재를 배출했는데, 이러한 인적자원이 바로 세종대의 찬란한 문화를 꽃피게 한 원동력이 되었다.

특히 집현전 학자인 신숙주·성삼문·박팽년·정인지 등에게 명하여 조선의 고유문자를 연구하게 하여 '훈민정음(한글)'이 탄생하였다(1443.10.9). 훈민정음은 28자로 시작하여 모든 소리는 물론, 정확한 외국어 발음의 표기를 가능하게 하는 글자이다. 세종은 공문서에 한글을 쓰게 하였다. 훈민정음의 창제는 세종이 남긴 문화유산 가운데 가장 빛나는 업적이며, 우리 민족의 문화유산 중에서도 가장 훌륭한 유산이다.

나. 편찬사업

세종 대에는 집현전 학자들을 통하여 방대한 편찬사업을 전개하여 사상적·문화석 성리가 이루어지고, 정치제도의 기틀이 마련되었다. 편찬물은 역사서, 유교경서, 유교윤리와 의례, 중국의 법률 및 문학서, 정치귀감서, 훈민정음·음운·언역(諺譯) 관계서, 지리서, 천문·역수서, 농서 등으로 다양하다. 또한 정치

·법률·역사·유교·문학·어학·천문·지리·의약·농업기술 등 각 분야에 걸쳐 종합 정리하는 사업이 작업을 통해, 이 시대의 문화 수준을 한 단계 높은 수준으로 끌어올렸다.

특기할 일은 이러한 많은 편찬사업이 왕의 의도에 따른 것이며, 왕 자신도 직접 참여했다는 것이다. 그 예로서 『자치통감훈』의 편찬은 왕과 53인이나 되는 거의 모든 학자가 총동원되어 3년에 걸쳐 이룩한 큰 사업이었다. 이 사업을 위해 왕은 계속했던 경연까지 중지하고 밤늦게까지 친히 교정을 보았다.

2) 유교정치의 기틀을 마련함

세종대는 우리 민족의 역사에서 가장 훌륭한 유교정치, 찬란한 문화가 이룩된 시대이다. 이 시기는 정치적으로 안정되어 정치·경제·사회·문화 등 전반적인 기틀을 잡았다. 유교정치의 기반이 되는 의례·제도가 정비되었는데, 세종 4년까지는 태종이 상왕으로 생존해 영향을 주었다.

태종은 육조직계제를 실시해 의정부 대신의 정치적 권한을 크게 제한하고 왕권의 강화를 이룩했는데(1414년), 세종은 이러한 정치체제를 이어받아 태종 대에 이룩한 왕권을 계속 유지하면서 소신 있는 정치를 추진할 수 있었다.

세종 대에는 개국공신 세력은 이미 사라지고 과거를 통해 정계에 진출한 유교적 관료와 유교적 소양을 지닌 국왕이 서로 만나 유교정치를 펼 수 있었던 시기이다. 세종대의 정치적 분위기는 세종 18년(1435년)을 전후로 해 양분된다. 세종 18년(전반기)까지는 육조직계제가 의정부서사제로 바뀌면서 정치체제 상의 변혁이 있었는데, 이는 유교정치의 진전이다. 세종 19년에는 세자(문종)로 하여금 서무를 재결하도록 하여 정치적 분위기는 더욱 안정되고 유연해졌다. 언관과 언론에 대한 왕의 태도도 그 이전과 달리 훨씬 자유롭고 부드러워져서 이들에 대한 탄압이나 징계는 거의 볼 수 없게 되었다.

세종 후반기에는 왕의 건강이 극히 악화되었으나, 의정부서사제 아래에서 군권과 신권이 조화를 이룬 가운데 성세를 구가한 시대이다. 황희·최윤덕·신개·하연 등 의정부 대신들은 중후하고 온건한 자세로 왕을 보좌했고, 관료들의 정치기강도 그 전후에 비해 건전했으며, 언관의 언론도 이상적인 유교정치를 구현하는 데 목표를 두었다. 조선시대의 유교적인 의례·제도의 틀은 세종대에 짜여져서 유교정치의 기반이 마련되었다.

3) 법전을 정비함

세종은 즉위 초부터 법전의 정비에 힘을 기울여 세종 대는 법치주의가 강화·정비된 시기이다.

세종은 완벽한 『속육전』의 편찬을 목적으로 육전수찬색을 설치하고 법전의 수찬에 직접 참여했고(세종4년), 완성된 『속육전』 6책과 『등록』 1책을 완성했으며(세종8년 12월), 『신찬경제속육전』 6권과 『등록』 6권을 완성했다(세종15년).

세종은 또한 형벌제도를 정비하여 율문에 적합한 조목이 없는 경우에는 법률의 적용을 신중히 하게 하고, 고문으로 사망하는 일이 없도록 했으며 사죄는 삼복법을 적용할 것 등과 고문에 태배법을 금하며, 의금부삼복법을 정하였다. 15세 이하와 70세 이상인 자는 살인·강도죄를 제외하고는 수금하지 못하고, 10세 이하 80세 이상인 자는 사죄(죽을죄)를 범해도 수금하지 못하게 하였다. 도죄인(徒罪人)의 부모가 70세 이상인 자는 노친의 소재지에서 복역하도록 정했고, 남형을 금할 것, 주인을 살해한 노비는 반드시 관에 고해 시행하게 할 것, 도류(徒流) 죄인의 수속금(收贖金)이 과중하므로 빈민에게는 감면하도록 할 것 등을 정했다.

종래의 세법이었던 답험손실법은 관리의 부정으로 인해 농민에게 주는 폐해가 막심했기 때문에 이 법을 전폐하고 1결당 10두를 징수한다는 시안을 내놓았다(세종12년). 공법상정소에서 공법을 확정했는데(세종18년), 공법의 내용은 전분육등법·연분구등법·결부법의 종합에 의한 것이며 조선시대 세법의 기본이 되었다.

4) 과학기술을 발전시킴

세종대는 과학과 기술적인 측면에서도 크게 발전을 보았다. 천문대와 천문관측기계 방면에서의 발전이 이러한 측면의 하나로 꼽힌다. 대규모의 천문의상의 제작사업이 시작되어(세종14년) 혼천의(천체관측기)가 제작되었다(세종15년). 혼천의는 천구의와 함께 물레바퀴를 동력으로 움직이는 시계 장치와 연결되어 천체의 운행과 맞게 돌아가도록 되어서 일종의 천문시계의 성격도 가졌다. 시간을 측정하는 해시계와 물시계도 제작되었다. 해시계로는 앙부일구·현주일구·천평일구·정남일구 등이 있고, 물시계로는 자격루와 옥루가 있다.

경복궁의 경회루 북쪽에 높이 약 6.3m, 세로 약 9.1m, 가로 약 6.6m의 석축간의대가 준공되었다(세종16년). 간의대에는 혼천의·혼상·규표·정방안(방위지정표) 등이 설치되었고, 간의대에서 서운관의 관원들이 매일 밤 천문을 관측했다(세종20년 3월).

이천과 장영실이 측우기를 발명하였다(1442년). 측우기는 비의 양을 재는 기구이며 세계 최초의 우량계였다. 농업국가인 조선시대에서 강우량의 과학적 측정은 매우 큰 뜻을 가진다. 화포주조소를 짓게 해 뛰어난 성능을 가진 새로운 규격의 화포를 만들었다(세종26년). 『총통등록』이 편찬·간행되었는데, 이는 화포들의 주조법과 화약사용법, 그리고 규격을 그림으로 표시한 책이다(세종30년). 박연에게 아악을 정리하게 하였으며, 악기를 개조하였고, 이천, 김돈, 장영실로 하여금 구리로 된 『갑인자』란 활자를 주조하게 하여 많은 책이 쏟아져 나왔다(1434년).

1. 문종의 삶

　　문종은 조선 제5대 왕으로 재위 기간은 2년이다(1450~1452). 세종과 소헌왕
후의 맏아들(1414~1452, 39세)로 이름은 이향, 자는 휘지이다. 비는 현덕왕후(화
산부원군 권전의 딸)이다. 왕세자로 책봉되었고(1421년/세종3), 37세로 왕위에 올랐
다. 조선에서 '적장자 승계원칙'에 따라 세자로 책봉되어 왕위를 물려받은 첫 번
째 왕이 바로 문종이다. 조선 건국 이후 세종까지 단 한 번도 적장자에 의한 왕
위 계승이 없었기 때문에, 문종의 적장자 계승은 향후 왕실의 질서를 위해서도
매우 중요한 문제였다. 이러한 경험을 바탕으로 문종은 왕위에 오른 이후에도
무리 없이 국정을 운영해 나아갈 수 있었다. 문종은 학문을 좋아했고 학자(집현
전 학사)들을 아끼고 사랑하였다.

　　부왕인 세종은 각종 질환으로 인해 일찌감치 세자(문종)에게 서무를 결재하
게 하려 했으나, 신하들의 반대로 뜻을 이루지 못하였다(1437). 세종은 군신의
반대를 무릅쓰고 세자가 섭정하는 데 필요한 기관인 첨사원을 설치하고, 첨사·
동첨사 등의 관원을 두었다(1442년). 세종은 세자로 하여금 왕처럼 남쪽을 향해
앉아서 조회를 받게 했고(남면수조), 모든 관원은 뜰아래에서 신하로 칭하도록
하였다. 또 국가의 중대사를 제외한 서무는 모두 세자의 결재를 받으라는 명을

내리기도 하였다.

세종은 '수조당'을 짓고 세자가 섭정하는 데 필요한 체제를 마련함으로써 세자의 섭정이 시작되었다(1445년). 섭정은 세종이 죽기까지 계속되었으며 이로 인해 문종은 즉위하기 전부터 실제적인 정치경험을 쌓을 수 있었다. 왕위에 오를 때까지(1450년) 문종은 약 30년간 세종을 충실하게 보필했다. 문종이 즉위하면서 왕권은 세종 대에 비해 약간 위축되었다. 수양대군·안평대군 등 종친 세력의 심상치 않은 움직임도 이미 이때부터 나타났으며, 이를 견제하기 위한 언관의 종친에 대한 탄핵 언론으로 상호 긴장된 분위기가 조성되기도 하였다. 이시대 언관의 언론은 정치 전반에 걸쳐 활발히 전개되었으나, 특히 척불언론이 눈에 띈다. 그것은 세종 말기 왕의 호불적 경향에 대한 유신의 반발 때문이다.

세종 말기 세종과 왕실에 의해 이루어진 각종 불교 행사와 내불당의 건설 등 불교적 경향을 방지하는 데 실패한 유교적 성향인 언관들은 문종이 즉위하자, 왕실에서의 불교적 경향을 불식하고 유교적 분위기를 조성하려 노력하였다. 당시 언관의 언론은 왕권이나 그 밖의 세력에 구애되지 않고 활발했음에도 불구하고 문종은 자주 구언했고, 언로가 넓지 못하다고 생각하여 조신 6품 이상에게 모두 윤대를 허락하였다. 비록 벼슬이 낮은 신하일지라도 부드럽게 대하면서 그들의 말을 경청하였다.

문종은 건강악화로 재위 2년 3개월 만에 39세를 일기로 세상을 떠났다(1452.5). 문종의 이른 죽음은 아들 단종의 비극적 운명으로 이어진다. 그 뒤를 이어 나이 어린 세자 단종이 즉위함으로써, 계유정난, 세조의 찬위, 사육신 사건 등 정치적으로 불안한 사건을 초래하는 계기가 되었다. 문종의 능호는 현릉(顯陵)으로 경기도 구리시 인창동에 있다.

2. 문종의 업적

1) 대리청정을 함

문종은 8세에 세자에 책봉되어 29년간(1421~1450년) 왕세자로 있으면서 아버지 세종의 정치를 보필했다. 세종이 병상에 누워 국정을 다스릴 수 없게 되자 (1442년/세종 24), 세종을 대신하여 8년간 국사를 처리했다. 대리청정을 한 덕분에 공백기간 동안 정사처리에 문제가 없었다. 세종은 세자의 대리청정을 위하여 첨사원이라는 기관을 설치하고 관료들 배치하여 정무를 지원토록 하는 등 배려를 아끼지 않았다. 따라서 이 시기에 사실상의 왕권을 행사한 이는 문종이었다. 그는 대리청정과 재위 기간에 걸쳐 부친의 기대에 어긋나지 않게 정책들을 충실히 수행했다.

2) 고려사 등 서적편찬

문종은 이성계가 정도전 등에게 명하여 편찬하고자 했던 『고려사』를 완성시켰다. 고려사는 고려 34왕 475년간의 역사를 편찬한 역사책으로 고려시대의 기록이 담겨있는 가치가 큰 책이다. 고려사는 정도전 등의 『고려국사』이래 여러 차례 개수·교정이 있었으나, 만족할 만한 것이 못되어 김종서·정인지 등에게 개찬을 명해 1451년(문종1)에 완성을 보았다(1451년/문종1). 기전체(하나의 주제에 관련된 내용을 정리한 서술 방식)의 『고려사』편찬이 완성된 직후, 새로이 편년체(시간 순서대로 서술하는 방식)로 편찬에 착수하여 『고려사절요』가 완성되었다 (1452년). 고려사와 고려사절요의 편찬은 전 왕조의 역사의 정리에 그치는 것이 아니라, 조선왕조의 정치·제도·문화의 정리를 위해서도 필요한 작업으로 중요한 의의를 가진 사업이었다.

문종은 고조선에서 고려 말까지의 전쟁사를 정리한 『동국병감』의 편찬을 명했다. 이는 조선의 정치, 제도, 문화의 정리를 의미한다.

3) 국방을 강화함

문종은 12사(司) 체제의 중앙군사제도를 5사 체제로 바꾸어 국왕을 중심으로 하는 군사세도를 만들었다(1451년). 5사 세제는 훗날 5군영 체제로 바뀌면서 조선 기본군사제도로 자리 잡았다. 문종은 세자 때부터 진법을 다루어 왔으며, 이를 체계적으로 정리해 병법의 기반을 닦고 군사의 안정을 도모하고자 『동국병감』을 편찬했다. 동국병감은 고려시대까지 이민족이 침범한 일과 우리나라에서 미리 준비하고 방어한 계책의 전말과 득실을 다룬 책이다.

문종은 병법에 관심이 많아 병력 조직과 인원, 군법, 용병술, 군대휘장과 표시 등 군사에 관한 모든 분야를 총체적으로 지은 『오진위법』을 펴냈다. 병력을 움직이는 전술에도 깊은 관심을 가져 동생 수양대군에게 군사의 운용 방식과 훈련 방식을 개선해 새로운 진법을 만들게 했다. 또 4군 6진의 북방 정비를 완료했으며, 군제를 개편하고 병력을 증강했다. 화차 같은 신병기도 직접 설계했으며, 세종 대에 이뤄진 화포의 규격화 및 법제화, 부대 운영과 인원수의 결정 등에도 관여했다. 세종과 문종 대에 걸쳐 개발된 조선판 로켓인 신기전은 조선의 방위를 책임지는 중요한 업적이다. 화약무기를 운용하는 데 필요한 화약 조달을 위해 전국에 염초도회관을 설치했다.

4) 심온을 복권시킴

문종 대의 정치적인 중요 사건으로는 심온(세종의 장인)의 복권이 있다. 심온은 세종 즉위 초반에 태종에게 사사되었고 관직도 추탈되었다. 심온이 상왕인 태종이 병권을 장악하고 있는 것에 대한 불만을 표출하였다는 것이 빌미가 되었지만, 실제로 심온의 옥사는 미심쩍은 부분이 많았다. 이 사건은 세종의 외척이 발호하게 되는 상황을 사전에 차단하려는 태종의 정치적 의도에서 조작된 것으로, 심온에 대한 복권 논의는 이미 세종 대부터 제기된 바 있다.

세종은 부친인 태종의 명을 본인 대에서 고치는 것에 부담을 가지고 있었으므로, 이 사안은 다음 대인 문종 대에 들어와 해결을 보게 되었다. 심온의 명예를 복권 시키는 논의에 대하여 당시 대신들은 거의 반대 의견을 표명하지 않았으며, 심지어 대간들도 몇 차례 형식적인 상소를 올리는 선에서 마무리되었다. 심온의 복권으로 아들인 심회는 조정에 출사할 수 있게 되었고, 청송 심씨들은 이후 관직에 꾸준히 진출할 수 있게 되었다.

1. 단종의 삶

　　단종은 조선 제6대 왕으로 재위 기간은 3년이다(1452~1455). 문종과 현덕왕후 권씨 사이에서 태어났으며(1441~1457, 17세), 비는 정순왕후(여산부원군 송현수의 딸)이다. 8세 때 왕세손에 책봉되었고(1448년), 문종이 즉위하자 왕세자로 책봉되었다(1450년). 왕세자 책봉이 있던 해, 문종은 왕세자를 위해 처음으로 서연을 열고 사(師)·빈(賓)들과 상견례를 시켰다. 이때 문종은 좌빈객 이개와 우사경 유성원에게 왕세자의 지도를 간곡히 부탁했다. 문종이 재위 2년 만에 죽자 단종이 그 뒤를 이어 즉위했다(1452.5).

　　단종은 즉위할 즈음 나이가 어려 정치하는 일에 어두우니 모든 조처는 의정부와 육조가 서로 의논하여 시행할 것과, 승정원이 왕명 출납을 맡고 있으므로 신하들의 사사로운 일은 보고하지 말도록 교서를 내렸다. 문종의 고명을 받은 영의정 황보인, 좌의정 남지, 우의정 김종서 등이 측근에서 보좌를 했다. 집현전 학사 출신인 성삼문·박팽년·하위지·신숙주·이개·유성원 등은 지난날 집현전에서 세종으로부터 단종의 보호를 부탁받았으므로 측근에서 도왔다.

　　단종이 즉위한 다음 해에 숙부인 수양대군이 정권을 빼앗고자 권람·한명회 등 측근들의 계책에 따라 좌의정 김종서를 그의 집에서 죽이고, 영의정 황보인, 병조판서 조극관, 이조판서 민신, 우찬성 이양 등을 대궐로 불러들여 죽였다 (계유정난－1453.10). 그들의 죄명은 단종의 숙부인 안평대군(수양대군의 동생)을 추대해 종사를 위태롭게 했다는 것이다. 일의 시비를 가리기도 전에 정권은 수양대군의 수중으로 넘어가, 단종은 어쩔 수 없이 그들의 요구에 따라 수양대군을 영의정으로 삼아 군국의 중대한 일을 모두 위임시켜 처리하게 했다.

수양대군은 당시 '계유정난'에 참가한 사람들을 정난공신으로 인정하여 모두 공신 칭호를 주기까지 했다. 그들이 지칭한 난리의 장본인인 안평대군과 그 아들 이우직을 조신들의 주청에 따라 강화도(교동현)에 이치했다가, 안평대군은 사사되고 이우직은 진도로 옮겨 안치되었다. 이 일련의 조처는 집권자인 수양대군의 주변 인물들에 의해 결정된 것으로서 왕의 의사는 무시되었다.

실권을 잡게 된 수양대군은 지방에도 자기 세력을 심기 위해 지방관을 교체시키던 중, '이징옥의 난'을 겪었다. 수양대군이 조정의 여러 신하들과 의논하여 왕의 측근인 금성대군, 이하 여러 종친·궁인 및 신하들을 모두 죄인으로 몰아 각 지방에 유배시키기를 요구하자, 단종은 하는 수 없이 그대로 따라야 했다 (1455.6). 이러한 주변 정세에 더 이상 견디지 못한 단종은 마침내 수양대군에게 왕위를 물려주고 상왕이 되어 수강궁으로 옮겼다(1456).

몇 달 후에 상왕을 복위시키려는 사건이 일어났다(단종 복위사건－1456.6). 단종 복위사건의 주동 인물은 지난날 집현전학사 출신인 몇몇 문신과 유응부 등 무신들이었다. 이들은 세종과 문종에게 특별한 은혜를 입었으며, 또 원손을 보호해달라는 간곡한 부탁을 받은 인물들이었다. 때문에 어린 상왕을 복위시키는 것이야말로, 곧 국가에 대한 충성이며 선비의 의무라 생각했다. 이들은 명나라 사신을 창덕궁에 초대해 연회하는 날, 그 자리에서 세조를 죽이고 측근 세력도 제거한 뒤 단종을 복위시킬 계획을 세웠다. 하지만 계획이 실행되기도 전에 동모자인 김질의 고발로 결국 실패했다. 이 사건의 주동 인물 중 많은 사람이 사형을 받았다.

단종은 이 사건이 있은 뒤 더욱 불안을 느끼고 있었는데, 조신 가운데 상왕도 이 사건에 관련되었으므로 서울에서 내쫓자는 주청에 의해 단종은 노산군으로 강봉되어 강원도 영월에 유배되었다(1457.6). 단종은 영월에서 유폐생활을 하는 동안, 매일같이 관풍매죽루에 올라 시를 지어 울적한 회포를 달랬다. 그리고 경상도 순흥에 유배되었던 노산군의 숙부 금성대군이 다시 단종의 복위를 계획하다가 발각되었다(1457.9). 이에 단종은 노산군에서 서인으로 강봉되었다가 마침내 죽임을 당했다(1457.10).

단종의 능호는 장릉(莊陵)으로 강원도 영월군 영월읍 영흥리에 있다.

2. 단종의 업적

1) 왕권이 유명무실해짐

단종이 어린 나이에 즉위하였지만(12세) 후원해 줄 내명부의 어른이 없었으므로 정사를 제대로 돌볼 수가 없었다. 모든 국정은 의정부와 육조가 도맡아 했으며 왕은 형식적인 결재만 했다. 문무 관료의 인사를 행함에 있어서도 의정부 대신들이 매일 빈청에 나와 일에 관여했다. 특히 인사문제서는 대신들이 '황표정사' 제도를 썼다. 황표정사는 조정에서 지명된 일부 대신들이 인사 대상자의 이름에 황색 점을 찍어 올리면 왕은 단지 그 점 위에 낙점을 하는 방식이다.

어린 국왕의 후원은 문종이 후사를 부탁한 대신들이 맡았다. 영의정 황보인, 좌의정 김종서는 고명대신으로서 어린 임금을 보좌하여 이들이 권력을 행사했다.

2) 종친의 세력이 팽창함

어린 나이에 즉위한 단종의 왕권이 유명무실해지자 신권이 절대적인 위치에 이르렀다. 세종의 형인 양녕대군이 생전에 있었고, 세종의 여러 자식이 왕성한 활동을 펼칠 나이에 접어들었기 때문이다. 수양대군·안평대군·임영대군·금성대군·영응대군 등의 왕숙들이 서서히 왕권을 위협하기 시작했다. 특히 수양대군과 안평대군이 단종의 숙부로서 상당한 영향력을 행사했다.

그러므로 단종 즉위 초에 사헌부에서 의정부 대신과 함께 대군들에 대한 분경(벼슬을 얻기 위해 세도가와 종친의 집에 분주하게 드나들며 청탁하는 것)을 금지하라고 요청하기에 이르렀다.

3) 계유정난의 발생

수양대군과 안평대군이 서로 세력 경쟁을 벌였다. 두 사람은 세종 대에 국정에 참여하기도 했다. 수양대군은 국가의 큰일을 맡았지만, 교유관계가 별로 없었다. 안평대군은 비중 있는 공사를 수행한 것은 아니었지만, 학문을 좋아하고 선을 추구하며 기예에도 뛰어났다. 안평대군은 성삼문·박팽년 등 문사들은 물론 김종서 등 무신과도 친교를 맺었다. 안평대군의 교유는 왕권과 밀착되었던 문종 대에 강화된 위상으로 인해 더욱 확대되었고 단종 대까지 이어졌다.

단종이 12세에 즉위하자(1441년) 의정부 서사제로 의정부의 권력은 강해지고 왕권은 취약하게 되어, 안평대군과 친밀한 황보인·김종서 등이 국정 운영을 전담하게 되었다. 이에 수양대군은 권람·한명회 등과 결탁하여 동생인 안평대군과 황보인·김종서 등이 합작하여 모반하려 한다는 핑계로 군사를 동원하여 '계유정난'을 일으켰다(1441.10). 수양대군은 김종서 집으로 쳐들어가 살해하고, 군사를 동원하여 단종의 처소 및 도성의 성문과 주요 요충지를 장악했다. 그리고 왕명으로 여러 재상을 차례로 불러 자신과 대립하고 있던 황보인 등을 처단하고, 안평대군과 그 아들을 체포하여 강화도에 안치했다.

이처럼 수양대군은 왕권이 취약한 상태에서 단종을 보호하던 세력인 안평대군·김종서 등을 제거하고 권력을 탈취했다. 조선 초기에 일어난 계유정난은 이후 조선 역사의 향방에 지속적으로 부정적인 영향을 미쳤는데, 적장손 왕위 계승 등 조선의 헌정 질서가 흔들리는 단초를 제공했다. 즉, 세종에서 문종, 단종으로 이어지면서 자리를 잡아가던 유교적 헌정 질서를 왕실 종친이 앞장서 무너뜨렸다.

계유정난을 계기로 조정에 공신세력이 득세하면서 태종 때처럼 왕권이 오롯이 서지 못하고 되레 공신세력을 의식하는 모습이 나타났다. 조선 건국의 명분을 제공했던 고려 권문세족들의 부패한 특권 문화가 조선 공신세력에게 고스

란히 전수되는 상황이 발생했다. 이후 조선에서는 사화, 환국 등 유혈 정권교체가 있을 때마다 '공신 인플레이션'이 일반화되었다. 태종 이방원과 정도전이 기필코 타파하고자 했던 문제점이 조선의 정치 및 역사에 깊이 뿌리내리게 된 것이다.

4) 단종이 강제로 혼인함

문종이 재위 2년 만에 승하했을 때 세자 단종은 12세였다. 그는 할머니도 없었고 어머니는 단종을 낳은 지 하루 만에 산후병으로 세상을 떠났다. 할아버지 세종이 왕비 심씨 이후 재혼하지 않았고, 문종도 세자 빈 권씨 이후 재혼하지 않았다. 세종은 할 수 없이 총애하던 후궁 혜빈 양씨를 보모로 지정해 세손(단종)을 양육하게 했다. 혜빈 양씨는 단종에게 사실상의 어머니였는데, 단종이 어린 나이에 왕위에 오르자 혜빈을 가장 믿고 의지했다. 세종의 후궁인 혜빈은 단종의 신임으로 사실상의 대왕대비마마로 국정에 대한 영향력이 강해졌다.

이에 왕권을 노리고 있던 수양대군이 강력하게 반발했다. 수양대군은 혜빈의 영향력을 줄이기 위해 문종의 후궁인 숙빈 홍씨를 내세워 궁중 안의 일을 주관하게 하는 편법을 썼다. 단종은 숙빈보다는 혜빈을 더 신임했으므로 혜빈의 영향력은 줄어들지 않았다. 그러자 계유정난을 통해 실권을 장악한 수양대군은 혜빈의 영향력을 줄이기 위해 특단의 조치를 취했다.

수양대군이 친구인 송현수(풍저창부사)의 딸을 왕비로 들이기로 결정한 것이다. 당시는 문종의 3년 상이 끝나지 않아 혼례를 추진할 수 없는 시기였다. 유교국가인 조선에서 부모의 3년 상 중에 결혼한다는 것은 천륜을 어기는 행위였기 때문이다. 수양대군이 단종을 강제로 결혼시키려 하자 단종을 비롯해 혜빈과 수양대군의 측근들도 강력하게 반대했다. 하지만 수양대군은 종묘사직을 위한다는 명분을 들어 단종의 혼례를 강제로 밀어붙여, 14세의 단종은 강제로 혼인하게 되었다(1454년). 단종의 장인 송현수는 수양대군에게 협소한 내가도 몇 년간 권세를 누렸으나, 결국에는 역적으로 몰려 숙청당했다.

세조의 삶과 업적

1. 세조의 삶

세조는 조선 제7대 왕으로 재위 기간은 14년이다(1455~1468년). 이름은 이유, 자는 수지이다.

세종과 소헌왕후 심씨와의 사이에 둘째 아들(1427~1468, 42세)로, 문종의 동생이며 비는 정희왕후 윤씨이다. 타고난 자질이 영특하고 명민하여 학문도 잘했으며 무예도 남보다 뛰어났다. 대군으로 있을 때, 세종의 명령을 받들어 궁정 안에 불당을 설치하는 일에 적극 협력하였다.

문종이 죽고 어린 단종이 즉위하자, 심복인 권람·한명회 등과 함께 정국전복의 음모를 진행시킨 후 '계유정난'을 단행했다(1453.10). 하룻밤 사이에 폭력으로 정국을 전복시키고 군국의 대권을 한 손에 쥔 세조는 자기 심복을 요직에 배치하고 국정을 마음대로 처리했다. 조정 안에 있는 반대 세력을 제거하고, 밖에 있던 함길도절제사 이징옥마저 주살했다. 실권자가 된 후 단종에게 강요하여 왕위를 수선(受禪)하였다(1455.6).

세조는 정치 운영에 있어서 신하들의 의견을 받아들이는 이른바 '하의상통'보다는, 자기의 소신만을 강행하는 '상명하달' 식의 방법을 택하였다. 세조는 왕권강화를 목적으로 의정부의 서사제를 폐지하고 육조직계제를 시행했다. 이것은 어린 단종 때 정치의 권한이 의정부의 대신들에게 위임된 것을 육조직계제로 대체하여 왕 자신이 육조를 직접 지배하고자 한 것이다.

성삼문·박팽년 등 사육신의 단종 복위사건을 계기로 학문연구의 전당인 집현전을 폐지하고, 정치 문제의 대화 토론장인 경연을 정폐시켰다(1456.6). 세조 대는 국정의 건의 규제기관인 대간의 기능이 약화된 반면, 왕명의 출납기관인 승정원 기능이 강화되었다.

세조는 단종을 죽이고 왕위를 찬탈했다는 죄책감에 많이 시달려야 했다. 그는 병이 위급해지자 왕세자에게 전위하고 사망했다(1468.9). 세조는 정희왕후 윤씨와 사이에 2남 1녀를 두었는데, 둘째 해양대군이 8대 예종으로 올랐다.

세조의 능호는 광릉(光陵)으로 경기도 남양주시 진접읍 부평리에 있다

2. 세조의 업적

1) 육조직계제와 호패제를 부활시킴

세조는 세종 대부터 행해지던 의정부를 폐지하고 육조직계제를 부활시켰다. 이는 세조의 권력 강화 의도를 보여주는 일이다. 단종 대의 왕권약화가 미치는 영향을 거울 삼아 왕권을 강화하여 의정부의 정책결정권을 폐지시키고, 6조의 직계제를 부활시켜 의정부의 기능을 약화시켰다. 세조는 문종과 단종의 짧은 치세를 거치는 동안 지속되었던 정치적 격변기 속에서 소홀히 할 수밖에 없었던 국정의 여러 사무를 추스르려 하였다. 이는 세종 대부터 시작된 국가의 문물과 제도 정비를 이어나가는 것이기도 했으며, 조선의 전 국토와 백성에게 중앙의 행정력을 미치게 하여 제민지배를 강화하려는 노력이기도 했다.

국방력 강화를 위해 호적과 호패제도를 부활시켰으며, 두만강 건너 야인소탕·서북면 개척 등 국토의 균형 있는 발전을 꾀했다. 호패법을 다시 시행하여 백성의 호구와 직역의 실태를 낱낱이 파악하려 한 것이 그 예이다(1458년). 세조는 지방의 관찰사들에게 유서를 내려 군적을 기록하여 보고하게 하고(1458.4), 호패법의 시행을 명하였다. 그리고 지방의 관찰사와 수령들에 대한 부정부패 감

시를 위해 전국에 군대를 파견하여 보고하게 하였다(1462년).

2) 간경도감과 국조보감을 설치함

문화적으로 세조는 불교를 숭상하여 '간경도감'을 설치하고(1461년) 불경을 간행토록 하여 일본까지 전파시켰으며, 태조 이래 4대 임금을 찬양하기 위해 「국조보감」을 만들고 세종 때 시작한 '오례의'를 완성했다.

3) 토지제도를 개혁함

세조 대에는 그동안 전·현직 관리들과 그 가족들에게 나눠주던 과전(科田)을 현직 관리들에게만 지급하는 '직전법'이 실시되었다. 이는 점차 관원의 증가로 지급할 토지가 부족해진 것과 또 기존에 지급받은 과전이 점차 사유화되는 문제를 해결하기 위한 것이었다.

조선시대의 토지제도는 태조부터 단종 대까지는 '과전법'이 시행되었으나, 세조가 '직전법'으로 바꾼 것이다. 과전법은 시행 초기 고려시대의 전시과에 비해 나라의 세수를 늘리고, 농민들 배도 불리고 관료들에게 봉급을 올려주는 효과가 있었다.

과전법은 고려사회의 기득권층 귀족들이 소유했던 부가 조선건국의 주체세력으로 이동시키는 부의 재분배 역할을 했으나, 몇 년 후에 어려운 문제에 봉착했다. ① 과전법의 범위는 경기도에 한했는데, 계속 증원되는 관료의 수 때문에 토지부족현상이 나타났다. ② 과전법은 현직·전직 모두에게 지급했는데 관료의 임기만료 후에도 토지를 반환하지 않았다. ③ 상속 가능한 토지가 많았다. 고려시대의 전시과의 경우에 상속이 가능한 토지는 공음전(5급 이상 고위 관리에게 주는 토지)에 한했다. 이에 비해 조선의 과전법은 공신전(공신들에게 주는 토지), 휼양전(사망한 관리의 자녀들을 위해 지급한 토지), 수신전(사망한 관리의 미망인에게 재혼하지 않는다는 조건으로 지급한 토지) 모두가 상속이 가능해 그 범위가 확대되었다. 따라서 고려시대보다 조선시대에 토지부족 문제가 심각하게 대두되었다.

세조는 이러한 과전법의 폐해를 없애기 위해 토지제도를 직전법으로 개혁했다. 직전법은 현직 관리에게만 토지를 지급하되 현직에서 물러나면 토지를 국가에 반환하도록 하는 것이다. 또한 상속이 가능했던 휼양전, 수신전을 폐지했다. 그런데 직전법은 현직 관료에게만 토지를 지급하여 세조즉위에 반대한 관료들은 파직되므로, 사실은 그 경제권을 통제하기 위한 수단이었다. 휼양전과 수신전을 폐지한 것도 세조에게 반대하다 죽은 자들은 그 유가족도 돌봐주지 않기 위한 것이었다.

이처럼 직전법의 본질 목표는 형식적으로는 토지부족 문제를 해결하는 것이었으나, 실질적으로는 세조의 반대파를 제거하기 위한 것이었다.

4) 법전을 편찬함

세조는 통치의 기준을 제공하는 법전의 편찬을 시작하였다. 즉위 초에 세조는 최항 등에 명하여 '육전상정소'를 설치하고 육전(六典)을 수찬하게 하고 이에 대하여 틈틈이 보고를 받으며 친히 필삭하기도 하였다. 첫해에 호전(戶典)이 완성되었고(1460년/세조6), 다음 해에 형전(刑典)이 완성되었다. 그리고 세조 대에 완성이 되지 않은 채로 일단락을 지은 법전이 있었는데, 이것이 예종과 성종 대를 이어 완성한 『경국대전』이다.

경국대전은 조선시대 내내 최고의 기준이 되는 법전으로서의 지위를 유지했다. 시간이 흐르면서 시대의 변화를 반영한 후속 법전들도 이 경국대전이 제공한 기본 원칙과 이념을 준수하는 수준에서 편찬되었다는 점에서 중요한 의미를 가진다.

1. 예종의 삶

예종은 조선 제8대 왕으로 재위 기간은 14개월이다(1468~1469). 세조와 정희왕후 사이의 둘째 아들로(1450-1469, 20세), 이름은 이황이고 자는 명조이다. 형 의경세자가 급사하면서 8세에 세자에 책봉되고(1457년/세조3), 11세가 된 세자는 5살 연상의 한명회의 딸 한씨(훗날 장순왕후로 추존)와 혼인했다(1460년). 한씨가 이듬해 원자를 출산하고 산후병으로 사망하자 세자(예종)는 우의정 한백륜의 딸 한씨를 계비(인순왕후)로 맞이했다(1463년). 그 후 세조로부터 왕위를 이어받아 19세에 수강궁에서 즉위했다(1468.9.7).

예종의 즉위 초에는 세조가 정해놓은 '원상제'에 따라 3중신으로 있었던 한명회·신숙주·구치관이 중심이 되어 국정을 상의 후 결정하게 했다. 원상제는 세조가 말년에 왕명을 출납하는 승정원에 세조 자신이 지명한 3중신을 항상 출근시켜 왕세자와 함께 국정을 상의하여 결정하도록 함으로써 국정 운영에 미숙한 왕세자를 보필하도록 마련한 제도이다.

예종은 세조의 총애를 받았던 무관이자 병조판서인 남이를 겸사복장으로 강등시켜 왕권을 강화하기 위한 조치를 취했다(1468년). 예종은 어린 나이에 등극했지만, 법치주의에 입각한 강력한 왕권을 만들고자 엄격한 통치를 지향하여 선왕의 치적에 힘입은 훈구파 세력과 대립하여 개혁정치를 펼치고자 했다. 예종의 의도는 한명회·신숙주를 중심으로 한 훈구파를 견제하기 위한 것이었는데, 모친인 정후왕후마저 예종을 지지하지 않았기 때문이다.

예종 대에 '남이의 옥'과 '민수사옥' 두 가지 옥사가 일어났다.

남이의 옥은 무관 남이와 강순 등이 반역을 도모했다는 혐의로 처형된 사건이다(1468년). 남이는 태종의 외손자로 이시애의 난을 평정하고 서북변의 여진족을 토벌하는 등 혁혁한 공을 세웠다. 남이는 27세에 오위도총부도총관과 공조판서, 병조판서로 발탁된 그야말로 초고속으로 승진한 무인이다. 한명회·신숙주 등 정난공신 세력들은 이시애 난을 평정하고 새롭게 주목받는 적개공신 세력을 못마땅해했다. 예종이 즉위하자 이들은 남이가 병조판서의 직임에 적당하지 못하다고 상소했고, 예종이 이를 받아들여 남이를 겸사복장으로 좌천시켰다. 불만을 가진 남이가 왕궁을 호위하는 겸사복장으로 궐 안에서 숙직하던 중, 혜성이 나타나자 "혜성이 나타남은 묵은 것을 몰아내고 새로운 것을 받아들일 징조"라고 측근에게 말했다. 이 말을 들은 유자광이 역모를 꾀한다고 고발해 남이를 비롯해 많은 무인이 처형당했다. 유자광의 석연치 않은 역모 고변으로 공신세력의 한 축인 남이 등을 제거해 예종 자신에게 반발하는 다른 공신세력을 견제할 바탕도 허물어버렸다.

다음 해에 민수사옥이 일어났다(1469.4). 예종은 선왕 세조의 실록을 편찬하기 위해 실록의 원고가 될 사초를 거두어들였는데 사초에는 기록한 사관의 실명을 써야했다. 그런데 사관 민수가 한명회·신숙주 등을 비판하는 글을 남긴 것이 훗날 화근이 될까 두려워 몰래 이름을 빼내 고쳤다가 발각되어, 연루가 된 강치성·원숙강 등이 처형되었다. 사관 민수는 예종과 인연이 있고 외아들이라는 이유로 사형을 면하고 관노가 되어 유배되었다.

예종은 재위 1년 2개월 만에 20세의 나이로 요절했다(149년). 예종은 재위기간이 14개월에 불과하여, 이 시기는 세조시대에서 성종시대로 넘어가는 과도적인 시대의 성격을 띤다.

예조의 능호는 창릉(昌陵)으로 경기도 고양시 신도읍 용두리(서오릉 내)에 있다.

2. 예종의 업적

1) 직전수조법 제정

예종은 즉위년에 '직전수조법'을 제정하여 둔전(변경이나 군수요지에 설치하여 군량에 충당한 토지)을 백성이 경작하게 하는 민경을 허락했다(1468.6). 이듬해에는 각 도·읍에 있는 둔전을 일반 농민이 경작하는 것을 허락했다(1469.6). 삼포에서 왜와의 사무역을 금지시켰다(1469.3).

2) 『역대세기』 저술과 『국조무정보감』 편찬

예종은 고금의 역사에 대한 관심이 많아 옛날 정치의 잘잘못을 관찰하여 『역대세기』를 저술하고, 신숙주·최항 등에 명하여 『국조무정도감』을 편찬케 했다. 국조무정도감은 조선건국 초부터 예종 대까지 발생한 국내의 정변과 외침사건의 전말을 기록한 책이다. 국조보감을 통해 세조의 즉위를 문제 삼는 논의는 반역이라고 못박으면서도, "나의 시대는 험난했지만, 너의 시대는 태평하게 하라"는 부왕 세조의 말씀에 따라 계유정난에 연좌됐던 사람들을 석방했다.

예종은 세조가 진행한 통일법전 『경국대전』 편찬사업에 힘을 실어 내용을 완성했다. 그러나 경국대전을 반포하기 전에 예종이 급사하는 바람에 그 업적은 성종의 몫으로 돌아갔다.

3) 관직매매를 금지함

수양대군과 함께 쿠데타로 집권한 공신들은 자신들의 계급적 특권을 보장하는 각종의 정치·경제·사회적 제도를 갖고 있었다. 정난공신세력들은 정치·사회적으로는 관직을 매매하는 분경(奔競)과 죄를 지어도 처벌받지 않는 면죄특권이 있었다. 또 경제적으로는 대대로 세습할 수 있는 공신전과 세금납부 대행권인 대납권이 있었다.

예종은 공신들의 특권을 보장하는 이런 제도적 장치를 해체하지 않고서는 왕권을 행사할 수 없다는 사실을 잘 알고 있었으므로, 즉위 초에 종친·공신들의 이런 특권에 손을 댔다. 예종은 종친·공신들의 분경을 금지시키고, 위반하면 온 집안을 족주(한 사람의 죄로 일족을 죽임)시키겠다고 선언했다. 하지만 귀성군 이준과 김질의 항의를 받고 본인만 극형시키는 것으로 물러섰다.

이후에도 예종은 문신들의 집에는 사헌부의 서리와 조례(관청 소속의 하인) 들을 보내고, 무신들의 집에는 선전관을 보내 드나드는 사람들은 지위 고하를 막론하고 체포하게 했다. 그러나 사헌부 관리들은 예종보다 공신들이 더 강한 권력을 갖고 있다는 사실을 알고 있었기에 몸을 사렸다. 반면 무인들은 우직하게 국왕의 명령을 수행했다. 공신들의 집에 드나드는 분경자들을 대거 체포한 것은 무인인 선전관들이었다.

4) 세금대납을 금지함

부왕인 세조는 즉위 과정이 무리했던 만큼 엄청난 수의 공신을 양산하고 이들을 특권층으로 만들어 왕권을 나누어 가졌다. 이들은 백성들의 세금을 선납한 후 그 대가로 몇 배의 세금을 백성들로부터 거둬들였는데 그 폐해가 막심했다.

예종은 이를 막고자 종친·공신들의 세금대납권을 금지시켰다. 세금을 선납한 후 백성들에게 징수하는 것이 대납인데 적은 경우가 배징, 곧 두 배였고 보통이 서너 배였다. 예종은 대납하는 자는 종친·공신을 막론하고 곧 극형에 처하고 가산은 관에 몰수한다며, 공사 모두 대납을 금지시켰다(1468.10). 금지령에도 불구하고 대납이 없어지지 않자, 예종은 방을 붙여서 대납 금지의 뜻을 널리 알렸다. 그러나 공신들의 반발도 거셌다. 이들은 선납했으나 아직 받지 못한 대금이 있다고 주장했다. 호조에서는 이들의 압력에 굴복해 이미 대납하고도 값을 다 거두지 못한 자는 기한을 정해 거두도록 하자고 요청했다. 예종은 한시적으로 받으라고 허용했다. 대납으로 막대한 이득이 보장되는 가업처럼 여기던 종친·공신들의 불만이 최고조에 달했다.

1. 성종의 삶

성종은 조선 제9대 왕으로 재위 기간은 25년이다(1469~1494). 세조의 장남인 의경세자(덕종)와 소혜왕후의 차남으로(1457~1494, 38세), 이름은 이혈이다. 비는 공혜왕후(영의정 한명회의 딸)이고 계비는 정현왕후(우의정 윤호의 딸)이다. 이혈(성종)이 태어난 지 두 달도 채 안 되어 아버지(의경세자)가 죽자 세조가 궁중에서 키웠다. 성종은 천품이 뛰어났으며 도량이 넓고 서예와 서화에도 능해 특히 세조의 사랑을 받았다. 어느 날 뇌우가 몰아쳐 옆에 있던 환관이 벼락을 맞아 죽자 모두 정신을 잃었으나, 성종의 얼굴빛이 바뀌지 않는 것을 보고 세조는 성종이 태조를 닮았다고 하였다.

예종의 뒤를 이어 성종이 즉위한 나이는 13세에 불과했으므로, 7년간 할머니인 정희대비가 수렴청정을 통해 국정을 운영했다. 성종 대는 정희왕후(세조비)가 대왕대비, 인수대비(의경세자비–세조의 며느리)와 인혜대비(예종비)가 생존하여 왕실의 최고 어른인 대비가 3명이나 존재하는 전무후무한 시기였다. 정희왕후는 성종 대에 사망했으나, 두 대비(인수대비·인혜대비)는 연산군 대까지 생존하여 성종의 치세 내내 정국의 변수로 작용했다.

정희대비의 수렴청정 후에 성종의 친정이 이루어졌다(1476년/성종7). 성종의 첫 부인이었던 공혜왕후가 사망하자(1474/성종5년), 후궁이었던 윤씨(판봉상시사 윤기견의 딸)를 왕비로 책봉했다(1476). 계비가 된 윤씨는 원자 융(연산군)을 낳고 왕의 총애가 두터워지자, 여러 다른 빈을 투기할 뿐 아니라 왕에게까지 불손하였다. 이에 성종은 윤씨를 폐하여 서인(庶人)으로 삼았다가(1479년) 3년 후에 사사하여(1482년), 훗날 갑자사화의 원인이 되었다. 성종은 이후 후궁으로 있던 윤씨(윤호의 딸)를 중전으로 맞이했다(정현왕후).

성종은 태조 이후 닦아온 조선왕조의 정치·경제·사회·문화적 기반과 체제를 완성했다. 묘호가 후일 성종으로 정해진 것도 그 때문이다. 성종은 25년간 재위하고 38세를 일기로 생을 마감했다(1494년). 성종의 능호는 선릉(宣陵)으로, 서울 강남구 삼성동에 계비 정현왕후 윤씨의 능과 함께 있다.

2. 성종의 업적

1) 경연을 정례화함

성종은 어려서부터 총명하고 학문을 게을리하지 않았는데, 국정을 운영하는 것에도 성종의 이러한 성향이 잘 드러났다. 성종은 하루 세 번 경연을 열어 관원들과 학문을 토론하였다. 경연은 본래 하루 세 번 세종 대에 실시된 바 있었다.

할아버지 세조 대에는 세조 스스로가 학문을 좋아하지 않아 경연 자체가 자주 열리지 못했으나, 성종은 왕위에 오른 직후부터 꾸준히 경연에 참석하였고, 조강·주강·석강의 하루 세 번 경연을 정례화했다. 성종 대 경연은 국정 현안의 문제들을 경연의 자리에서 논의했다는 특징이 있다. 주로 경연에서 교재를 읽고 토론하는 것을 마친 후에, 혹은 당시 현안과 관련되는 것이 경연 내용으로 제시될 때 당시 참여한 경연관들에게 의견을 묻고 경청했다. 경연에는 연로한 대신뿐 아니라 나이가 어린 문신들이 많이 참여하였기 때문에 경연에서의 현안 논의는 대신이 아닌 신진관원들의 의견을 국왕이 직접 들을 수 있다는 특징이 있었다. 이러한 경연에서의 국정 논의는 성종 대 경연의 중요한 특징 중 하나로, 성종의 문치주의를 잘 보여준다.

2) 언론기관의 활성화와 홍문관 설치

성종은 사헌부와 사간원 같은 언론기관을 활성화 시켰다. 이 언론기구들은 이미 고려와 조선 초기에도 존재했던 것이었는데, 성종 대에 들어 그 활약상이 두드러지게 늘어났다. 성종 대의 대간들이 이전의 대간들과 다른 점은 언론의 내용이 광범위해졌다는 것 외에도, 국왕이 이를 받아들이지 않을 때 여러 차례 이에 대한 논란을 끈질기게 제시한 점이다. 그래도 받아들이지 않으면 사직상소를 올리는 등 언론을 펴는 자세가 매우 공격적이었다. 이 때문에 친정 초반 대간의 언론 활동을 장려했던 성종도 말년에는 이러한 언론 관행에 대한 우려를 나타내기도 했다. 언론 역시 경연과 마찬가지로 대부분 신진관원들이 많이 포진해 있다는 특징이 있는데, 이에 대한 우대정책 역시 경연과 마찬가지로 성종대의 문치적인 일면을 보여주는 것이다.

성종은 세조 때 혁파된 집현전을 대신할 학술연구기관인 '홍문관'을 재건했다. 집현전은 세조 때 단종 복위운동에 참여한 사람이 대부분 집현전 출신이었다는 점 때문에 혁파되었고(1456년/세조 2년), 그 기능은 예문관으로 이전되고 장서보관을 위하여 홍문관을 따로 설치했다. 예문관은 본래 사초를 작성하는 일을 담당하는 곳이어서 학술연구의 기능까지 겸업하자, 업무 성격이 다른 관원들이 한 관서에 섞여 있는 일이 발생하게 되었다. 성종은 홍문관을 이전 집현전과 같은 학술기관으로 승격시키고 관원을 두도록 했다(1478년). 홍문관은 이후 학술연구기관으로 기능할 뿐만 아니라 국가 중대사에 대해서는 언론기관으로 활약하면서 조선 후기까지 명맥을 유지했다.

3) 『경국대전』 등 편찬사업을 펼침

세조 때부터 추진해 오던 『경국대전』이 성종 때 초중반에 완성되면서, 경국대전에 의거한 국정 운영이 이루어지게 되었다. 조선의 기본법전인 경국대전은 성종의 업적 중 가장 대표적인 것이다. 이전까지는 중국의 법이나 그때마다의 관습법을 따랐다면, 경국대전으로 조선의 실정에 맞는 정확한 규범이 생겨 법에 기반한 국가제도가 자리 잡았다.

경국대전 외에도 『동국통감』, 『동국여지승람』, 『국조오례의』, 『악학궤범』 등 다양한 출판물이 출간되었다. 동국통감은 문신이자 학자인 서거정이 고조선부터 고려 말까지 역사를 기록하여 편찬한 역사서이다. 동국여지승람은 각 도의 지리, 풍속, 인물, 역사, 유명사적 등을 자세하게 기록한 지리서이다. 동국여지승람은 중종 때 한 차례 증보되었으며, 이후 조선시대 지리지편찬의 표본이 되었다. 국조오례의는 조선의 오례의 예법과 절차를 기록한 책이고, 악학궤범은 음악백과사전이다.

4) 여진을 정벌함

국내정치의 안정을 기반으로 성종 대에는 두 차례 여진을 정벌했다.

첫 번째는 명나라의 요청으로 건주위 토벌에 임한 것이다(1479년/성종10). 이에 대응하여 조선은 어유소를 대장으로 임명하여 정벌에 나섰으나 압록강 물이 얼지 않아 도강에 실패하였다. 두 달 후 다시 윤필상을 서정도원수로 삼고 김교, 이숙기, 조간 등과 함께 병력 5,000명을 거느리고 정벌에 나서도록 하였다. 윤필상의 지휘 아래 조선군은 야인 15명을 사살하고 15명을 사로잡은 후 승전했다.

두 번째는 함길도 지방에 여진들이 침입하자 이에 대한 대응으로 허종을 북정도원수로 삼아 이들을 정벌토록 하였다(1491년). 두 번째 북정에서도 사살하거나 생포한 적의 수는 많지 않았으나, 역시 조선군의 피해가 전혀 없이 성공적인 정벌이 이루어졌다.

1. 연산군의 삶

연산군은 조선 제10대 왕으로 재위 기간은 12년이다(1494~1506). 이름은 이
융이고 성종과 폐비 윤씨(판봉상시사 윤기견의 딸) 사이에 장남으로 태어났다(1476~1506,
31세). 성종에게는 정실 소생으로 뒤에 11대 왕이 된 중종이 있었으나, 연산군이
세자로 책봉될 때 중종은 아직 태어나기 전이라 성종은 연산군의 무도함을 알
면서도 세자로 삼았다(1483년/성종14). 연산군은 성종의 승하와 함께 왕위에 올
랐다(1494.12).

즉위 초에는 아직 전조(前朝)의 치평 기운이 남아 있고 또 인재와 사림이
성한 가운데 어느 정도 질서는 유지되었다. 그러나 4년째부터는 드디어 패악한
본성이 나타나기 시작했다. 연산군은 5~6년 동안 두 차례나 큰 옥사를 일으켜
많은 사류(士類)를 희생시키는 참극을 벌였는데, '무오사화'와 '갑자사화'가 그것
이다. 이 두 사화는 당대 정계의 난맥상 속에서 생겨났지만, 여기에는 연산군
개인의 성품이 많이 작용하였다.

연산군은 재위 12년 동안 무도한 짓을 많이 하여 폐위되었다. 연산군이 그
토록 광포하고 난잡한 성품을 가지게 된 동기를 주로 생모를 잃은 사실에서 찾
는 견해도 있다. 그러나 실록 『연산군일기』에는 원래 시기심이 많고 모진 성품

을 가지고 있었으며, 또 자질이 총명하지 못한 위인이어서 문리(文理)에 어둡고 사무능력도 없는 사람으로 서술되어 있다. 정계와 연산군 사이에는 갈등이 끊이지 않았다. 문신들의 직간을 귀찮게 여겨 사간원·홍문관 등을 없애 버리고, 정언을 하는 언관도 혁파하거나 감원했다. 그 밖에 온갖 상소와 상언·격고 등 여론과 관련된 제도들도 모두 중단시켜 버렸다.

연산군의 폭정에 염증을 느낀 성희안·박원종·유순정 등의 주동으로 연산군 폐출 운동이 일어났다(1506년/연산군12.9). 이 폐출 운동이 성공하여 성종의 둘째 아들 진성대군이 옹립된 사건이 '중종반정'이다.

이후 연산군은 강화도 교동에 안치되어 있다가 사망했다(1506.11). 연산군의 묘는 경기도 양주군 해등촌에 있는데, '연산군지묘(燕山君之墓)'라는 석물 이외에는 아무런 장식이 없다.

2. 연산군의 업적

1) 국방을 튼튼히 함

연산군은 즉위 초에 국정수행을 올바르게 했다. '비융사'를 설치하여 상설회의(오늘날 국무회의 역할) 개최와 병기개량을 추진했다. 그전에는 무비에 힘쓰지 않아 군사들이 종이나 가죽으로 만든 옷을 입고 전쟁을 했으나, 비융사가 설치된 후로 철갑옷과 투구 등을 본격적으로 생산하여 보급해 녹도(충남 보령시 오천면 녹도리)에 침공한 왜구를 격퇴했다.

연산군은 평안도와 함경도 일대에 여진족(건주야인)이 자주 침입하여 재물을 약탈해 가는 이유가 그곳에 사는 조선백성들의 숫자가 적기 때문이라는 사실을 알고, 평안도와 함경도로 이주하는 백성들에게는 세금과 부역을 면제하는 이주정책을 실시했다.

2) 빈민구제에 힘씀

연산군은 봄이 되면 '보릿고개' 때 먹을 것이 없어 굶어 죽거나 먹을 것을 찾아 떠돌아다니는 빈민들을 위해 지방단위로 '사창(춘대추납기관)'을 설치했다. 사창에서 먹을 곡식이 바닥난 봄에 곡식을 빌려주었다가 가을에 추수가 끝나면 빌린 곡식에 이자로 1/10만 추가하여 빚을 받았다. 또 상인들의 농간을 방지하기 위한 물가조절기구인 '상평창'을 설치해 풍년에 곡식 가격이 떨어지면 상평창에서 곡식을 시세보다 비싸게 사들였다가, 흉년에 가격이 오르면 상평창에서 보관하고 있던 곡식을 시세보다 싸게 팔아서 물가를 안정시켰다.

3) 절대왕권을 추구함

성종은 그의 사후에도 폐비 윤씨(연산군 모친)와 관련한 일을 언급하지 말도록 하는 유훈을 남겼다. 이런 배경에서 왕위에 오른 연산군은 마음에 가득 찬 분노를 간직하고 있었다. 연산군의 주변 상황도 그를 위협하는 요인이었다. 성종은 완벽한 왕이었지만 연산군에게는 냉혹한 아버지였다. 성종의 막후에서 권력을 행사하던 할머니 인수대비, 연산군을 둘러싸고 있는 세조의 공신세력인 훈구세력, 중종 이후 중앙 정계로 진출해 정치적 영향력을 높이고 있었던 사림세력들로 인해 연산군은 적장자의 지위로 강력한 왕이 될 수 있는 명분을 가지고 있었음에도, 정치적으로 불안정한 위치였다.

연산군은 왕권강화책을 시도했는데, 그것은 자신만을 위한 일이었다. 연산군은 2차례 사화를 일으켜 사림과 훈구세력에 대한 대규모 숙청을 단행하고 왕권을 강화했다. 연산군은 대규모 살육이 동반된 숙청 작업을 통해 자신의 권력에 위협이 되는 세력을 제거했다. 연산군은 그에게 주어진 무한 권력을 나라를 위해 사용하지 않았다. 연산군은 사치와 향락에 탐닉하며 시간을 보냈다. 그 사이 권력은 연산군을 추종하는 소수의 간신들이 장악했고, 성종 때 완성된 국가경영 시스템이 파괴됐다. 사치와 향락에 빠진 왕과 그 왕을 정점으로 사리사욕을 채우는 측근들의 정치에 나라의 살림은 어려워지고 백성들의 삶도 피폐해져 갔다.

4) 옥사를 일으킴

가. 무오사화

사림세력은 선대인 성종 대에서는 사간원과 사헌부, 홍문관 등 삼사를 장악하고 있었다. 그들에게는 왕을 견제하는 기능이 있었다. 성종은 그들의 주장을 받아들이고 상호 소통하는 왕이었지만, 연산군은 달랐다. 연산군에게 삼사를 장악한 사림세력은 눈엣가시 같았다. 이는 훈구세력들도 다르지 않았다. 이에 연산군과 훈구세력의 이해관계가 일치해 만들어진 명분으로 사림세력에 대한 사화가 일어났다. 이렇게 사림세력은 심각한 타격을 입었다(무오사화-1498년).

훈구세력은 왕권을 이용하여 김일손 등 정적인 신진사림세력을 제거하고자 했다. 훈구파는 김종직의 문집 중 세조(연산군의 증조부)의 왕위찬탈을 비난한 글인 '조의제문'을 근거로 유자광·이극돈 등이 연산군을 부추겨 많은 신진사류가 죽임을 당하는 '무오사화'가 발생했다. 당시는 세조 이래 형성된 거대한 훈구세력이 왕권확립에 장애요소였으므로 견제가 필요했으나, 연산군은 오히려 이들의 음모에 말려들고 말았다. 무오사화를 계기로 연산군은 훈구파 세력과 더불어 왕권을 강화했다.

나. 갑자사화

왕권강화에 탄력을 받은 연산군은 그 기세를 몰아 또 한 번의 사화를 일으켰다. 연산군은 세조 이후 주류 정치세력을 차지하고 있던 훈구세력에도 칼날을 들이댔다. 그 저변에는 자신 모친의 죽음에 대한 원한도 함께 있었다. 연산군은 모친의 죽음과 관련한 인사들에 대한 무차별 숙청을 단행했고 그 과정에서 대규모 살육이 이어졌다(갑자사화-1503년).

'갑자사화'는 형식적으로는 연산군의 생모인 폐비 윤씨와 관련된 복수에서 비롯된 것이었으나, 본질은 훈구 공신세력을 무너뜨려 왕권을 강화하고자 함이었다. 연산군은 공신들의 전토와 노비를 공식적으로 일괄 환수하려다 저항에 부딪히자, 폐비 사건의 책임을 물어 성종의 후궁인 정씨·엄씨와 이극균·윤필상

등을 사형시켰다. 또 할머니 인수대비를 구타하여 죽게 하고, 한명회·정창손 등 이미 죽은 대신들까지 부관참시하며 재산몰수를 병행했다. 연산군은 이렇게 훈구파와 신진 사림파를 모두 공격하면서 스스로 자신의 시시기반을 없애는 결과를 초래했다.

1. 중종의 삶

중종은 조선 제11대 왕으로 재위 기간은 38년이다(1506~1544). 성종과 정현왕후(윤씨) 사이의 둘째 아들(1488~1544, 57세)로 이름은 역, 자는 낙천이다. 연산군보다 12세 연하로 5년 동안 이복형 연산군과 궁궐에서 살다가 한 살 연상의 신씨(좌의정 신수근의 딸)와 혼인해 출궁했다. 제1계비는 장경왕후(영돈녕부사 윤여필의 딸)이고, 제2계비는 문정왕후(영돈녕부사 윤지임의 딸)이다. 중종은 연산군과 이복형제지간으로 임금이 된 형은 폐비의 아들이었고 후처 소생인 역(성종)은 대군이었으므로, 향후 연산군의 재위 시절에 권력다툼에서 숙청될 여지가 다분했다. 그러므로 그는 연산군의 처남인 신수근의 딸과 정략결혼을 하고 연산군이 재위하는 11년 동안의 기간 내내 조용하게 지내야 했다.

그 후 박원종·성희안을 중심으로 일어난 '중종반정'이 성공하면서 왕으로 추대되었다(1509.9). 중종은 문벌사가를 누르고 새로운 왕도정치의 이상을 실현하기 위해 신진 사류인 조광조를 등용해 우익으로 삼고, 그가 주장하는 도학에 근거한 철인군주정치를 표방해 기성 사류인 훈구파를 견제하려 하였다(1515년). 그는 유교주의적 도덕규범인 '향약'을 전국적으로 실시하고, '현량과'를 두어 친히 김식 등 유능한 신진 사류 28명을 뽑아 언론·문필의 중요 직에 등용했다.

중종은 이른바 사림파를 중심으로 한 지치주의적(至治主義的) 이상정치를 행하려 하였다. 그런데 이들 신진사림세력의 과격하고 지나친 개혁정치는 기성 훈구파의 반발을 불러일으켰다. 또한 중종 자신도 조광조 등의 지나친 도학적 언행에 염증을 느끼게 되었다.

이러한 중종의 심중을 헤아린 훈구파의 남곤·심정 등이 반정공신의 위훈 삭제 문제를 계기로, 조광조 등이 당파를 조직해 나라를 뒤집어놓았다고 주장해 '기묘사화'를 일으켰다(1519년). 이를 계기로 신진사림세력이 숙청됨으로써 개혁 정치의 기운이 서서히 사라졌다. 그러자 심정 등 훈구파의 전횡이 자행되면서 중종 대에는 정치적인 혼란이 계속되고 각종 옥사 등이 잇따라 일어났다. 즉, 기묘사화의 여파로 심정·남곤의 당인 송사련의 신사무옥이 일어나 안처겸 등의 사림파가 다시 숙청되었고(1521년), 심정·남곤 등에게 쫓겨났다가 기묘사화 이후 정계에 복귀한 권신 김안로가 파직되자(1524년), 김안로의 아들 희가 심정· 유자광을 제거하려고 일으킨 동궁의 작서의 변이 일어나 경빈박씨와 복성군이 쫓겨나 사망하였다(1527년). 이렇게 훈구파 상호 간의 정권쟁탈전이 극심하게 벌어져 정국은 더욱 혼란해졌다.

그 후 그동안 정권에서 소외되었던 김안로가 다시 집권하자 정계는 더욱 혼란에 빠졌다(1531년). 이에 대립해 중종의 외척인 윤원로 형제가 등장해 정계는 훈신과 척신 사이의 대립으로 발전해 김안로가 추방되었다. 이러한 척신의 대두는 마침내 을사사화(1545년/명종 즉위년)의 전주를 이루기도 하였다.

이처럼 중종 대에는 정치적으로 조선 전기사회가 후기사회로 이행하는 과도기적인 시기로, 각종 모순이 일시에 쏟아져 나왔다. 훈구세력과 신진사림세력의 갈등, 훈구세력 내의 갈등 및 훈구세력과 척신세력 간의 세력 다툼 등이 일어났다.

중종은 30년간 재위하고 세자인 인종에게 왕위를 물려주고 세상을 떴다(1544.11). 중종의 능호는 정릉(靖陵)이며 서울 강남구 삼성동에 있다.

2. 중종의 업적

1) 개혁정치를 시도함

반정의 주축인 박원종의 사망을 계기로 공신세력이 위축되고 사회적으로도 개혁에 대한 요구가 점증하자(1510년/중종5), 중종은 조광조 등 신진사류를 중용하여 그들이 표방하는 왕도정치를 실시하려 하였다(1515년). 하지만 개혁 방법이 지나치게 이상적이고 급진적이었기 때문에 훈구파의 주축인 반정공신들의 반발을 초래하였다.

대표적인 예가 조광조 등이 시도한 위훈삭제로 중종반정 공신 중 작호가 부당한 76명의 공훈을 삭제할 것을 주장한 것이다. 이것은 당시 권력의 핵심인 공신세력들을 정면으로 겨냥한 것이어서 그들은 강하게 반발하여, 조광조 이하 70여 명은 모반을 획책한 죄목으로 죽임을 당하였고 이상정치는 막을 내린 사건이 '기묘사화'이다(1519년/중종14). 남곤·홍경주 등 훈구파들은 조광조를 중심으로 한 신진사림들을 제거하기 위하여, 궁궐 내 나뭇잎에 꿀로 '주초위왕(走肖爲王)'이라 쓰고 벌레가 갉아먹게 하는 술수를 써서 기묘사화의 단초가 되게 한 것으로 알려져 있다. '走(주)·肖(초)'는 조(趙)자의 파이므로 '조(趙)씨가 왕이 된다'는 뜻이었다.

조광조는 개혁의 길을 마련하기 위해 바른 자세, 경학 위주의 공부, 사색을 통한 원리 탐구, 근본을 앞세우는 원칙적인 자세를 견지했다. 조광조가 몰고 온 개혁 바람은 젊은 유생들뿐만 아니라 중종도 매료시켰다. 중종은 조광조와 추종하는 성리학자들을 기반으로 왕권을 강화하고 정치를 혁신할 계획을 세웠다. 그러나 똑 부러진 성격인 조광조의 커가는 힘이 두려워진 중종은 조광조를 지워버려야 했다. 중종을 통해 왕도정치를 실현하려던 조광조는 저돌적이고 급진적인 면 때문에 수많은 정적을 만들었고, 중종의 비위를 자주 거스르는 언행 탓에 사약을 받아야 했다. 조광조의 개혁 실패는 중종의 실패였다. 이로 인해 기득권인 정국공신들의 힘이 거대해지고 백성들은 처참한 시대가 되어 나라는 가난했고 부패했으며 국방력도 약화되었다.

2) 유교주의적 도덕윤리를 정착시킴

조광조 등을 등용한 초기에는 미신을 타파한다는 이유로 도교적 요소가 강한 소격서(昭格署)를 폐지하는 동시에 불교의 도승제도를 폐지했다. 또 도성 안의 요승(妖僧)·무가(巫家)를 적발해 처치하고 새로이 절을 짓지 못하도록 하였다. 유교주의적 향촌 질서를 유지하기 위해 향약을 전국에 설치했다. 한때 조광조 일파의 몰락으로 일시 주춤했으나, 그 뒤 유교주의화 정책은 더욱 추진되어 『소학』·『이륜행실』·『속삼강행실』 등을 간행해 국민교화에 힘썼다.

중종 말년에는 안향을 모신 백운동서원을 세우고, 중국 사신을 맞기 위한 영은문을 세우는 등 유교주의적 도덕윤리를 정착시켜 나갔다.

3) 국방력 강화에 힘씀

중종 대에는 훈구세력과 신진사림세력의 갈등, 훈구세력 내의 갈등 및 훈구세력과 척신세력 간의 세력다툼 등으로 인한 정국불안이 국방정책에도 많은 혼란을 가져와 남왜북로(南倭北虜)에 시달렸다.

삼포의 항거왜추가 대마도주의 지원을 받아 폭동을 일으켜 '삼포왜란'이 일어났다(1510.4) 이들은 한때 제포와 부산포를 함락시키고 웅천 등을 공격해 경상도 해안 일대는 막대한 피해를 입었다. 삼포왜란으로 조선과 일본의 통교가 중단되었다. 그러자 일본의 아시카가(足利) 막부의 간청으로 '임신약조'를 체결하여 (1512년), 종래 쓰시마에서 파견하던 세견선과 조선정부에서 하사하던 세사미두를 반감하고 왜의 삼포 거주를 엄금하고 제포 하나만을 개항하는 등 왜인의 내왕을 엄격하게 제한했다. 엄격한 규제정책에도 불구하고 국내 정국의 혼란이 계속됨으로써 왜변이 자주 일어나자, 조정에서는 임신약조를 파기하고 왜인의 내왕을 금지시켰다.

북방 국경지대에서는 야인들의 침탈이 잦아졌다. 갑산·창성 등지에 야인들이 침입해 인마를 살상하고 재물을 약탈하자(1512년), 조정에서는 여연·무창 등 4군 지대에 거주하는 야인의 퇴거를 권유하고 6진 지대에는 순변사를 파견했으며 의주산성을 수축해 북방 방어에 노력했다. 그리고 압록강 유역의 야인을 적극적으로 몰아냈다(1524년). 그 뒤에도 야인들은 생활 여건이 나은 6진·4군 지대로 침입해 때로는 만포첨사가 피살되는 등의 분쟁이 끊이지 않았다.

이처럼 남왜북로의 끊임없는 도전을 받자 왕권호위를 강화하기 위해 정로위를 설치하고, 왜구에 대비하기 위해 '비변사'를 설치했다. 비변사는 변방에 외침이 있을 때 비변사 재상들이 모여 방어를 의논하던 임시 합좌회의기관 뒤에 상설합좌기관으로 발전해 군사적 기능뿐만 아니라 정치기관으로, 성격이 바뀌어 갔다. 이 밖에도 한때 무학(武學)을 설치하고, 편조전·벽력포 등을 제작해 외침에 대비하는 등 국방력 강화에 노력했다.

4) 주자도감의 설치와 편찬사업

중종은 주자도감을 설치해 많은 구리활자를 주조해 인쇄술 발달에 기여했다(1516년). 이를 바탕으로 당시 사회에 긴요하게 요청되던 각종 서책, 즉『사성통해』,『속동문선』,『신증동국여지승람』등이 편찬·간행되었다. 찬집청을 설치해(1536년) 권선징악을 주제로 한 서적들을 찬수 또는 번역하고, 역사·지리·언어·문학·사회의 각 방면의 문헌과『경국대전』,『대전속록』등을 간행했다. 또 역대의 실록을 등사해 사고에 배치하고(1540년), 근정청을 설치해『대전속록』이후 새로 반포된 법령을 모아 이듬해 7월『대전후속록』을 완성·반포해 법률제도의 확립을 꾀했다(1542년).

1. 인종의 삶

인종은 조선 제12대 왕으로 재위 기간은 8개월이다(1544~1545). 중종과 장경왕후 사이의 장남으로(1515~1545, 31세) 이름은 호, 자는 천윤이다. 6세 때 세자로 책봉되어(1520년/중종15) 25년간 세자의 자리에 있다가 즉위했다(1544년). 비는 인성왕후(첨지중추부사 박용의 딸)이다.

인종은 3세 때부터 글을 읽기 시작하였다. 조선의 군주와 왕세자를 포함하여 가장 왕세자 교육을 완벽하게 받은 사람이 바로 인종이다. 그는 궁에서 태어나 왕위에 오를 순간까지 가장 완벽한 학문과 지식, 그리고 덕까지 갖춰 그야말로 성군이 될 자질을 충분히 가지고 있었다. 성품이 조용하고 욕심이 적었으며, 어버이에 대한 효심이 깊고 형제간의 우애가 돈독했다.

그가 동궁으로 있을 때는 화려한 옷을 입은 시녀를 궁 밖으로 내쫓을 만큼 검약한 생활을 하였다. 형제간의 우애가 돈독해, 누이 효혜공주가 어려서 죽자 이를 불쌍히 여기는 마음이 깊어 병을 얻었다. 서형(庶兄)인 복성군이 그의 어머니인 박빈의 교만으로 인해 귀양 가게 되었을 때, 부왕 중종에게 그를 석방할 것을 간절히 원하는 소를 올렸다. 중종도 그의 우애 깊음에 감복해 복성군의 작위를 다시 주었다. 중종의 병환이 위독할 때는 반드시 먼저 약의 맛을 보고, 손수 잠자리를 살폈다.

인종이 왕위에 오를 때의 나이는 연부역강한 30세의 나이였으나, 문정왕후의 끝도 없는 정치에 대한 과욕과 독단적인 성격으로 괴롭힘을 당하는 비운의 왕이 되었다. 인종은 조선의 역대 임금 중에서 재위 기간이 8개월로 가장 짧다. 인종은 문정왕후에게 독살당했다는 이야기가 전해지기도 한다. 하루는 인종이 문안을 갔는데 이전과는 다르게 문정왕후가 웃는 얼굴로 그에게 친정에서 보내왔다는 떡을 권하는 일이 있었다. 이상한 일이긴 했으나 인종은 드디어 문정왕후가 자신에게 마음을 열어주는 것이라 생각하며 감격에 빠졌고, 별 의심 없이 그녀가 내준 떡을 맛있게 먹었다. 그러나 어쩐 일인지 그날 저녁부터 앓기 시작하여 결국 죽음에 이르렀다. 인종은 사망하기 전에 대신 윤인경을 불러 경원대군(명종)에게 선위(살아있을 때 왕위를 넘겨줌)하게 했다(1545년/인종1).

인종은 경복궁에서 31세로 사망했다(1545). 능호는 효릉(孝陵)으로 경기도 고양시 덕양구 원당동에 있다(서삼릉). 생전 그의 효성이 지극했던 점을 따서 이름을 효릉이라 하였다.

2. 인종의 업적

1) 작서(灼鼠)의 변이 발생함

인종이 세자로 있을 때(1572년/중종22) 누군가 불에 그을린 쥐로 세자를 저주한 사건이 발생했다. 이복형인 복성군과 생모 경빈 박씨가 이 사건의 주모자로 지목돼 복성군과 함께 폐서인 되었다가 유배되어 사사됐다. 후에 이 사건의 진범이 김희(인종의 누나인 효혜공주의 남편)와 그의 부친 김안로임이 드러났다. 성장하며 이를 알게 된 세자(인종)는 부왕에게 죽은 두 사람의 남은 가족들을 용서해 줄 것을 청하는 상소를 올렸다. 이에 감동한 중종은 복성군의 관직을 회복시켜 주었다.

2) 현량과를 부활시킴

인종은 바른 정치를 하고자 노력했고 그로 인하여 어진 사람을 구하는 것이 급선무라는 것을 인식하고, 인재 확보를 위해 기묘사화 때 폐지된 현량과(재능 있는 사람을 추천에 의해 등용하는 제도)를 부활시켰다. 중종의 신임을 얻은 조광조는 유교를 정치와 교화의 근본으로 삼아 이상정치를 실현하려 했다. 중종은 그러한 정책의 일환으로 재능 있는 인물이라면 현직자와 유생 등에 관계 없이 내외의 요직자로 하여금 재능이 있는 인물을 천거케 하여, 그들을 왕이 친시로써 채용하는 현량과를 설치하게 했다가(1518년/중종13) 기묘사화로 현량과가 폐지되었다. 인종은 '현량과'를 부활시켜 인재를 고루 등용하기 위해 노력했다.

3) 기묘명현을 신원함

기묘명현은 기묘사화로 화를 입은(1519년/중종14) 조광조를 비롯한 사림들을 말한다. 조광조는 능주로 귀양 가서 사약을 받고 죽었으며, 김식·김정·한충·기준 등은 귀양 갔다가 사형당하거나 자결했다. 그 밖에 김구·박세희·박훈·홍언필 등 수십 명은 귀양을 갔다. 이들의 처벌을 반대하고 두둔한 안당과 김안국·김정국 형제 등은 파직되었다.

인종은 기묘명현을 신원(진실 여부를 명확하게 가려 억울함을 풀어줌)함으로써, 기묘사화로 사사 당한 사림의 거두 조광조를 비롯하여 김정·기준 등을 복권시켜 사림이 정권을 장악하는 데 기반을 제공했다. 그는 기묘사화의 일을 신중히 검토하여 교훈을 얻어 완만한 개혁을 펼쳐 혼란한 정치를 막고자 노력했다. 인종은 자신이 익히고 배운 도학사상을 현실정치에 응용하려는 의도에서 다시 사림들을 등용하기 시작하여, 퇴계 이황을 천거해 새로운 정치를 희망차게 펼쳐나갔다.

4) 사초작성을 자유롭게 보장함

인종은 사간원의 건의를 받아들여 실록을 기록하는 사관이 사초(사관이 기록한 수많은 기록으로 실록의 원본)를 쓸 때 자신의 이름을 적지 않는 옛 규정을 부활시켜 사관들이 보다 자유롭고 정직하게 글을 적을 수 있는 장치를 마련했다.

1. 명종의 삶

　　명종은 조선 제13대 왕으로 재위 기간은 22년이다(1545~1567). 중종과 문정왕후(영돈녕부사 윤지임의 딸) 사이의 차남으로(1534~1567, 34세) 이름은 이환, 자는 대양이다. 중종은 제1계비 장경왕후 윤씨에서 인종을 낳았고, 제2계비인 문정왕후 윤씨에서 명종을 낳았다. 명종은 인종의 이복동생으로 비는 인순왕후(청릉부원군 심강의 딸)이다. 중종이 죽고 인종이 즉위했으나 재위 8개월 만에 죽자, 당시에 12세였던 명종이 즉위했다. 명종은 어린 나이로 임금이 되었으므로 어머니인 문정왕후가 수렴청정을 하였다.

　　인종이 세자로 있을 때 문정왕후가 명종을 낳자, 장경왕후의 동생인 윤임은 김안로 등과 함께 세자를 보호해야 한다고 주장하여 문정왕후와 알력이 생겼다. 김안로가 실각하고 윤원형 등이 등용되자 왕위 계승권을 둘러싸고 암투가 더욱 치열해졌다(1537년/중종32). 윤임 일파를 '대윤', 윤원형(문정왕후 동생) 일파를 '소윤'이라고 하였다. 중종 사후에 인종이 즉위하자 한때 윤임이 득세하여 이언적 등 사림의 명사를 많이 등용해 기세를 떨쳤다. 그 후 명종이 즉위하고 문정왕후가 수렴청정을 하게 되자 사태는 크게 변하였다.

　　문정왕후의 동생인 윤원형이 득세하여 '을사사화'를 일으켜(1545년/명종1),

윤원형은 윤임 일가와 그 당류인 사림을 유배시켰다. 윤원형 일파는 또다시 '양재역벽서사건'을 계기로 그들의 잔당을 모두 숙청하였다(1547년). 이로써 외척 전횡의 시대가 전개되자 명종은 윤원형의 세력을 견제하고자 이량을 등용하였으나, 그 역시 작당하여 정치가 더욱 문란해지고 파쟁이 그칠 사이가 없었다. 이러한 때를 틈타 양주의 백정 출신 '임꺽정'이 황해도와 경기도 일대를 횡행하였다(1559~1562년). 밖으로는 삼포왜란 이래 세견선의 감소로 곤란을 받아온 왜인들이 배 60여 척을 이끌고 전라도에 침입해왔다(1555년). 이를 계기로 '비변사'가 설치되었다(1555년).

명종 대는 문정왕후가 불교를 독실히 믿었기 때문에 불교의 교세가 일어났다. 문정왕후는 보우를 신임하여 봉은사 주지로 삼았고, 선·교(禪敎) 양종을 부활시키고 이듬해에는 승과를 설치하였다(1550년). 보우는 뒤에 도대선사가 되었지만, 문정왕후가 죽자(1565년) 잇따른 배불상소와 유림들의 기세에 밀려 승직을 박탈당하고 제주도로 귀양 갔다가 피살되었다. 윤원형은 문정왕후가 죽은 뒤, 관직을 삭탈 당하고 강음에 안치되어 죽었다.

명종은 문정왕후 사후에 인재를 고르게 등용하는 등 선정을 펴보려고 노력했으나 실패하고, 22년간 재위 후에 34세의 젊은 나이에 생을 마감했다(1567년). 명종에게는 순회세자가 있었으나 일찍 사망하는 바람에, 왕위는 덕흥부원군의 셋째 아들이 계승했다(선조). 명종의 능호는 강릉(康陵)으로 서울 노원구 공릉동에 있다.

2. 명종의 업적

1) 을사사화의 발생

성종 때 싹튼 훈구파와 사림파 사이의 대립은 연산군 대의 무오사화·갑자사화, 중종 대의 기묘사화로 나타나면서 단순히 훈구파와 사림파 사이의 대립차원을 넘어 양반관료층의 분열과 권력투쟁으로 발전해가고 있었다. 명종의 즉위는 이러한 정치적 분위기 속에서 이루어졌다. 중종의 계비 장경왕후 소생의 세자 호(인종)를 왕위에 앉히려는 외척 윤임 일파의 대윤과, 문정왕후 소생의 경원대군을 즉위시키려는 윤원형 일파의 소윤 사이에서 왕위 계승을 둘러싼 암투는 중종 말년부터 치열하게 전개되었다. 인종의 즉위를 계기로 윤임 일파가 권력을 장악하자 이언적 등 사림들이 정권에 참여하게 되었다(1544년).

'을사사화'는 명종이 즉위하면서 소윤인 윤원형 일파가 대윤인 윤임 일파를 숙청하면서 사림이 크게 화를 입은 사건이다(1545년). 즉 인종이 경원대군에게 선위하고 경원대군이 12세의 나이로 즉위하여(명종) 문정왕후가 수렴청정을 하게 되자, 윤원형 일파의 소윤이 권력을 장악하여 대윤에 대한 대대적인 숙청을 단행했다. 숙청은 윤임이 중종의 여덟째 아들인 복성군을 왕으로 삼으려 한다는 윤원형의 탄핵을 계기로 시작되었다. 문정왕후는 윤임·유관 등을 사사하고 복성군·이언적·노수신 등을 유배시켰다. 을사사화의 여파는 그 후 6년에 걸쳐 계속되었고, 윤임 등을 찬양하였다는 등의 갖가지 죄명으로 유배되거나 죽은 자의 수가 거의 100명에 달했다.

2) 비변사의 상설기구화

비변사는 조선 후기 국방과 군사에 관한 기밀뿐 아니라 국정 전반을 총괄한 최고의 기구이다. 비변사는 중종 대에 남북변방에서 발생하는 국방관계의 긴급한 사안을 대처하기 위해 삼포왜란 때 설치된 임시기구이다. 비변사가 정식 관료기구로서 확고하게 자리 잡게 된 것은 을묘왜변이 발생한 때(1555년/명종10)이다. 세견선의 감소로 곤란을 겪어온 왜인들이 전라도 지방을 침입한 을묘왜변으로 인한 제주의 방비와 호인의 정세 등을 병조와 함께 의논하면서 권한이 커져 비변사는 정1품 아문의 정식관청이 되었다.

3) 문정왕후의 수렴청정과 왕권강화 시도

인종이 세상을 떠나자 문정왕후는 그토록 바라 왔던 모든 일이 이루어서 기쁨의 눈물을 흘렸다. 12세에 왕이 된 명종은 나이가 어렸으므로 자연히 대왕대비인 문정왕후가 수렴청정을 하게 되었다. 인종이 재위 8개월 만에 급서함에 따라 명종이 열두 살의 나이로 왕위에 올랐으며, 이때 시작된 문정왕후의 수렴청정은 명종의 나이 20세까지 이어졌다. 문정왕후는 수렴청정을 시작하면서 대윤들을 제거할 계획을 세우고 동생 윤원형과 함께 을사사화를 일으켜, 이로 인해 대윤은 기세가 완전히 꺾였다. 소윤은 다시 '양재역 벽서사건'을 일으켜 확실하게 권력을 잡고 조정을 뒤흔들기 시작했다.

그 후 문정왕후가 수렴청정을 거두고 친정을 하게 된 명종은 문정왕후와 윤원형을 견제하고 왕권을 안정시키기 위하여 자신의 처외숙부 이량을 이조판서, 그 아들 이정빈을 이조전랑으로 기용했다(1553년). 그러나 이량 등은 왕의 신임을 믿고 파벌을 형성하여 횡령을 일삼았으며, 사림 출신의 관료들을 외직으로 추방시켰다. 이에 사림들이 반발하자 이량은 사화를 꾀했으나 자신의 외조카 심의겸에게 탄핵당하여 숙청되었다(1563년).

명종은 문정왕후가 죽기까지(1565년) 20년 동안 자신의 세력기반을 지니지 못한 채, 문정왕후와 윤원형의 전횡 속에서 왕위를 지킬 수밖에 없었다. 명종은 문정왕후와 윤원형의 뜻을 거스르지 않고 나라를 잘 다스리려고 애를 썼으나 한계가 있었다. 명종은 많은 시련을 겪으면서 재위 기간 동안 최선을 다했지만, 조정대신들의 권력 남용과 사회가 어지러워 지방의 수령들도 재물을 빼앗는 등의 위기를 초래했다. 명종은 문정왕후가 죽은 뒤 윤원형과 보우를 내쫓고 인재를 고루 등용하여 정치를 하려고 노력했으나, 그 뜻을 이루지 못했다.

4) 임꺽정 난의 발생

'임꺽정'은 황해도지방을 중심으로 일어난 농민무장대 반란의 주모자로 양주의 백정 출신이다. 문정왕후의 섭정으로 왕의 권위는 땅에 떨어지고 조정대신들은 권력을 독점하여 사리사욕을 채우기에 급급해 있었기에 사회는 어수선하고 민심은 병들 수밖에 없었다. 또한 여러 해 연이어 흉년이 되고 관리들의 수탈로 민생이 어려워지자 임꺽정이 민란의 우두머리가 되었다. 임꺽정은 날쌔고 용맹스러웠으며 자기 신분에 대한 불만을 품고 어지러운 사회를 틈타 처음에는 도당 몇 명을 모아 민가를 횡행하며 도둑질을 일삼았다. 세력이 커지자 황해도로 진출해 구월산 등지를 소굴로 삼아 주변 고을을 노략질하였다.

임꺽정이 경기도와 황해도 일대에서 관아를 습격하고 창고를 털어 백성들에게 나눠주는 등 의적의 행각을 벌이자, 이 일대의 아전과 백성들이 결탁해 내통하였다. 그리하여 관에서 잡으려 하면 미리 정보를 알고 달아났다. 또 임꺽정이 개성 근방에 출몰하자 개성부 포도관 이억근이 관군 20여 명을 데리고 그들의 소굴을 습격했다가 오히려 죽임을 당했다(1559년/명종14). 그리고 서울까지 임꺽정과 그 일당이 출몰하였다(1560.8).

조정에서는 금교역을 통해 서울로 들어오는 길을 봉쇄하고 연도를 삼엄하게 경비하였다(1560.10). 그러나 임꺽정 일당은 봉산에 중심 소굴을 두고 평안도의 성천·양덕·맹산과 강원도의 이천 등지에 출몰하며 더욱 극성을 떨었다. 이들은 황해도에서 빼앗은 재물을 개성에 가서 팔기도 하고 서울에 근거지를 마련하고 겁탈을 일삼았다. 그러자 조정에서는 임꺽정 일당이 장수원에 모여 있으면서 전옥서를 파괴하고, 평산 남면에 모여 봉산군수 이흠례를 죽일 계획을 세웠다는 사실도 알아냈다. 이에 평산부와 봉산군의 관군 500여 명을 모아 평산 마산리로 진격하였다. 그때 도둑 무리는 산을 따라 내려오면서 관군을 무찔러 부장 연천령을 죽이고 많은 말까지 빼앗아 달아났다.

그 후 구월산에서 군관 곽순수와 홍언성이 임꺽정을 잡았다(1562.1). 임꺽정은 난을 일으킨지 3년 만에 잡혔고, 잡힌 지 15일 만에 죽임을 당하였다. 임꺽정은 왕정의 잘못으로 나라가 어지러운 상황을 이용해 자기의 신분 차별에 대한 한을 풀어보려고 했고, 그러한 처지에 놓인 두령을 끌어모았다. 그리고 5도를 횡행하며 관군을 괴롭혔고 온 나라를 소란에 빠뜨렸다. 이익은 『성호사설』에서 그의 앞 시대의 홍길동, 뒷 시대의 장길산과 함께 임꺽정을 조선의 3대 도둑으로 꼽았다.

제14절
선조의 삶과 업적

1. 선조의 삶

선조는 조선 제14대 왕으로 재위 기간은 42년이다(1567~1608). 선조는 덕흥 군(중종의 서자)의 3남으로(1552~1608, 56세) 초명은 균이고 뒤에 연으로 개명했 다. 선조의 비는 의인왕후(박응순의 딸)이고 계비는 인목왕후(김제남의 딸)이다. 그 는 여러 왕손 가운데 명종의 총애를 받았으며 성장하자 하성군에 봉해졌고, 명 종이 후사 없이 죽자 즉위했다(1567년). 선조는 조선 최초의 서자 출신의 방계혈 통의 임금이다. 문정왕후(중종의 비, 명종의 모친)와 윤원형 일파의 득세로 왕 다운 노릇 한 번 제대로 못했던 명종에게는 순회세자가 있었지만, 순회세자가 어린 나이로(13세) 죽는 바람에 후계자가 없었다(1563년/명종18).

어느 날 명종이 덕흥군의 세 아들을 궁궐로 불렀다. 왕만이 쓸 수 있는 익 선관을 내놓고 써보라고 하자, 선조의 두 형(하원군·하릉군)은 별말 없이 써보았 다. 그러나 하성군(선조)이 왕만이 쓸 수 있는 익선관을 쓸 수 없다고 하자 명종 이 흐뭇해 했다. 선조가 왕위에 오를 수 있었던 것은 명종이 34세라는 젊은 나 이로 후사 없이 세상을 떠났기 때문이다.

조선왕조 500여 년간 왕위에 오른 사람은 모두 27명이다. 이 가운데 왕의 적장자 혹은 적장손 출신으로 정통성에 아무런 문제가 없었던 사람은 겨우 10

명에 불과하였다. 나머지 17명의 왕은 세자책봉 과정이나 왕위 계승에 있어서 원칙에 맞지 않는 비정상적인 계승자였다. 조선왕조에서 왕의 직계가 아닌 왕실의 방계에서 처음 왕위를 계승한 사람은 조선 제14대 왕 선조였다.

선조가 16세의 어린 나이로 왕위에 올랐으므로 즉위 초에는 인순왕후(명종비)가 수렴청정을 했으나, 선조가 정사 처리에 능숙하고 친정할 능력이 있다는 판단에 따라 이듬해 17세가 되던 나이에 편전을 넘겨주었다. 즉위 초년에 선조는 오로지 학문에 정진하고 매일 경연에 나가 정치와 경사를 토론했으며, 제자백가서 대부분을 섭렵하였다. 이에 따라 성리학적 왕도정치의 신봉자가 되었으며, 정계에서 훈구세력과 척신세력을 모두 밀어내고 명사들을 대거 등용하였다. 이로 인해 외척 중심의 척신정치가 사라지고 사림세력이 중용되어 붕당정치시대가 도래했다. 이는 신권중심의 정치시대를 의미하는 것으로, 조선정국에 새로운 바람을 불러일으켰다.

선조는 처음에는 많은 인재를 등용하여 국정 쇄신에 노력했고 여러 전적을 간행해 유학을 장려했다. 그러나 치열한 당쟁 속에 정치기강이 무너져 치정의 방향을 잡지 못했고 두 차례의 야인의 침입과 임진왜란을 당했다. 왜란 후에 흉년이 거듭되고 동인·서인의 당쟁은 더욱 격심해져서 커다란 시련을 받았다. 선조는 전란의 뒷수습을 마무리 못한 채 41년 동안 재위하고 56세를 일기로 사망했다(1608.2) 선조의 능호는 목릉(穆陵)으로 경기도 구리시 인창동에 있다.

2. 선조의 업적

1) 주자학 장려와 사림 등용

선조는 주자학을 장려했다. 선조가 즉위한 이후 조정에는 새로운 바람이 불어, 기묘사화 때 화를 당한 조광조를 신원하고, 기묘사화 이후 물러나 있었던 인물들이 정계에 속속 복직하기 시작했다. 명종이 불러도 좀처럼 움직이지 않던 퇴계 이황이 선조가 즉위한 다음 달인 7월에 예조판서 겸 지경연사로 임명되었고, 조광조의 제자인 백인걸이 직제학이 되었다(1567년). 반면에 명종과 문정왕후의 비호 아래 정권을 농락하던 윤원형 등 권신들은 몰락의 길을 걸었다.

2) 붕당정치의 시작

붕당정치란 관료들이 서로 파벌을 이루어 정권을 다투는 일이다. 조선 초기부터 훈구파의 탄압인 사화를 극복하고 사림파가 권력을 장악하게 되었다. 사림파의 정계장악 후 관직에 오를 자격자는 많아졌으나, 관직은 한정되어 있어 당파의 분열이 초래되었다. 선조의 등극으로 신진사류인 사림세력이 정권을 잡았지만, 선조 초반에는 명종의 고명을 받은 이준경과 인순왕후(명종의 비)의 동생으로 외척을 대표하는 심의겸이 핵심세력이었다. 이들 간의 알력은 향후 정치적 파란을 몰고 올 수밖에 없었다.

붕당의 대립은 이조정랑을 둘러싼 김효원과 심의겸의 반목에서 비롯되었다. 이조정랑 오건이 자신의 후임으로 신진사림을 대표하는 김효원을 추천했는데(1572년/선조5), 김효원은 이황과 조식의 문인으로 문과에 장원 급제한 수재였다. 심의겸은 이조참의로 있었는데 김효원이 이조정랑 자리에 오르는 것을 반대했다. 과거에 김효원이 권신인 윤원형의 집을 들락거렸다는 사실 때문이었다.

이조정랑은 정5품의 관직으로 비록 품계는 낮은 자리이지만 인사 행정을 담당한 요직 중의 요직이었다. 인사권이 이조판서에게 있지 않고 이조정랑에게 있었기 때문이다. 이조정랑은 자신의 후임자를 지명할 수 있는 특권이 있었고, 정랑직을 어느 정파에서 차지하느냐에 따라 권력이 움직여졌다. 우여곡절 끝에 김효원이 이조정랑 자리에 올랐다.

그 후 김효원의 후임으로 심의겸의 아우 심충겸이 거론되자, 발끈한 김효원이 이중호의 아들 이발을 자신의 후임으로 추천했다. 심의겸과 김효원의 대립은 결국 선배사림과 후배사림의 분열이라 일컬어지는 '동서분당'으로 이어졌다. 김효원은 서울 동쪽의 건천동(현재 인현동)에 살았기 때문에 그를 추종하는 세력을 '동인'이라 불렀고, 심의겸은 서쪽의 정동에 살았기 때문에 그를 추종하는 세력은 '서인'이라 했다. 동인들은 유성룡·김성일 등 이황과 조식의 문인들이 많았고, 서인은 정철·송익필 등 이이와 성혼의 제자들이 많았다. 동서분당 이후

율곡 이이가 동인과 서인의 조정에 앞장서기도 했으나 실패하고, 이이가 죽은 뒤로는 '동인천하'의 세상이 되었다.

3) 양전과 납속책의 시행

가. 양전(量田)

7년간에 걸친 임진왜란으로 국토가 황폐화 되어 경작지가 크게 줄어들자, 선조는 이를 회복하고 전쟁으로 소실된 토지대장을 재정비하기 위해 어사를 파견해 전국적으로 양전을 실시했다(1601~1603년). 양전은 국가 재정을 확보하기 위한 토지조사사업으로, 양전을 통해 파악한 내역은 토지의 지번·면적·모양·주변의 토지정보·경작자 혹은 소유자 등이다. 조정은 양전을 토대로 하여 과세의 기반으로 삼았고, 이렇게 파악된 정보는 양안(토지대장)에 기록되었다. 양전사업을 통해 토지의 소유권을 명시한 문서인 지계를 발급하여 실제 경작 농지의 넓이를 정확히 파악하여 국가의 재정 수입이 늘어났다.

나. 납속책(納贖策)

선조는 왜란 중에 명나라 군사의 식량 조달을 위해 실시했던 납속을 더욱 확대했다. 납속책이란 가뭄·흉년·전란 등 유사시에 필요한 곡식을 확보하기 위해 일반 백성에게 곡식을 바치게 한 후 포상하는 제도로, 기존의 세금 외의 곡식을 국가에 바치는 사람에게 포상하는 정책이다. 노비의 신분을 해방시켜 주거나(납속면천), 역을 면제해 주거나(납속면역), 관직을 제수하거나(납속수직), 죄인의 죄를 면제해 주거나(납속면죄), 서얼이 관직에 나아가는 것을 허용해 주는 것(납속허통) 등이 있었다.

납속은 조선 전기에도 있었지만, 임진왜란이라는 큰 전란을 겪으면서 규모와 횟수가 증가했는데, 임진왜란 후 실시한 합법적인 신분상승 방법이었다. 호조에서는 '납속사목'을 제정하여 각 해태에 따른 납속량을 규정했다(1593년/선조 26). 사족(향촌사회에서 농민을 지배하던 계층)의 경우 100석을 납속하면 동반 정3품을, 서얼의 경우 100석을 납속하면 동반 6품이 적힌 납속첩을 발급받았다. 이

때 품계와 관직이 쓰인 채, 이를 받는 사람의 이름은 비워놓은 이른바 '백지 임명장'인 공명첩이 발행되기도 하였다.

납속자들은 납부량이 많을수록 더 높은 품계의 관직을 받았고, 이를 통해 단계적으로 신분을 상승시켜 나갈 수 있는 발판을 마련할 수 있었다. 그 결과 양반의 수는 증가하고 농민의 수는 감소했다. 이로 인해 조선 후기 신분 제도가 동요되기 시작하여 신분계층 분화가 촉진되었다.

4) 군사제도 개편

가. 훈련도감 설치

선조는 수도의 수비를 담당하는 '훈련도감'을 설치했다. 조선 전기의 양인의 의무군역을 바탕으로 한 중앙군사조직인 오위는 일찍부터 군인으로 복무하는 대신 포를 내는 사람이 늘어나는 등 여러 모순을 드러내어 16세기 말에는 그 조직이 허구화되어 있었다. 그 결과 임진왜란에서 조선군이 왜군에 참패함으로써 당장의 전쟁을 수행하고, 나아가서는 발전된 사회상에 맞는 군사제도를 갖추기 위해 군사조직의 재정비가 불가피하게 되었다.

이에 따라 중앙에 급료병으로서 새 군사 편제에 의해 설치한 것이 훈련도감이다. 훈련도감은 임진왜란 중 임금의 수도 환궁 직후에 창설된 수도방위군이다(1593년/선조26). 훈련도감군은 포수·살수·사수가 구분되어 삼수군으로 조직되었으며, 그 수는 약 1,000명이다. 이들은 군사 1인당 1개월에 쌀 여섯 말의 급료를 받는 군사로 모집되어 교대 없이 근무했다. 이는 종래의 양인의 의무병과는 전혀 성격이 달랐다. 훈련도감군이 된 자는 유생이나 한량으로부터 공노·사노와 승려에 이르기까지 신분적으로 다양했다. 조정은 우수한 자에게는 양인이면 금군으로 발탁하고 천인이면 면천하는 등의 특전을 주었다.

나. 비변사 기능의 확대

비변사는 의결기관으로, 국경변방의 일에 대비하는 기관이다. 본래 조선 초 전쟁 등 비상시를 대비해 설치되었으나, 임진왜란 때 국무수행 기능을 이양받았고 전쟁이 끝난 뒤에도 계속 유지되면서 이후 의정부를 제치고 사실상 최고 국가의결기관이 되었다. 비변사는 성종 때 왜구의 침략에 대응하기 위해 의정부 정승, 병조 이외에 국경 지방의 요직을 지낸 경험자들을 필요에 따라 참여시켜 군사전략을 협의시켰는데 이들을 '지변사재상'이라 하였다. 경험자는 대체로 경상도·전라도·평안도·함경도의 관찰사와 병사(兵使)·수사(水使)를 지낸 종2품 이상의 관원들이었다.

성종 때 지변사재상 제도를 설치한 이유는 두 가지였다.

① 군무에 관한 정승의 전문성 부족 때문이다. 비변사가 처음 설치된 성종 시기에는 6조 직계제였으므로, 의정부에 소속된 정승이 군무에 참여하는 것이 지극히 제한적이었다. 이로 인해 경험부족으로 재상이 군무에 능하지 못했기 때문에 이를 보완하기 위한 지변사재상이 필요해진 것이다.

② 병조의 미약한 권위 때문이다. 병조는 정승을 능가하는 권위를 가지지 못했기 때문에, 외적의 침입 등 변방에 국가적 비상사태가 발생하면 병조 단독으로 군사 문제를 처결할 수 없어 정승의 권위에 의존할 필요가 있었다. 따라서 군사적 전문성을 구비하면서 정승의 권위에 기대려고 한 것이 지변사재상의 시작점이다.

중종 대에 일어난 삼포왜란을 계기로(1510년) 기존 임시기구인 축성사를 비변사로 고치면서 그동안 변칙적으로 운영되어 온 지변사재상이 비변사라는 명칭으로 처음 기구화 되었다(1517년/중종12). 당시에는 아직 임시기구였기 때문에 독립적인 청사를 가지지 못하였다.

그 후 을묘왜변으로 인해 상설기구로 전환할 필요성이 제기되어 별도의 전용 청사를 마련하고 전속 관원이 임명되어 독립관청으로 자리 잡았다(1555년/명종10). 비변사가 상설되면서 병조가 유명무실해지기 시작했는데, 군무전반을 담당했던 병조 대신 비변사가 기존 역할인 변방의 군무 외에도 전국의 군무를 모두 처리했기 때문이다.

상설된 비변사가 관청 간 위계질서를 교란하고 군무기능 중복을 유발한다는 이유로 비변사 폐지론이 일어나기도 했지만, 임진왜란이 일어나 모든 논란을 잠재워 버렸다. 선조는 군국기무를 관장한 문무합의기구인 비변사의 기능을 확대했다. 또한 조총을 도입하여, 임진왜란 중인 조선군이 조총을 운용하기 시작해(1593년) 이후 조총이 조선군의 주력무기로 자리를 잡았다.

제15절

광해군의 삶과 업적

1. 광해군의 삶

광해군은 조선 제15대 왕으로 재위 기간은 15년이다(1608~1623). 선조와 공빈 김씨 사이의 차남으로(1575~1641년, 67세), 이름은 이혼(李琿)이고 비는 유씨(판윤 유자신의 딸)이다. 선조는 의인왕후 박씨에게서 소생이 없자, 공빈 김씨 소생의 첫째 왕자 임해군을 세자로 삼으려 했다. 하지만 임해군은 사람됨이 인륜을 저버리고 난폭하다고 하여 보류하다가, 임진왜란이 일어나자 피난지 평양에서 광해군이 세자에 책봉되었다(1592년/선조25).

광해군은 선조와 함께 의주로 가는 길에 영변에서 만약의 사태에 대비해 '분조(비상사태에 즈음하여 임시로 조정을 분리하는 일)'를 위한 국사권섭(임금을 대신하여 임시로 나랏일을 맡아봄)의 권한을 위임받았다. 광해군은 7개월 동안 강원·함경도 등지에서 의병 모집 등 분조 활동을 하다가 돌아와 행재소(임금이 멀리 거동하여 임시로 머물러 있는 곳)에 합류하였다. 한양이 수복되고 명나라의 요청에 따라 조선의 방위체계를 위해 군무사가 설치되자 이에 관한 업무를 주관했다.

선조는 윤근수를 명나라에 파견해 세자책봉을 주청했으나, 장자인 임해군이 있다 하여 거절당했다(1594년). 광해군은 정유왜란이 일어나자 전라도에서 모병·군량 조달 등의 활동을 전개했다(1597년), 선조가 55세가 되던 해(선조39)에 계비 인목왕후 사이에서 영창대군이 탄생하자(1606년), 평소 광해군을 못마땅하게 생각했던 선조였기에 광해군의 세자 자리가 위협받는 상황이 되자, 광해군이 서자이며 차남이라는 이유로 영창대군을 후사로 삼을 것을 주장하는 소북파와 광해군을 지지하는 대북파 사이에 붕쟁이 확대되었다.

선조가 병이 위독하자 광해군에게 선위하는 교서를 내렸으나(1608년), 소북파의 유영경이 이를 감추었다가 대북파의 정인홍 등에 의해 음모가 밝혀졌다. 전쟁이 끝난 후 선조가 재위 41년 만에 승하하자 광해군이 34세 나이로 왕위에 올랐다. 광해군이 왕위에 오른 후에도 왕위를 위협하는 존재가 도처에 산재했다. 왕위에 오른 직후 선조 말년에 자신을 반대하고 영창대군을 지지했던 세력의 핵심인 유영경과 그 일당들을 제거했다. 그리고 대북파의 무고로 능창군의 추대사건에 연루된 신경희 등 반대세력을 제거했고(1615년), 이이첨 등의 폐모론에 따라 인목대비를 서궁에 유폐시켰다(1618년).

이와 같은 실정은 대북파의 당론에 의한 책동으로 빚어진 일이다. 광해군의 재위 15년간 대북파가 정권을 독점하자, 이에 불만을 품은 서인 김류·이귀·김자점 등이 일으킨 인조반정으로 폐위되어 강화도로 유배되었다가 다시 제주도에 이배되었다.

광해군은 세자로 있을 무렵부터 폐위될 때까지 성실하고 과단성 있게 정사를 처리했지만, 주위를 에워싸고 있던 대북파의 장막에 의해 판단이 흐려졌다. 인재 기용에도 당파성이 두드러져 반대파의 질시와 보복심을 자극하게 되었다. 광해군은 재위 기간 동안 자신의 왕위를 위협하는 정적들을 대상으로 수차례 옥사를 일으켰고, 외교에서는 실리외교를 선택했다.

광해군은 끝내 능호 조차 갖지 못한 군주가 되었다. 묘호는 '광해지군묘(光海之君墓)'로 경기도 남양주시 진건읍 송능리에 있다.

2. 광해군의 업적

1) 분조활동으로 임진왜란을 극복함

일본군 20만 명이 부산포 앞바다에 물밀듯이 밀려와 임진왜란이 시작되었다(1592.4/선조25). '7년 전쟁'이라고도 불리는 임진왜란은 전투 초반 한성이 함락되고, 국왕이 의주로 몽진(임금이 도망감)하는 등 패색이 짙었다. 그러나 해전에서 계속되는 이순신의 승전보 소식과 각지에서 자발적으로 일어난 의병들의 활동, 그리고 명군의 참전 등으로 전세가 조선 측에 유리하게 전개되면서 결국 일본군을 물리쳤다. 임진왜란을 극복할 수 있었던 요인으로 여러 가지가 열거되는데, 여기에 하나 포함 시켜야 하는 것이 광해군의 분조(分朝)활동이다. 분조란 '조정을 나누다' 또는 '조정의 분소'를 의미하는데, 임진왜란 때 의주와 평양 등지에 상주하였던 선조가 있던 원래 조정과는 달리, 전쟁 극복을 위해 광해군이 주도하던 조정을 말한다.

선조에게는 임진왜란 직전까지 적자가 없어서 후궁소생을 세자로 책봉해야만 했는데, 이 과정에서 임진왜란 발발 몇 해 전 정철 등이 건저의(세자책봉에 대한 논의)를 제기하여 정치적 파란이 일기도 했다. 세자책봉이 이루어지지 않은 상태에서 임진왜란을 맞이하게 된 조선은 다급해져, 선조는 광해군을 세자로 책봉하고 그에게 분조의 책임을 맡겼다. 분조의 책임자가 된 광해군은 전쟁 기간 중 평안도나 강원도 등을 돌며 민심을 수습하는 것은 물론이고 경상도나 전라도 등지로 내려가 군량을 모으고 군기를 조달하는 등 전시 정부를 총지휘하여 토탄에 빠진 나라를 일으켜 세우는 데 상당한 공로를 세웠다. 광해군의 분조활동은 임진왜란을 극복하는 데 주요한 요인이었다.

청년 시절의 광해군의 활약은 그에 대한 평가의 좋고 나쁨과는 별개로 조선왕조 역사상 그리 많지 않은 '노블리스 오블리주(Nobless oblige – 귀족은 의무를 진다)'가 실천된 사례로서 뭇 사람들이 그를 긍정적으로 인정하는 시기였다. 조선의 역사를 통틀어 조선의 창건자인 태조 이성계를 따라 전쟁터에 나갔던 정종(이방과)을 제외한다면, 외적과의 전면전에 직접 뛰어들어 맞서 싸운 경험이 있는 국왕은 광해군이 유일하다.

2) 궁궐의 건설과 확장

선조는 9명의 후궁 사이에서 13명의 자녀를 두었다. 광해군은 선조의 차남으로, 모친 공빈 김씨가 후궁이었으므로 지지기반이 약하고 정통성이 부족했으나, 임진왜란이 일어나자 피난지 평양에서 선조는 서둘러 광해군을 세자에 책봉했다. 임진왜란에서의 광해군의 공이 없었다면, 또 선조가 갑자기 승하하지 않았다면 광해군은 왕이 되기 어려웠을 것이다.

어렵게 왕위에 오른 광해군은 왕권에 집착했는데, 왕권을 강화하는 방법의 하나는 궁궐을 건설하는 일이었다. 선조 말에 시역한 창덕궁을 광해군 원년에 준공하고(1608년), 경덕궁(1619년)과 인경궁을 중건하고 정릉행궁(경운궁)을 확장했다(1621년). 이러한 궁궐 공사에 나라 전체 예산의 15~20%가 소요되어 세금의 대폭 인상에도 예산이 부족했으므로, 조정에서는 포목·은·철·소금을 바치면 관직을 주는 등 매관매직이 만연했다. 무리한 궁궐 공사는 광해군을 파멸로 이끄는 원인이 되었고, 인조반정의 주요 명분 중 하나가 되기도 했다.

3) 전화를 복구하는 정책을 펼침

광해군은 전란으로 인한 전화를 복구하는 데 과단성 있는 정책을 펼쳤다. 선혜청을 두어 경기도에 대동법을 실시하고(1608년), 양전(量田)을 실시해 경작지를 넓혀 재원을 확보했다(1611년). 또 광해군은 병화로 소실된 서적의 간행에도 노력했다. 『신증동국여지승람』, 『용비어천가』, 『동국신속삼강행실』 등을 다시 간행하고, 『국조보감』, 『선조실록』을 편찬했으며, 적상산성에 사고를 설치했다. 허균의 『홍길동전』, 허준의 『동의보감』 등이 저술되었고, 외래 문물로는 담배가 일본 류큐(琉球)로부터 들어와 크게 보급되었다(1616년).

4) 중립외교를 펼침

광해군은 대내적으로는 자신의 왕권에 장애가 되는 요소들을 하나둘씩 제거해 가면서 왕권을 강화했다. 대외적으로는 당시 조선을 둘러싼 대외관계 속에서 실리외교를 지향하는 전향적 자세를 보였다. 광해군이 즉위할 당시 명나라는 조선의 사대국가로서 임진왜란 때 파병으로 재정이나 군사력 부분에서 많은 손실을 보았다. 명나라는 기울어가고 있었기 때문에, 사방에서 지방세력이 발호하고 변방에서 야인들이 난을 일으켰는데 특히 여진족이 점차 강성해지고 있었다.

이러한 대외관계 속에서 광해군은 국가의 국방 경비를 정비하는 한편, 무기제조 등 비상사태에 대비했다. 광해군은 명과 청(후금－여진족) 사이에서 철저하게 실리외교를 펼쳤다. 만주 일대의 여진족 세력을 규합한 누르하치가 '대금'을 건국하여 대륙의 새로운 강자로 등장하면서 명나라를 압박하자(1616년), 국력이 쇠락한 명은 조선에 군사파견을 요청했다(1618.4/광해군10). 조선으로서는 임진왜란 때 명나라에서 도와준 것을 생각하면 당연히 파병해야만 했다.

당시 유교를 통치이념으로 한 조선의 대신들은 명에 대한 의리를 내세워 파병을 주장했지만, 광해군은 쉽사리 결정하지 못하고 판세를 관망했다. 끝내 파병할 수밖에 없는 상황이 되자, 광해군은 파병군사의 대장이었던 강홍립에게 비밀교지를 내려 후금과 대적하지 말고 판세를 보아 판단하라고 했다. 전장에 도착한 뒤 치러진 '심하전투'에서 대패하자, 강홍립은 광해군의 밀지대로 후금진영과 협상을 하고 무조건 항복했다. 후금에 투항한 강홍립 일행은 이후 광해군과 개인적인 서신 교환을 통해 후금의 동정을 알려주었다. 이로 인해 후금의 누르하치는 조선의 부득이한 사정을 이해한다고 하면서 지속적인 우호관계를 유지하자고 제안했다. 이처럼 광해군이 명과 후금(청) 사이에서 등거리외교를 펼친 것은 임진왜란으로 망가진 나라를 또 전쟁에 빠뜨리지 않겠다는 의지의 발로였다.

1. 인조의 삶

인조는 조선 제16대 왕으로 재위 기간은 26년이다(1623~1649). 선조의 손자로, 정원군(선조의 5남)과 인헌왕후(좌찬성 구사맹의 딸) 사이의 장남이다(1595~1649, 55세). 이름은 종, 자는 화백이다. 비는 인열왕후(영돈녕부사 한준겸의 딸)이고 계비는 장렬왕후(영돈녕부사 조창원의 딸)이다. 종(인조)은 능양군에 봉해졌는데(1607년/선조40), 왕족으로 반정에 직접 가담한 인물로 광해군의 재위 시절부터 반정을 계획하고 실행했다.

조선시대에 일어난 두 번의 반정은 명분은 비슷했지만, 그 방법은 서로 달랐다. 연산군을 폐한 중종반정의 주역이 정변을 일으킨 공신들임에 반해, 광해군을 폐한 반정은 인조가 바로 주역이었다. 그는 스스로 왕이 되고자 정변을 기획하고 앞장섰다. 서인인 김류·이귀·이괄 등이 반정을 일으켜 광해군을 폐출시켰고(1623년), 인조는 서궁에 유폐되어 있던 인목대비의 윤허를 받아 왕위에 추대되었다.

'인조반정'은 조선역사상 네 번째 반정(첫 번째-1차 왕자의 난, 두 번째-계유정난, 세 번째-중종반정)으로 옥좌를 차지한 사건이다. 인종은 즉위 후 광해군 때 희생된 영창대군, 임해군, 연흥부원군 김제남 등의 관직을 복관시켰다. 반정공신들에 대한 논공행상에서 도감대장 이수일을 내응의 공이 있다 하여 공조판서로 임했고, 이괄은 2등에 녹공(錄功)되어 한성판윤에 임용되었다가 이어 도원수 장만 휘하의 부원수 겸 평안병 마절도사로 임명되었다.

이괄은 이에 불만을 품고 난을 일으켰다(1624년/인조2). 이괄의 군세가 자못 강해 한양이 점령되자, 인조는 공주까지 남천했다. 그 후 도원수 장만이 이끄는 관군이 이괄을 격파한 뒤 환도했다. '이괄의 난'의 역사적 의미는 국가 내에서 일어난 반란 중 수도가 점령당한 처음이자 마지막 사건이다. 이로 인해 북방의 경계가 허술해졌고 이괄의 부하들은 추후 후금에 편입되어 수도 한성까지의 지름길을 알려주는 등 조선에 상당히 큰 악재로 작용했다.

제대로 된 제왕학을 학습하지 못한 인조의 즉위 이후의 행보는 허술한 숙청으로 인해 북방의 경비체계를 완전히 무너뜨렸으며, 핵심 인력들을 반란군 또는 청나라로 편입시켜 추후 '정묘호란'이 일어나는 데 일조를 했다. 광해군 때는 명나라와 금나라와 관계를 동시에 맺는 '중립외교정책'을 써왔으나, 인조반정으로 서인이 정권을 잡은 뒤에는 금나라를 배척하는 '친명배금정책'으로 바뀌었기 때문이다.

임진왜란 이후 다소 수습된 국가 기강과 경제상태가 두 차례의 호란(정묘호란·병자호란)으로 악화되어, 당시의 사회상은 비참하기 짝이 없었다. 인조는 재위 내내 광해군의 모든 치적을 부정하고 비난했으나, 정작 자신은 광해군과 비교할 수 없을 만큼 조선역사상 전무후무한 최악의 군주가 되었다.

능호는 장릉(長陵)으로 경기도 파주시 탄현면 갈현리에 있다.

2. 인조의 업적

1) 친명배금 정책을 펼침

서인세력과 더불어 반정으로 출범한 인조정권은 즉각적으로 광해군의 중립외교 정책을 폐기했다. 인조반정 이후 성립된 서인과 남인의 연합정권은 광해군 대의 실리외교에서 벗어나 명과의 의리를 중시하는 명분외교로 선회했다. 광해군과 대북파는 명과 후금 사이에서 중립외교 노선을 펼쳤다.

그러나 인조와 서인세력은 철저한 대명 사대주의를 고수해 '친명배금' 기조를 명확히 했고, 후금에 대해 적대적인 태도를 취했다. 조정에서는 후금에서 보낸 사신을 내쫓고 국서를 찢어버리기까지 했으며, 청나라에 간 조선의 사신들은 청나라 황제 앞에서 고개를 숙이지도 않았다.

당시 명나라는 기울어가고 청나라의 세력은 계속 커가고 있는 상태였다. 당시 중원에서는 후금의 위세가 눈에 띄게 높아진 상황이었지만, 인조정권은 이같은 국제 정세를 전혀 아랑곳하지 않았다. 인조와 서인은 명나라와의 의리를 강조했다. 인조의 외교정책(친명배금)은 청나라의 반발을 불러일으키는 원인으로 작용하여 정묘호란과 병자호란이 발발했다.

2) 북인숙청과 이괄의 난

인조는 북인계 인사들을 역모로 몰아 숙청 및 하옥시키는 등 광해군과 관련된 인사들을 정리했다(1623년). 이 와중에 인조반정의 1등 공신인 이괄이 불만을 품고 반란을 일으켰는데, 이괄이 2등 공신으로 봉해졌고 평안도 병마절도사로 임명되었기 때문이다. 이괄은 자신보다 공이 적은 이들이 1등 공신이 된 것에 불만을 표시하고, 난을 일으켜 하루아침에 한양에 도달했다.

'이괄의 난'을 피하기 위해 인조는 공주까지 피난을 갔다(1624년). 이는 내부반란으로 국왕이 도성을 떠난 최초의 사건이다. 인조가 한양을 떠나 피난하던 날, 한강변에서 도강하려고 배를 타려고 했을 때 백성들이 인조가 탈 배를 숨겨놓기까지 했다. 반면에 이괄의 반란군이 한양에 입성하자 열렬히 환영했는데, 그 정도로 인조는 백성들에게 인정받지 못했다. 이괄의 난은 그의 부하였던 기익현·이수백의 배신으로 끝이 났다. 일부 부하들은 청나라로 도망가 인조반정의 부당성과 광해군의 억울함을 주장하며 조선을 침공하도록 부추겨, 이는 정묘호란의 원인으로 작용했다.

3) 정묘호란과 병자호란의 발발

인조의 친명배금정책에 불만을 품고 있던 청나라에게 이괄의 잔당세력이 조선침략의 명분을 만들어주었다. 청나라가 '전왕 광해군의 원수를 갚는다'는 명분을 내세워 조선을 침략함으로써 '정묘호란'이 발발했다(1627년). 조선은 후퇴를 거듭하면서 인조와 조정대신들은 강화도로 피난했다. 조선은 '정묘조약'을 맺음으로써 오랑캐로 여기던 청나라와 화친했다. 그러자 임진왜란 때 나라를 지키기 위해 목숨을 걸고 싸웠던 백성들은 왕실을 외면했다. 인조와 서인정권의 행보가 그들이 말한 대의와 명분보다는 당파의 이익에 집중하는 모습을 보여 주었기 때문이다. 임금이 있는 강화도에는 의병이 오지 않았다. 정묘호란은 인조반정의 실패를 만천하에 알리는 셈이 되었다.

그 후 청나라는 조선에게 양국의 관계를 형제관계에서 군신관계로 변경할 것을 요구했다(1632년). 당시 조선의 조정은 청나라에 대적하자는 척화론자와 현실을 인정해야 한다는 주화론자 두 파로 갈렸다. 인조와 조정은 척화론자의 입장을 선택했다. 이에 후금은 국호를 '청나라'로 바꾸면서 조선을 복속시키기 위해 '병자호란'을 일으켰다(1637년). 청나라 군사가 물밀듯이 내려와 조선은 남한산성에서 45일간 항전했지만, 인조의 항복으로 끝이 났다.

남한산성문을 나선 인조가 삼전도로 내려와 청태종(홍타아지)에게 무릎을 꿇고 '삼배구고두(三拜九叩頭)'를 행했다. 삼배구고두는 세 번 절할 때마다 세 번씩 머리를 땅에 찧은 형식으로 9번을 청태종에게 절한 것을 말하는데, 이것이 '삼전도의 굴욕'이다. 인조의 항복과 함께 소현세자(인조의 장남)·봉림대군(인조의 차남)과 조선의 아녀자들이 청나라에 인질로 끌려갔다.

이때 척화론을 펼치던 홍익한·오달제·윤집 등도 끌려갔다. 인조는 급변하는 국제 정세를 제대로 파악하지 못하고 대책 없이 명분과 의리만 내세우다가 여기상 최악의 치욕을 꿒었다.

4) 국방정책과 경제정책을 강행함

인조는 두 번의 호란으로 약해진 왕권을 강화하기 위해 국방정책과 경제성 책을 강행했다.

남한산성의 수비강화를 위해 '수어청'을 신설하고 어영청과 훈련도감의 인 원을 증강했다(1624년). 이는 조선 후기 5군영 체제의 기초를 마련한 것이다. 1628년에는 벨테브레이(Weltevree)가 표류해 왔는데, 그는 이름을 박연으로 고치 고 병자호란 때 훈련대장 구인후 휘하에서 대포의 제작법과 사용법을 지도해 큰 공헌을 했다. 정두원과 소현세자가 청나라에서 돌아올 때 화포·천리경·과 학서적·천주교서적 등을 가지고 왔다.

인조는 광해군 때 경기도에 시험적으로 실시한 요역(徭役)과 공물의 미납화 (米納化), 즉 대동법을 강원도에 확대 실시하고 점차 실시 지역을 넓혀 나갔고 (1623년), 삼남에 양전을 실시하여 전결 수를 늘려 세원을 확보했다(1634년). 그 리고 세종 때 제정된 연등구분의 전세법을 폐지하고, 전세의 법적인 감하를 근 본 취지로 하는 영정법과 군역의 세납화를 실시했다. 그리고 상평청을 설치해 상평통보를 주조했고(1633년), 청인과의 민간무역을 공인해 북관의 회령 및 경원 개시, 압록강의 중강개시가 이뤄졌다. 군량 조달을 위해 납속사목을 발표하고 (1641년) 납속자에 대한 서얼허통 및 속죄를 실시했다.

서양의 역법인 시헌력을 송인룡·김상범 등이 청나라에서 수입했다. 『황극 경세서』, 『동사보편』, 『서연비람』 등 서적을 간행했다. 송시열·송준길·김육·김 집 등 뛰어난 학자를 배출해 조선 후기 성리학의 전성기를 마련했다.

제17절

효종의 삶과 업적

1. 효종의 삶

효종은 조선 17대 왕으로 재위 기간은 11년이다(1649~1659). 인조와 인열왕후 사이의 차남(1619~1659, 41세)으로 이름은 호(淏), 자는 정연(靜淵)이며 봉림대군에 봉해졌다(1626년/인조4). 비는 인선왕후(우의정 장유의 딸)이다. 병자호란이 일어나자 인조의 명으로 아우 인평대군과 함께 비빈·종실 및 남녀 양반들을 이끌고 강화도로 피난했다(1636년). 그런데 강화가 성립되자 형 소현세자와 척화신(대청 강경파) 등과 함께 청나라에 볼모로 갔다(1637년).

봉림대군(효종)은 청나라에 머무르는 동안 형 곁에서 형을 적극 보호했다. 청나라가 명나라의 산해관을 공격할 때 세자의 동행을 강요하자 이를 극력 반대하고 자기를 대신 가게 해달라고 고집해 동행을 막았다. 그 뒤 서역 등을 공격할 때 세자와 동행해 그를 보호하였다. 봉림대군은 형 소현세자를 수행하여 여러 번 전쟁에 참여해 형제간의 우애가 더욱 돈독해졌다. 청나라에서 많은 고생을 겪다가 8년 만에 소현세자가 먼저 돌아왔고(1645.2), 봉림대군은 청나라에 머무르고 있었다.

효종은 오랫동안 청나라에 머무르면서 자기의 뜻과는 관계없이 서쪽으로는 몽골, 남쪽으로는 산해관·금주위·송산보까지 나아가 명나라가 패망하는 것을

125

직접 경험했다. 동쪽으로는 철령위·개원위 등으로 끌려다니면서 갖은 고생을 했기 때문에 청나라에 원한을 품었다.

소현세자가 34세의 나이로 급서하자(1645.4), 인조는 원손을 세자로 세워야 한다는 대신들의 반대를 물리치고 봉림대군을 세자로 삼았다(1645.9). 갑작스럽게 세자가 된 그는 인조가 죽자 창덕궁 인정문에서 즉위하였다(1649년). 효종은 조정의 배청 분위기와 함께 북벌계획을 강력히 추진하였다. 김상헌·김집·송시열·송준 등 대청 강경파를 중용해 은밀히 북벌계획을 세웠지만, 김자점 등 친청파 일파와 반역적 역관배인 정명수·이형장 등이 청나라에 밀고해 북벌계획이 청나라에 알려졌다. 그 결과 효종 즉위 초에는 왜적이 염려된다는 이유로 남방 지역에만 소극적인 군비를 펼 뿐 청나라에 대해서는 적극적인 군사계획을 펼 수 없었다.

효종은 평생을 북벌에 전념해 군비 확충에 몰두한 군주였다. 그러나 국제 정세가 호전되지 않았을 뿐만 아니라 이를 뒷받침할 재정이 부족해 때로는 군비보다도 현실적인 경제재건을 주장하는 조신들과 뜻이 맞지 않는 괴리현상이 일어나 북벌의 뜻을 이루지 못했다. 효종은 북벌을 외쳤으나 이는 비현실적인 것일 뿐만 아니라 백성들을 힘들게 했다.

1659년 5월 4일 효종은 41세를 일기로 창덕궁에서 승하했다(1659.5.4). 능호는 영릉(寧陵)으로 경기도 여주시 능서면 영릉로(왕대리)에 있다.

2. 효종의 업적

1) 인사발탁과 정치를 개혁함

효종은 즉위 직후 인조반정의 반정공신인 서인 공신계열과 김자점 등의 외척 세력을 견제하기 위해 자신의 대군시절 사부였던 송시열과 송준길을 발탁했다. 효종은 이들의 건의를 받아들여 서인 내에서도 비공신인 '산림계열'의 영입을 추진하였고 김집, 김상헌 등을 적극 발탁했다. '산림'은 재야에서 학문을 하는 흐름이 강한 사대부를 일컫는다. 이들은 병자호란 이후에 사대부들 사이에서는 벼슬을 기피하는 성향이 강했다. 청에 항복한 조정에 나가 벼슬을 하는 것이 오랑캐의 발밑에 굴복하는 것이라고 믿었기 때문이다.

즉위 초부터 효종은 과거 반정공신들과 외척의 전횡과 개혁안을 듣기 위해 널리 여러 중론을 모으겠다는 뜻에서 구언(求言) 정책을 펼쳤다. 이에 김육이 대동법을 주장하고 김육으로부터 대동법 시행의 적임자를 추천받았다. 효종은 김홍욱을 승지로 임명했다가 충청도 관찰사로 임명하여 충청도에서 대동법을 실시하게 했다(1651년).

2) 북벌정책을 추진함

청나라에 당한 치욕을 씻고자 북벌을 최우선 과제로 삼았던 효종은 즉위 후 정권을 장악하고 있던 김자점 등 친청파를 조정에서 몰아내고 김상헌·김집·송시열·송준길 등 서인계 대청 강경파를 중용하여 북벌정책을 추진했다. 이들은 청을 군사적으로 응징하는 것은 군부국(君父國)인 명에 대한 신자국(臣子國)의 당연한 의무라는 복수설치(復讐雪恥)의 논리로 효종의 북벌을 이념적으로 지원했다.

북벌론은 양란(정묘호란·병자호란) 이후 체제 붕괴위기를 극복하기 위한 지배층의 내실자강책, 즉 '국가재조(國家再造)'라고 하는 대내적인 지배안정책의 의미를 갖고 있는 것이기도 했다.

그러나 궁지에 몰린 김자점 등의 친청세력이 역관 이형장을 통해 일련의 북벌계획을 청나라에 알려 청의 간섭을 유도함에 따라 즉위 초기에는 적극적인 군사계획을 펼 수가 없었다. 효종의 북벌정책이 실패한 이유는 다음과 같다.

① 기득권층인 조선 사대부들의 실질적인 참여가 없었다. 조선의 사대부들은 겉으로는 치욕을 갚아야 한다고 말했지만, 내심으로는 승리할 수 없는 전쟁이라고 생각했기 때문이다.

② 전쟁으로 인한 피해가 막심하다는 우려 때문이다. 조선은 1592~1636년까지 44년 동안 4차례 전쟁(임신왜란·정유왜란·정묘호란·병자호란)을 겪으며 인구 감소와 국토황폐화 등 엄청난 피해를 보았다. 오랜 기간의 전쟁으로 인해 식량이 부족하고 백성들의 민심이 좋지 못했다.

③ 청나라는 전성기였기에 조선국력의 한계가 있었다. 청나라 순치제(3대 황제)는 강경책과 유화책을 골고루 사용해 민심안정에 힘을 기울였고, 강희제(4대 황제)는 탁월한 능력을 발휘하여 청나라의 전성기를 이끌었기 때문이다.

3) 군비를 확충함

조선이 청나라를 공격하기 위해서는 강한 군사력이 보장되어야 했다. 군비 강화를 추진하기 위해 효종은 이완·유혁연 등 무신을 특채하여 군사양성의 실제 임무를 맡겼다. 군인사정책은 이전에 훈신·종척 등을 임명하던 때와는 다른 파격적인 것으로 효종의 북벌 군사강화책 중 가장 성공적인 것으로 평가받았다.

효종은 북벌의 선봉부대인 어영청을 대대적으로 개편·강화했으며, 금군의 기병으로의 전환, 모든 금군의 내삼청 통합, 수어청의 재강화 등 제반 군제개혁을 통해 군사강화책을 모색했다(1652년). 이와 함께 금군의 군액을 1천 어영군을 2만, 훈련도감군을 1만으로 증액시키고자 했다. 어영군은 많은 군사를 확보하고 3명의 보인제(保人制)를 통하여 재정적인 난점을 극복함으로써 군사증강에 성공했으나, 훈련도감은 재정이 뒷받침되지 못하여 실패했다.

효종은 유명무실했던 영장제(營將制)를 강화, 각 지방에 영장을 파견하여 직접 속오군을 지휘하게 함으로써 지방 군사력의 약화를 시정했다(1654년). 청나라의 감시를 피하기 위하여 전라도, 충청도, 경상도의 삼남 지방에만 군사들을 전문적으로 훈련시키는 영장제를 실시했다. 그리고 1655년에는 능마아청을 설치하여 무장들에게 군사학을 강의했고, 평야전에 유리한 장병검의 제작, 표류해온 네덜란드인 하멜을 통해 조총 제작 등 무기의 개량에도 힘을 기울였으며(1655년), 남방지대 속오군에 보인을 지급하여 훈련에 전념하도록 했다(1956년).

이러한 효종의 군비확충에도 불구하고 청나라는 국세가 이미 확고해져 북벌의 기회를 잡을 수 없었다. 다만 군비확충의 성과는 두 차례에 걸친 나선정벌에서 나타났다. 청나라와 러시아 사이의 국경분쟁이 발생하여 청나라에서는 조선에 병력 파병을 요청했고, 조선은 두 차례에 걸쳐 100~200명의 포수를 파병했다. 사격술이 뛰어났던 조선의 포수들은 청나라와 연합하여 러시아군을 물리쳤다(나선정벌).

4) 경제질서 재확립에 노력함

효종은 경제재건에도 많은 노력을 기울였다. 당시 조선 사회는 여러 차례에 걸친 전란으로 진전(陳田)이 증가하고 농업생산력이 급격히 감소하는 한편, 농민들은 파산하여 유리하는 등 국가체제를 유지하기 힘들 정도로 경제질서·사회질서가 붕괴 위기에 놓여 있었다. 효종은 이러한 위기를 부세제도의 개혁, 농업생산력의 증대, 사회윤리의 강화로 극복하려고 했다.

효종은 김육 등의 건의를 받아들여 대동법의 실시지역을 확대해 충청도(1652년), 1653년에는 전라도산군(山郡) 지역(1653년), 전라도 연해안 각 고을에서 대동법을 실시했다(1657년). 전세도 1결당 4두로 고정하여 백성의 부담을 크게 경감시켰다. 한때 군비확충에 필요한 동철의 수요를 충족시키기 위해 동전의 유통에 반대하기도 했으나, 김육의 강력한 주장에 따라 상평통보를 주조·유통시키도록 했다.

편찬사업으로 『조실록』을 간행하고(1654년), 『국조보감』을 편찬하고 간행했으며(1655년), 신속(공주목사)이 엮은 『농가집성』을 간행해 농업 생산량을 높이는 데 기여했다. 소혜왕후가 편찬한 『내훈』과 김정국이 쓴 『경민편』을 간행·보급하여 전란으로 흐트러진 사회윤리의 재정립을 시도하기도 했으며(1656년), 선조실록을 『선조수정실록』으로 개편해 간행했다(1657년).

시헌력(개정된 역법)을 사용하였는데(1653년), 이는 24절기의 시각과 1일간의 시간을 계산하여 제작한 것으로 서양의 천문학을 토대로 제정한 청나라의 역법임으로 오늘날 우리나라에서 쓰는 음력이다.

1. 현종의 삶

현종은 조선 제18대 왕으로 재위 기간은 15년이다(1659~1674). 효종과 인선왕후 사이의 장남(1641~1674, 33세)으로 이름은 이연, 자는 경직이다. 효종이 봉림대군 시절에 청나라 심양의 볼모로 있을 때 출생하여, 조선 역대 임금 중 유일하게 외국에서 태어났다. 비는 명성왕후(영돈녕부사 김우명의 딸)이다.

현종은 왕세손에 책봉되었다가(1649년) 효종이 즉위하자 1651년(효종2)에 왕세자로 진봉(봉작을 더함)되었다(1651년/효종2). 조선 왕사에서 단종과 더불어 드물게 세손 → 세자 → 왕의 절차를 정상적으로 밟은 왕이다. 아버지 효종이 죽은 뒤 즉위하자마자(1659년) 재위 15년 동안 대부분을 예론을 둘러싼 정쟁 속에서 지냈다.

현종은 백성들을 장악하기 위하여 오가작통제 사목을 강력히 제정했고, 수리 시설과 양전 사업에 힘썼으며, 나라 재정을 수습하고 동활자 10만 개를 주조하는 등의 치적도 남겼다. 국가적인 관계와 대국가적인 문제로 효종 대에 준비하던 북벌을 일시 중단시키기도 하였으며, 군사적으로 북벌정책은 계승하지 않았으나 군사력 강화 정책을 계승하여 화포(신기전)를 개량하여 대량 생산하는 등 군비를 증대했다. 효종은 서양의 문물이나 과학기술 분야에도 관심이 많아서 혼천의의 개량이나 자명종 제작 착수에도 힘을 기울이기도 했다. 1669년 송시열의 건의를 받아들여 성씨가 같으면 본관이 다르더라도 혼인(동성혼인 금지)을 못하게 했다(1669년).

현종은 몸이 병약하여 평생 동안 고생했는데, 재위 기간 내내 온천을 자주 애용한 군주로 조선 역대 국왕 중 '최고의 온천 마니아'였다. 그는 조선 민생 역사상 최악의 순간을 넘긴 임금이기도 하다. 전 세계적인 이상 저온현상(소빙기 현상)으로 인해 곡물 생산이 뚝 떨어져 조선 역사상 최악의 기근이 일어나고 각종 전염병이 연이어 창궐하는 등의 사태가 일어났다.

대재앙임에도 현종은 나름대로 민생 안정을 위해 최선을 다해서 노력했고 현종시대에 대동법이 호남 지역까지 확대 시행되었는데, 호남이 쌀 곡창 지대라는 점을 감안하면 민생고 해결에 어느 정도 효과가 있었다. 현종은 붕당이 가장 격렬하게 날뛰는 예송논쟁과 심각한 자연재해 속에서 강인한 모습을 보여주었다. 다만 그 때문인지 스트레스를 자주 받아 잔병에 시달렸고 결국 오래 살지 못하고 30대 초반의 나이로 끝내 단명했다(1674년). 현종은 왕비 외에 후궁을 한 명도 두지 않은 최초의 왕이다.

능호는 숭릉(崇陵)으로 경기도 구리시 동구릉 내에 있는데, 아내인 명성왕후 김씨와 나란히 묻혔다.

2. 현종의 업적

1) 군비를 강화함

현종은 양란(정묘호란·병자호란)을 겪으면서 흔들렸던 조선왕조 지배질서의 확립을 위해 노력했다. 선왕인 효종이 추진해오던 명분론적 북벌론은 중단하여 정치적 이념을 계승하지 않은 것일 뿐, 군사력을 강화하기 위한 정책은 지속적으로 했다. 그는 군비강화에 힘써 1665년 통제영에서 불랑기 50정, 정찰자포 200문을 만들어 강화도에 배치했고(1665년), 어영병제에 의한 훈련별대를 창설했다(1669년).

2) 예송논쟁에 휘말림

현종은 즉위하자마자 '기해복제(己亥服制)'문세라는 예론에 부딪혔다. 효종의 상을 당하자 자의대비 조씨(인조의 계비인 장렬왕후)의 복제문제가 정쟁으로 번졌다. 당시 일반사회에서는 주자의 『가례』에 의한 사례(四禮)의 준칙을 따랐고, 왕가에서는 성종 때 제정된 '오례의(五禮儀)'를 따르고 있었다. 오례의에는 효종과 자의대비의 관계와 같은 사례가 없었다.

효종이 인조의 장남으로서 왕위에 있었다면 문제가 없었겠지만, 인조의 둘째 아들로서 책립되었고, 인조의 맏아들인 소현세자의 상에 자의대비가 맏아들의 예로 3년 상의 상복을 이미 입은 일이 있었다. 다시 효종의 상을 당해 어떤 상복을 입어야 하는지 문제가 되었다. 서인측은 송시열과 송준길이 주동이 되어, 효종이 둘째 아들이므로 기년복(1년 동안 입는 상복)을 입어야 한다고 주장했다. 이에 반해 남인측의 윤휴와 허목 등은 효종이 둘째 아들이라고 해도 왕위를 이어받았으므로 3년 상이 옳다고 주장했다.

이 무렵 정치계는 동인에게 배척되었다가 인조반정으로 정치계에 되돌아온 서인과, 동인 계열이지만 북인·남인으로 갈라진 뒤 북인에게 배척되었다가 역시 인조 때 조정에 복귀한 남인 사이의 대립이 심상치 않았다. 인조·효종 때는 감정적인 대립이 적어서 특히 학문에서는 교섭이 원활하였다. 그런데 예론이라는 당론의 대립이 극한으로 치달아 감정이 격해지고 논쟁이 장기화 되자, 서인측의 주장대로 기년복이 조정에서 일단 결정되었다. 그렇지만 예론이 지방으로 번져 그 시비가 더욱 확대되었다.

이에 조정은 기년복의 결정을 재확인하고, 이에 항의하면 그 이유를 불문하고 엄벌에 처할 것을 포고하기에 이르렀다(1666년). 그 후 1674년 왕대비인 인선왕후(현종의 모친)가 죽자 다시 자의대비의 복제문제가 재론되면서 예론이 또다시 거론되었다. 서인측의 대공설(9개월복)과 남인측의 기년설(1년복)이 대립되었는데, 기년복으로 정착되면서 서인측의 주장이 좌절되었다.

현종 초년에 벌어진 예론도 수정이 불가피해졌고, 이때 서인측이 많이 배척되었다. 이로써 형식적으로는 조정에서 다시 거론되지 않았지만, 이후에도 많은 시비가 내면적으로 계속되었다. 예론은 예의 본질론(本質論－不可變性)에 입각한 서인측의 예의 관념과, 행용론(行用論－可變性)에 치중한 남인측의 예 관념의 학문적인 해석이 당론으로 발전하면서 당쟁의 비극으로까지 파급되었다. 현종대는 예론의 시비로 일관하다시피 하여 당론 싸움으로 번졌다.

3) 제도를 정비함

현종은 재정구조의 재건을 위해서 호구 수의 증가와 농업의 발전, 조세징수체계의 확립에 노력했다. 호구의 증가를 위해 양민의 삭발과 입승(入僧)을 금했으며(1660년), 이듬해 도성 내의 자수·인수의 두 사찰을 폐지하고 어린 승려는 환속하게 했다.

현종은 조세체계의 정비를 위해 호남의 산군(山郡)에 대동법을 실시했다(1660년). 재정 부족을 메우기 위해 영직첩(影職帖)과 공명첩을 대량으로 발급했는데(1660년), 이것은 이후 정부의 재정보충책으로 보편화되어 신분제의 해체에 크게 기여했다. 농업의 발전을 위해 전주·익산 등지에 관개시설을 만들어 수리면적을 늘렸고(1662년), 이듬해에는 양관을 각 도에 보내 관개시설을 점검하게 했다.

현종은 경기도에 균전사를 임명하여 양전을 실시하고(1662년), 호남대동청을 설치했다(1663년). 그리고 조운선의 파선사고를 막기 위해 충청도 안흥에 남창(南倉)과 북창(北倉)을 설치하고 이 구간은 육로로 운반하게 했고, 양인확보책의 일환으로 공사천인으로서 양처(良妻)의 소생은 모역(母役)을 따르게 하여 합법적으로 양인이 될 수 있는 길을 열었다(1669년). 그리고 산간지방의 유민을 단속하여 호적에 편성하고(1670년), 국경지대의 범월인(犯越人)을 처벌하는 법을 정했으며, 호구 장악을 위해 오가작통제를 제정했다(1672년).

4) 동활자 주조와 상피법 제정

현종은 강화도의 정족산성에 새로이 사고(史庫)를 마련해(1660년), 등서한 역대실록을 보관하게 했다(1665년). 교서관에서 활자를 주조하게 하여(1668년), 대자 6만 6,000여 자, 소자 4만 6,000여 자에 이르는 동활자의 주조를 완성했다(1672년).

현종은 지방관의 상피법(相避法)을 제정했다. 상피제는 인사의 공정성을 유지하기 위하여 관료들을 일정한 범위 내의 친족과 동일 관사나 또는 통속 관계에 있는 관사에 취임하지 못하도록 한 제도이다. 또한 공정성을 확보하기 위하여 관료들은 일정 친족이 관여된 재판이나 시험에 재판관이나 시관이 되지 못하도록 하였다. 또 송시열의 건의를 받아들여 성이 같으면 본관이 다르더라도 혼인을 못하게 함으로써 동성불혼(同姓不婚)을 실시했다(1669년). 그럼에도 불구하고 동성이본 간의 혼인은 조선 말까지도 사대부 집안에서 일반적으로 행해졌다.

제19절
숙종의 삶과 업적

1. 숙종의 삶

숙종은 조선 제19대 왕으로 재위 기간은 46년이다(1674~1720). 현종과 명성왕후(청풍부원군 김우명의 딸) 사이의 외아들(1661~1720, 60세)로 이름은 이순(李焞), 자는 명보(明普)이다. 정비는 인경왕후(영돈녕부사 김만기의 딸)이고 계비는 인현왕후(영돈녕부사 민유중의 딸), 제2계비는 인원왕후(경은부원군 김주신의 딸)이다.

숙종의 치세 기간은 조선 중기 이래 계속되어 온 붕당정치가 절정에 이르면서, 한편으로 그 파행적 운영으로 말미암아 당폐가 심화되고 붕당정치 자체의 파탄이 일어나던 시기였다. 왕의 즉위 초는 현종 말년에 예론에서의 승리로 남인이 득세하고 있었지만, 서인과 남인은 치열한 붕당정치를 벌였다. 이러한 상황하에서 숙종은 왕권강화를 도모하기 위해 일방적으로 지배세력을 교체해버리는 '환국(換局)'을 3차례에 걸쳐 단행했다.

수차례의 환국 후에도 노론·소론 사이의 불안한 연정형태가 지속되다가, 다시 노론 일색의 정권이 갖춰지면서 소론에 대한 정치적 박해가 나타났다(1716년). 잦은 정권교체와 함께 복제에서 송시열의 오례문제(誤禮問題)를 둘러싼 고묘논란(告廟論難), 김석주·김만기·민정중 등 외척 세력의 권력 장악과 정탐 정치에 대한 사류의 공격에서 비롯된 임술삼고변(壬戌三告變) 공방, 존명의리와 북벌론의 허실을 둘러싼 노론·소론 사이의 명분 논쟁, 민비의 폐출에서 야기된 왕과 신료들 간의 충돌이 일어났다.

송시열·윤증 간의 대립에서 야기된 회니시비(懷尼是非), 왕세자와 왕사(후일의 영조)를 각기 지지하는 소론·노론의 분쟁과 대결 등 역사상에 저명한 정치쟁점으로 인해 당파 간의 정쟁은 전대에 비할 수 없으리만큼 격심하였다. 남인이 청남·탁남으로, 서인 역시 노론·소론으로, 그리고 노론이 다시 화당·낙당·파당으로 분립하는 등 당파내의 이합집산이 무성하였다.

정쟁격화는 붕당정치의 갈등이 폭발하면서 나타난 현상이기는 하나, 한편으로는 앞서 현종 대의 예송 논쟁으로 손상된 왕실의 권위와 상대적으로 약화된 왕권을 강화하려 한 왕의 정국운영 방식의 결과이기도 하였다. 왕은 군주의 고유 권한인 용사출척권(왕이 정계를 개편하는 권한)을 행사하여 환국의 방법에 따라 정권을 교체하고, 붕당 내의 대립을 촉발시키고 군주에 대한 충성을 유도했다.

숙종의 치세 기간 중 신료사이의 정쟁은 격화되었지만, 왕권은 도리어 강화되어 임진왜란 이후 계속되어 온 사회체제 전반의 복구정비 작업이 거의 종료되면서 상당한 치적을 남겼다. 경제적인 면으로는 대동법을 경상도(1677)와 황해도(1717)에까지 실시하여 그 적용범위를 전국에까지 확대시킴으로써 선조 말년 이래 계속된 사업을 일단 완성하였다. 전정에 있어서 광해군 때의 황해개량에서 시작된 양전사업을 계속 추진하여, 강원도(1709)와 삼남 지방(1720)에 실시함으로써 서북지역의 일부를 제외하고 전국에 걸친 양전을 사실상 종결하였다. 또 이 시기부터 활발해지기 시작하는 상업활동을 지원하기 위해 주전을 본격화하여 모두 여섯 차례에 걸쳐 상평청·호조·공조 및 훈련도감·총융청의 군영과 개성부, 평안·전라·경상 감영에서 상평통보를 주조, 통용하게 하였다.

숙종은 국방과 군역문제에서도 여러 가지 조처를 취했다. 대흥산성·황룡산성 등 변경 지역에 성을 쌓고 도성을 크게 수리하였다. 영의정 이유의 건의에 따라 북한산성을 대대적으로 개축하고(1712년), 남한산성과 함께 서울 수비의 양대 거점으로 삼게 하였다. 효종 대 이래 논란을 거듭하던 훈련별대와 정초청을 통합하여 금위영을 신설, 5군영체제를 확립하였다. 이로써 임진왜란 이후로 계속된 군제 개편이 사실상 완료되었다.

당시 민폐의 제1요인이던 양역문제를 해결하기 위하여 호포제 실시를 한때 추진하다가 양반층의 반대로 좌절되자, 그 대신 양역이정청을 설치하여 양역변통의 방안을 강구하게 하였다(1703년). 포균역절목을 마련하여 1필에서 3, 4필까지 심한 차이를 보이는 양정(良丁) 1인의 군포 부담을 일률적으로 2필로 균일화하였다(1704년).

대외관계로는 일찍부터 종래의 폐사군지에 관심을 보여 무창·자성 2진을 설치, 옛 땅의 회복운동을 시작하였다. 이로 인해 조선인의 압록강 연변 출입이 잦아졌는데, 마침내 인삼 채취 사건을 발단으로 청나라와의 국경선 분쟁이 일어나 청나라 측과 협상하여 정계비를 세웠다(1712년). 일본에는 두 차례에 걸쳐 통신사를 파견하여 수호를 닦고 왜관무역에 있어서 왜은 사용의 조례를 확정지었다(1682년과 1711년). 특히 막부를 통해 왜인의 울릉도 출입 금지를 보장받아 울릉도의 귀속 문제를 확실히 하였다.

정치적으로 명분의리론이 크게 성행하여 명나라에 대한 은공을 갚는다는 뜻으로 대보단이 세워지고, 성삼문 등 사육신이 복관되었다. 노산군을 복위시켜 단종으로 묘호를 올리고, 소현세자빈으로서 폐서인되었던 강씨를 복위시켜 민회빈으로 하는 등 주로 왕실의 충역 관계를 왕권강화 측면에서 재정립하는 작업이 이루어졌다.

능호는 명릉(明陵)으로 경기도 고양시 신도읍 용두리(서오릉 내)에 있다.

2. 숙종의 업적

1) 환국정치로 왕권을 강화함

숙종 대에 서인과 남인은 치열한 붕당정치를 벌인 상황에서 왕권의 강화를 도모한 숙종이 일방적으로 지배세력을 교체해버리곤 했는데, 이를 환국이라 한다. 환국은 다음과 같이 총 3번 발생했다.

① 첫 번째는 '경신환국'으로 권력을 얻은 서인이 노론과 소론으로 분열되

고, 노론이 권력을 장악했다(1680년/숙종6). ② 두 번째는 '기사환국'으로 장희빈을 등에 업은 남인이 득세하여 집권했다(1689년/숙종15). 이때 숙종의 총애를 받은 장희빈과 격돌한 서인이 축출되었고 인현왕후가 폐위되었으며 장희빈이 왕비가 되었다. ③ 세 번째는 '갑술환국'으로 서인이 다시 집권함으로써 남인이 권력을 잃고 사라졌다(1694년/숙종20). 이때 숙종이 숙빈 최씨와 사랑에 빠졌고, 숙종은 인현왕후의 죽음을 장희빈의 탓으로 돌려 장희빈에게 사약을 내렸다.

세 차례의 환국으로 인한 붕당정치의 붕괴로 붕당 간의 견제와 균형이 무너졌다. 환국을 통해 많은 이들이 목숨을 잃었고, 결국 붕당정치는 서로를 인정하지 않는 격심한 싸움으로 변질되었다. 숙종은 크고 작은 당파싸움으로 약해진 왕권을 회복하고 세력이 강한 붕당의 힘을 약화시키기 위해 집권정당을 수시로 교체시키는 등 환국을 실행함으로써 왕권을 강화하는 데 성공했다.

2) 대동법 확대 실시와 상평통보의 유통

숙종은 경제적으로는 현종이 시행하던 대동법을 계승하여 평안도와 함경도, 제주도를 제외한 모든 지역에 시행해 민생의 안정을 도모했다. 또한 숙종대에 이르러서야 본격적으로 화폐를 주조해서 유통하기 시작했다. '상평통보'가 숙종의 즉위 초반부터 주조되어 중앙관청 및 지방관청에 유통되었다. 이러한 화폐를 만든 이유는 국가의 재정을 확충하기 위한 목적이었는데, 실제로 이것이 잘 맞아떨어져서 조선 말까지 화폐를 주조해서 얻은 이익으로 국가의 재정을 충당하게 되었다.

숙종은 왜와의 은 무역을 크게 번영시켰으며, 조선 후기에 볼 수 있는 대다수의 화폐경제의 발전은 거의 대부분이 숙종이 시작한 것으로 상평통보를 통해 벌어들인 이익으로 당시 조정의 재정은 상당히 넉넉한 편이었다.

3) 수도중심의 방위체계를 확립함

숙종은 방위체계를 수도 중심으로 개편하고 임진왜란 이후 만들어진 오군영제도를 확립시켰다. 또 북한산성을 축조하여 북한산성과 남한산성을 서울수비의 양대 거점으로 삼았다. 이때 만들어진 수도를 방어하기 위한 체계는 영조대에 북한산성을 관리하던 경리청을 폐지하고 장용영이 생기는 등 약간의 변화가 있긴 했으나, 고종 때까지 지속적으로 유지되었고 일제강점기를 거쳤음에도 불구하고 내부시설만 손실되었을 뿐 지금까지도 대부분 잘 보존되어 있다.

4) 단종을 복권시킴

임금으로 추존되지 못한 정종과 단종을 왕으로 복권시킨 것도 숙종의 업적이다. 복권시킬 때의 명분은 단종이 서인으로 강등되고 사사된 것이 세조를 보필하던 신하들의 강압적인 요청에 의한 것이므로, 단종이 복권된다고 해서 세조에 누가 된다는 것이 아니라는 논리였다. 세조 이후의 모든 임금은 세조의 직계 후손이라는 것을 감안했을 때 단종을 복권시킨다는 것은 당시에 상당히 파격적인 일이었다. 이외에도 태종의 형이었던 이방간의 자손들이 모두 왕족으로 복귀되었으며 이방번과 이방석이 모두 복권되어 무안대군, 의안대군으로 불렸다. 또 소현세자의 아내였던 민회빈 강씨도 복권이 되었다.

숙종이 이러한 역사 정리 작업을 한 이유는 왕권을 강화하는 과정에서 필요한 신하들에 대한 충성요구, 왕가의 정통성을 굳건히 하기 위함이었다.

1. 경종의 삶

경종은 조선 제20대 왕으로 재위 기간은 4년이다(1720~1724). 숙종과 장희빈(장옥정) 사이의 맏아들(1688~1724, 37세)로 이름은 이윤, 자는 휘서이다. 후궁인 장옥정이 아들 이윤(경종)을 낳자 빈으로 격상되었는데, 빈은 왕비 아래 후궁이 오를 수 있는 최고의 자리이다(정1품). 경종의 비는 단의왕후(심호의 딸)이고, 계비는 신의왕후(어유구의 딸)이다. 이윤은 후궁 소생이지만 첫아들이었던 까닭에 태어난 지 100일도 안 되어 원자에 책봉되었다.

이윤(경종)은 숙종의 총애를 받는 장희빈과 이를 배경으로 하는 남인들이 버티고 있어 유년기에는 평탄한 시절을 보냈다. 노론인 영수 송시열이 상조론을 주장하다가 사사되고 민비(인현왕후–숙종의 정비)가 폐출되어(1689년), 세자로 책봉되고 생모 희빈 장씨(장옥정)는 왕비로 책봉되었다(1690년). 그 후 생모 장씨는 다시 희빈으로 격하되었다가(1694년) 사사되었다(1701년). 세자가 14세 되던 해 생모인 장희빈이 중전인 인현왕후를 저주했다는 숙빈 최씨의 고변이 있었기 때문이다.

세자는 생모가 사사된 후부터 질환이 생겼다. 숙종은 세자의 다병무자(多病無子)를 걱정해 몰래 이이명을 불러 이복동생인 연잉군(후에 영조)을 후사로 정할 것을 부탁했다(1717년). 그리고 세자 대리청정을 명했는데, 소론측은 세자의 흠을 잡아 바꾸려 한다고 반대했다. 이후 세자를 지지하는 소론과 연잉군을 지지하는 노론 간의 당쟁이 격화되었다.

그러던 중 숙종이 승하하면서 경종이 왕위를 물려받았는데(1720년), 즉위한 이듬해에 경종의 다병무자를 이유로 건저(왕위 계승자를 정하는 일)의 논의가 일어났다. 노론인 영의정 김창집, 좌의정 이건명 등은 연잉군을 세제로 책봉하고 조성복의 소에 따라 세제에게 대리청정을 하게 했으나, 왕의 보호를 명분으로 한 소론 측이 크게 반발하여 철회되었다. 그런데 경종의 질환이 점점 심해져 정무수행이 어려워지자, 국사의 현명한 재단도 기대할 수 없어 그 권위도 추락하였다. 이를 기회로 권신의 전횡과 당인들의 음모가 더욱 심해졌다.

소론의 김일경 등은 세제 대리청정을 제기한 조성복과 이를 봉행하고자 한 노론 4대신(이이명·김창집·이건명·조태채)을 왕권교체를 기도한다고 모함해 축출했다(1721.12). 경종은 소론정권을 수립하는 환국을 단행했다. 그러자 노론 일파가 왕을 시해하고자 모의했다는 목호룡의 고변으로 소론일파의 의도대로 노론 4대신을 비롯한 관련자 50여 인을 처단하고, 그 밖에 170여 인이 유배 또는 연좌되어 처벌되는 '신임사화'가 일어났다(1722.3). 신임사화로 노론을 일망타진한 소론은 경종의 재위 기간 동안에 정권을 전횡했다.

경종은 세자 시절부터 신변상으로나 정치상으로 갖은 수난과 곤욕을 겪었으며, 재위 4년 동안 당쟁이 절정을 이룬 가운데, 신병과 당쟁의 와중에서 불운한 일생을 마쳤다. 경종은 노론과 소론의 정쟁 속에서 이복동생 연잉군이 왕권을 위협하는 인물이었으나 형제간의 우애는 각별했다. 경종이 소론의 공격으로부터 연잉군(영조)을 보호했다.

37세 때 경종은 의문의 죽음을 했다. 경종의 능호는 의릉(懿陵)으로 서울특별시 성북구 석관동에 있다.

2. 경종의 업적

1) 신임사화를 일으킴

신축년(1721년/경종1)과 임인년(1722년/경종2)에 일어났으므로 '신임사화'라 한다. 이는 노론과 소론이 연잉군(영조)의 왕세제책봉문제로 충돌한 사건이다. 왕위 계승문제를 둘러싼 노론과 소론 사이의 당파싸움에서 소론이 노론을 역모로 몰아 소론이 실권을 잡았다. 숙종 말년에 소론은 세자인 이윤(경종)을 지지했으며, 노론은 연잉군(영조)을 지지했다. 경종은 세자 때에 생모인 장희빈이 죽자 이상스러운 병의 징후가 나타났으므로 숙종은 이를 매우 걱정했다. 숙종은 병신처분으로 노론이 실권을 잡은 이듬해 이이명을 불러 독대를 했다(1716년/숙종42). 소론은 세자(경종) 보호의 명분을 더욱 확고히 했고, 노론은 연잉군 추대의 의리로 맞서 이후 치열한 싸움이 벌어졌다.

숙종이 죽고 뒤를 이은 경종은 성격이 온화했다. 그는 자식이 없고 병이 많아, 하루속히 왕위 계승자를 정할 것을 건의한 이정소의 상소를 시발로 하여 노론 4대신인 영의정 김창집, 좌의정 이건명, 영중추부사 이이명, 판중추부사 조태채 등도 연잉군의 책봉을 주장했다. 이 주장이 관철되어 경종은 연잉군을 왕세제로 책봉했다(1721.8).

그러나 소론의 유봉휘는 시기상조론을 들어 그 부당함을 상소하고, 우의정 조태구도 그를 비호했으나 뜻을 이루지 못했다. 노론 측에서는 왕세제를 정한 지 두 달 뒤에 조성복의 상소로 세제의 대리청정을 요구했다(1721.10). 경종은 세제의 대리청정을 명했다가 환수하기를 반복했고, 그에 따라 노론과 소론 간의 논쟁도 치열했다. 이때 소론에 대한 경종의 비호가 표면화되자, 소론의 과격파인 김일경을 우두머리로 한 7인이 세제 대리청정을 요구한 조성복과 청정명령을 받들어 행하고자 한 노론 4대신을 들어 '왕권교체를 기도한 역모'라고 공격하는 소를 올렸다(1721.12). 이 상소로 인해 병신처분 이래 구축된 노론의 권력기반은 무너지고, 대신 소론정권으로 교체되는 환국이 단행되었다. 노론 4대신은 파직되어 김창집은 거제부에, 이이명은 남해현에, 조태채는 진도군에, 이건명은 나로도에 각각 안치되었다.

소론파에서 영의정에 조태구, 좌의정에 최규서, 우의정에 최석항이 임명됨으로써 소론정권의 기반이 굳혀졌다. 그런데 소론 측에서도 김일경의 인물됨을 경계해 노론숙청에 온건파(완소)와 강경파(준소)로 나뉘었다. 소론의 강경론자들이 노론에 대한 과격한 처단을 요구하고 있을 때에 목호룡은 노론측에서 경종을 시해하고자 모의했다는 소위 삼급수설, 즉 대급수(大急手)·소급수(小急手)·평지수(平地手)를 들어 고변했다(1722.3). 이 음모에 관련자들은 모두 노론 4대신과 그들의 추종자들이었다. 이 고변은 숙종의 죽음 전후에 당시 세자였던 경종을 해치려고 모의했다는 것인데, 이때 와서 드러난 것이다. 그것은 목호룡이 남인의 서얼로서 정치에 야심을 품고, 풍수술을 이용해 노론에 접근했으나 시세의 변화에 따라 노론을 고변함으로써 노론에 타격을 주었다. 이 고변에 의해 국청이 설치되고 역모에 관련된 자들이 잡혀서 처단되는 대옥사가 일어났다. 이 옥사에서 노론 4대신은 연루되어 사사되고 소론이 권력을 잡았다.

경종이 재위 4년 만에 죽고 세제인 영조가 즉위하자, 임인옥사에 대한 책임을 물어 김일경과 목호룡은 처단되었다. 신임사화는 노론과 소론 간에 경종 보호와 영조 추대의 대의명분을 내세워 대결한 옥사이다.

2)『약천집』간행

남구만의 『약천집』이 교소관에 철활자로 인행되어 34권 17책으로 출간되었다(1723년/경종3). 남구만(1629~1711)의 호는 약천이다. 약천은 붕당정치의 전성기였던 효종, 현종, 숙종에 걸친 삼조의 대신으로, 정치·경제·군사·의례 등 국정전반에 걸쳐 많은 영향을 끼친 경세가이자 문장가이다.

약천집의 내용은 '통치자의 자세', '국토 수호', '공정한 법 집행', '난민 구제' 등이다. 통치자의 자세에 관한 내용은 신하들의 간언을 받아들일 것을 청한 소차(상소문) 인게의 공평한 등용을 이룬 그치이디, 국도 수호에 판한 내용은 '독도가 조선의 영토임을 밝혀주는 내용'을 담고 있다. 공정한 법 집행에 관한 내용은 형벌의 적정한 집행 강조·살인자에게 상명하는 일을 논한 소차이다. 상명이란 목숨으로 보상해야 한다는 뜻으로 살인자에게는 사형을 집행해야 함을 이른다. 난민 구제에 관한 내용은 대여곡을 탕감할 것을 청한 상소문이다.

경종은 흉작으로 각 도의 연분사복을 개정해 전세율을 낮추었으며, 삼남 지방의 양전에 민원이 있다 하여 이를 시정했고(1722년), 긴급한 일이 있어 왕이 중신을 부를 때 발급하는 명소통부를 개조했다(1723년). 또 관상감에 명을 내려 서양의 문진종을 제작하게 했고, 서원에 급여한 전결을 환수했다(1724년).

3) 화재 진압에 힘씀

불이 나면 의금부가 종루를 맡아 지키고 군인들은 병조에서, 각 관청 노비들은 한성부에서 담당해 투입했다. 통행금지시간(밤 10시부터 새벽 4시까지)에 화재가 발생하면 원활하게 이동할 수 있도록 신분증인 신패를 소지토록 했는데, 이는 어둠을 틈타 불을 지르고 도둑질을 막기 위한 것이다. 화재가 발생한 근처에는 높은 깃발을 세워 위험한 곳임을 표시했고, 밧줄과 사다리를 타고 지붕으로 올라간 다음 갈고리로 기와나 짚을 걷어내고 도끼로 찍어서 건물을 철거했다.

관상감(기상업부 담당기구)에서 대나무로 만든 피스톤식 물총인 '수총기(소화기)'를 만들어 화재를 진압했다(1723/경종3). 한성부에서 화재가 나면 민·관·군이 동원되어 불을 껐다. 관청에서는 구화패(救火牌－불을 책임지고 끌 수 있도록 한 인증패)를 지급하여 소화에 참가할 수 있도록 했다. 민간에게는 통마다 통수(統首－통의 책임자)에게 급화판을 지급하여 이것을 징표로 통내의 주민을 인솔하여 소화에 참가하도록 했다.

4) 의문스러운 죽음

경종은 몸이 허약했다. 왕세제 연잉군이 경종에게 간장게장과 생감을 올렸는데, 그날 밤 경종은 복통이 났다(1724.8). 어의들이 약을 올렸지만 복통이 더 심해졌다. 게장과 감은 상극의 음식으로 서로 성질이 차갑기 때문에 복통이 발생한다.

경종이 탈이 난 후 병 치료를 지휘하던 연잉군은 어의들과 다른 처방을 내렸다. 어의들 처방은 계지와 마황이었고, 연잉군 처방은 인삼과 부자였다. 부자와 인삼은 상극이므로 어의들이 반발했지만 연잉군의 처방으로 탕약을 올렸다. 경종은 게장과 감을 먹은 후에 병이 나빠졌고, 인삼과 부자를 먹은 그날 죽었기 때문에 독살설이 제기되었다. 독살설의 이면에는 당쟁과 음모로 점철됐던 조선 후기의 어두운 역사가 있다. 경종이 사망하면서 연잉군은 왕위에 올랐고(영조) 노론이 정권을 잡았다.

1. 영조의 삶

영조는 조선 제21대 왕으로 재위 기간은 52년이다(1724~1776). 숙종과 최숙빈 사이에서 탄생했고(1694~1776, 83세), 이름은 이금(李昑)이고 자는 광숙(光叔)이다. 비는 정성왕후(서종제의 딸)이고, 계비는 정순왕후(김한구의 딸)이다. 그는 6세에 연잉군에 봉해졌다(1699년/숙종25).

숙종 말년에 왕위 계승 문제가 표면화되었을 때, 이복형인 왕세자(경종)를 앞세우는 소론과 대립했던 노론의 지지와 보호를 받을 수 있었다. 숙종이 승하하고 왕세자인 경종이 즉위했지만(1720년), 경종은 건강이 좋지 않고 아들이 없었다. 노론 측은 연잉군을 경종의 후계자로 삼는 일에 착수했고, 노론의 압력으로 연잉군을 왕세제로 책봉했으며(1721년/경종1) 노론은 대리청정까지 요구했다.

경종이 재위한 지 4년 만에 의문의 승하를 하자, 왕세제인 연잉군(영조)이 왕위를 계승했다(1724년). 영조는 즉위하면서 당파를 초월해 인재를 골고루 발탁하는 탕평책을 실시했다. 영조의 장남은 효장세자였으나 일찍 세상을 떠났고, 사도세자가 태어났다(1735년/영조11). 영조가 40세에 사도세자를 얻어 기대가 컸고 사도세자는 어릴 때 총명했다.

하지만 경종의 의문의 승하가 도화선이 돼 영조와 사도세자가 갈등을 일으

컸다. 영조는 경종을 반대했던 노론을 지지한 반면에, 사도세자는 경종을 옹호했던 소론을 지지했기 때문이다. 노론은 사도세자가 왕위를 계승하기 전에 그를 제거할 계획을 세우고, 나경언의 고변사건을 일으키며 사도세자의 비행이 적힌 10가지 항목을 영조에게 올렸다(1762년/영조38). 이에 진노한 영조가 사도세자에게 자결 명령을 내렸지만, 사도세자가 따르지 않자 그를 폐위하고 뒤주 속에 가두어 죽게 했다.

영조가 뒤늦게 후회하고 세자의 죽음을 애도한다는 뜻으로 '사도'라는 시호를 내렸다. 사도세자의 죽음으로, 그의 죽음을 지지한 '벽파'와 반대한 '시파'가 분리되면서 새로운 국면을 맞았다. 영조는 붕당의 근거지로 활용되던 서원의 건립을 금지시키고, 과거시험으로 탕평과를 실시하는 획기적인 조치를 단행했다. 탕평책으로 왕권은 강화되고 정국은 안정되었다. 또한 영조는 균역법을 시행하고 금주령 내렸으며 압술형을 폐지하고 신문고제도를 부활시켰다.

영조는 83세로 승하했는데 조선시대 역대왕 가운데에서 재위 기간이 52년으로 가장 길었다. 능호는 원릉(元陵)으로 경기도 구리시 인창동에 있다.

2. 영조의 업적

1) 탕평책을 펼침

영조의 즉위로 소론이 물러나고 노론이 정권을 잡았다. 노론의 힘으로 왕위에 오른 영조 역시 붕당정치에서 자유롭지 못했다. 영조는 붕당 간의 다툼이 얼마나 나쁘고 무서운지 잘 알고 있었으므로, 붕당정치를 잠재우기 위해 인재를 고루 등용하여 나라를 올바로 세우기로 결심하고 신하들에게 '탕평책'을 선포했다. '탕평'은 유교경전에서 따온 말로 '어느 한쪽에 치우치지 않고 공평하게 한다'는 뜻이다.

영조는 붕당을 만드는 자는 영원히 정치에 참여시키지 않겠다는 강한 의지를 밝히고, 집권당인 노론 중에서 강경파를 쫓아내고 소외되어 있던 소론과 남인의 온건파를 적극적으로 등용했다. 영조는 탕평책을 시행하면서 왕권을 강화했고, 강화된 왕권을 바탕으로 민생안정과 산업진흥을 위한 여러 가지 개혁을 단행할 수 있었다. 조선 후기에 붕당의 근원지는 서원이었으므로, 영조는 탕평책의 일환으로 서원을 모두 조사하여 사사로이 건립한 서원을 정리했다.

2) 균역법을 시행함

영조는 백성들이 평소에는 농사를 짓다가 농한기인 겨울이면 군사훈련을 받고 전쟁이 발발하면 군인이 되어 전쟁터에 나가 싸우게 했다. 16세 이상 60세까지 양인 남자들이 군인의 역할까지 해야 하는 것을 균역이라 하는데, 1년에 성인남자 당 2필의 베(옷감)를 내면 균역을 대신할 수 있었다. 그런데 군포 2필은 백성들에게 부담이 과중했으므로, 영조는 '균역법'을 시행하여 2필씩 징수하던 군포를 1필만 내도록 줄여주었다.

영조는 균역청을 설치하여 줄어든 세원을 보충했다. 즉, ① 땅을 가진 사람은 누구나 1결당 쌀 2두씩 내야 하고 양반도 내도록했다. ② 양반도 아니면서 돈이 많다는 이유로 균역이나 세금을 내지 않았던 부자들도 세금을 내도록 했다. 이때 선무군관이라는 벼슬을 주는 대신 1년에 면포 1필씩을 내도록 했다. ③ 고기 잡는 사람, 소금 만드는 사람, 배를 가진 사람한테도 세금을 거두었다.

3) 『속대전』을 편찬함

성종 대에 경국대전이 만들어진 후로 새로운 법들이 많이 제정되었으므로, 이 법들을 수정하고 보완할 필요가 있었다. 영조는 현실에 맞지 않는 법은 폐지하고 새로 생긴 법을 정리한 『속대전』을 편찬했다.

이 책의 편제는 경국대전의 예에 따라 이·호·예·병·형·공의 6전(六典)으로 분류했다. 형전에 주안을 두고 신중과 관용을 베푼 것이 특징이다. 조선 전기부터 형률은 대명률을 다룬 탓으로 행형상의 모순이 많았기 때문이다. 이런 모순을 시정하여 당시 실정에 맞는 새로운 형률을 증설하고 형량도 가볍게 했다.

4) 청계천 준천사업을 함

청계천의 골격은 태종 대에 만들어졌는데(1406년), 한양의 중심을 흐르는 청계천은 비가 많이 오면 흙, 모래, 자갈들이 떠내려와서 범람했다. 영조는 정치적 안정을 바탕으로 하천 바닥을 퍼내는 준천사업을 했다(1780년/영조36).

영조는 준천사업을 통해 당시 도시로 유입돼 실업자가 된 사람에게 일자리를 만들어주고, 청계천을 정비해 홍수에 대비하며 보다 쾌적한 도시를 만들고자 했다. 청계천 준천사업에 역부(공사장에서 삽일을 하는 사람)를 동원함과 동시에 일당 노동자를 고용한 것도 실업자 대책과 관련이 깊다. 이런 공사에는 백성들이 돈을 받지 못하고 일을 했지만, 영조는 가난한 백성에게 돈을 주었다. 이 공사는 두 달 동안 진행됐는데 20만 명이 참여했다.

제22절
정조의 삶과 업적

1. 정조의 삶

　　정조는 조선 제22대 왕으로 재위 기간은 24년이다(1776~1800년). 영조의 차남인 장헌세자(일명 사도세자)와 혜경궁 홍씨 사이에서 둘째 아들로 출생했고 (1752~1800, 49세) 이름은 이산, 자는 형운이다. 비는 효의왕후(청원부원군 김시묵의 딸)이다. 이산(정조)은 세손에 책봉되어(1759년/영조35), 부친인 사도세자가 비극의 죽임을 당하자 요절한 영조의 장남 효장세자의 후사가 되어 왕통을 이어받았다(1762년).

　　정조는 즉위하자 곧 규장각을 설치해 문화정치를 표방했다. 한편 그의 즉위를 방해했던 정후겸·홍인한·홍상간·윤양로 등을 제거하는 동시에 그의 총애를 빙자해 세도정치를 자행하던 홍국영마저 축출해 친정체제를 구축하는 데 주력했다. 그는 아버지의 죽음으로 인해 당쟁에 극도의 혐오감을 가졌으며, 왕권을 강화하고 체제를 재정비하기 위해 영조 이래의 기본 정책인 탕평책을 계승하였다. 하지만 강고하게 세력을 구축하던 노론이 끝까지 당론을 고수해 벽파로 남고, 정조의 정치노선에 찬성하던 남인과 소론 및 일부 노론이 시파를 형성해, 당쟁은 종래의 사색당파에서 시파와 벽파의 갈등이라는 새로운 양상으로 전개되었다. 이런 상황에서도 정조는 남인에 뿌리를 둔 실학파와 노론에 기반을 둔 북학파 등 제학파의 장점을 수용하고 그 학풍을 특색 있게 장려해 문운을 진작시켜 나갔다.

정조는 퇴색해버린 홍문관을 대신해 규장각을 문형의 상징적 존재로 삼아, '우문지치(右文之治 - 문치주의와 문화국가를 추구하는 정책)'와 '작인지화(作人之化 - 인재를 양성하겠다는 의지표명)'를 규장각의 2대 명분으로 내세우고 본격적인 문화정치를 추진하고 인재를 양성하고자 했다. 그는 '우문지치'의 명분 아래 세손 때부터 추진한 『사고전서』의 수입에 노력하는 동시에 서적간행에도 힘을 기울여 새로운 활자를 개발하였다. 또 '작인지화'의 명분 아래 기성의 인재를 모으고, 연소한 문신들을 선발하여 교육해 국가의 동량으로 키워 자신의 친위세력으로 확보하고자 하였다.

정조는 비명에 죽은 아버지에 대한 복수와 예우문제에도 고심했다. 외조부 홍봉한이 노론 세도가로서 아버지의 죽음과 관련되었지만, 홀로 된 어머니를 생각해 사면해야 하는 갈등을 겪기도 했다. 그는 아버지를 장헌세자로 추존하고, 양주 배봉산 아래에 있던 장헌세자의 묘를 수원 화산 아래로 이장해 현륭원이라고 했다. 또 용주사를 세워 원찰(願刹)로 삼았다. 정조는 아버지 장헌세자(사도세자)의 복권과 어머니 혜경궁 홍씨에 대한 효도를 수원에 신도시를 건설하는 것으로 완수했다. 옛 수원 관아가 있던 화산에 현륭원을 조성하면서 대신 팔달산 기슭에 신도시 화성을 건설하고 어머니의 회갑연을 화성 행궁에서 열었다. 이는 권신들의 뿌리가 강고한 서울에서 벗어나 신도시 수원을 중심으로 한 새로운 정치적 구상을 가진 것이었다.

정조가 49세의 나이로 죽자(1800년), 그의 유언대로 융릉(수원 소재) 동쪽 언덕에 묻혔다가 그의 비인 효의왕후가 죽으면서(1821년) 현륭원 서쪽 언덕에 합장되어 오늘날의 건릉(健陵)이 되었다.

임진자(壬辰字)·정유자(丁酉字)·한구자(韓構字)·생생자(生生字)·정리자(整理字)·춘추권자(春秋館字) 등을 새로 만들어 많은 서적을 편찬하였다. 『사서삼경』 등의 당판서적(唐版書籍)의 수입금지 조처도 이와 같이 자기문화의 축적이 있었기에 가능한 것이었다.

왕조 초기에 제정·정비된 문물제도를 변화하는 조선 후기 사회에 맞추어 재정리하기 위해 영조 때부터 시작된 정비작업을 계승·완결했다.『속오례의』,『증보동국문헌비고』,『국조보감』,『대전통편』,『문원보불』,『동문휘고』,『규장전운』,『오륜』 등이 그 결과였다. 이와 함께 자신의 저작물도 정리해 뒷날『홍재전서(弘齋全書)』(184권 100책)로 간행되도록 하였다(1814).

2. 정조의 업적

1) 정통성 회복과 탕평책 계승

정조가 11살 때 부친인 사도세자가 조부 영조와 사이가 멀어졌고 붕당 간의 이간질로 뒤주에 갇혀 비참한 최후를 맞이했을 때, 당시 세손이었던 정조는 아버지를 살려달라고 할아버지 영조에게 애원했다. 하지만 뒤주에 갇힌 아버지의 죽음을 지켜봤던 정조는 비통했다. 영조는 이후 아들의 죽음을 애도한다는 뜻으로 '사도'라고 칭했다.

왕이 된 정조는 사도세자의 정통성을 회복시키고, 반역죄로 죽은 사도세자의 아들이라는 처지 때문에 발생할지도 모를 왕위의 정통성 문제를 사전에 차단하기 위해, 경희궁 숭정전에서 즉위한 날(1776.3.10) 신하들 앞에서 "과인은 사도세자의 아들이다"라고 선언했다.

정조는 아버지에게 '장헌세자'라는 새로운 존호를 올리고 현륭원 조성 등 사도세자 추승 사업을 착실히 진행해 나갔다. 정조는 조부인 영조의 정책을 계승하여 탕평책을 추진하여, 한동안 정치에서 소외된 남인까지 등용했고, 그의 반대세력이자 부친인 사조세자의 죽음이 잘됐다고 생각했던 벽파 세력까지도 포섭하여 정치적 통합을 이뤘다.

2) 규장각 설치와 금난전권 폐지

정조는 '규장각'을 궁내에 설치해 왕실 도서관으로 역대 국왕의 시문, 친필의 서화, 고명, 유교 등을 관리했다. 그는 규장각에서 학문연구와 도서편찬 기능을 담당하게 함과 동시에 인재를 육성하고 문신들을 선발하여 교육해 자신의 친위세력으로 확보했다. 규장각 내에는 검서관리라는 제도가 있어 서얼(첩의 아들)신분을 등용할 수 있었다. 강화도에는 '외규장각'을 설치하여 중요한 서적을 보관했다.

'시전'은 나라에 물품을 납품하는 상인이고, '육의전'은 시전상인 중 비단, 명주, 무명, 모시, 종이, 어물 등 여섯 종류의 중요한 물품을 파는 상인을 말한다. 조정에서는 한양 도성 안에서 육의전을 비롯한 시전상인 외에는 아무나 장사를 하지 못하게 했다. '금난전권'은 시전상인들에게 허가를 받지 않은 사람들이 도성 안에서 장사를 하지 못하게 단속할 수 있는 권한을 말한다. 금난전권으로 인해 시전상인들은 특정상품을 독점 판매하여 막대한 이익을 얻었지만, 백성들은 높은 물가와 부족한 생필품으로 큰 고통을 겪게 되었다. 정조는 육의전을 제외한 시전상인의 독점적 물품 판매권인 금난전권을 없앰으로써 원하는 사람은 누구나 자유롭게 장사를 하도록 했다. 금난전권 폐지로 조선상업이 한 단계 발전할 수 있는 계기가 되었다.

3) 군제개혁과 장용영 설치

정조는 오군영 중심체제를 줄여 국왕의 친위부대인 '장용영'으로 집중시켰다. 즉, 수도권을 방위하는 중앙의 오군영의 독자적 명령체제를 불식하고 전군을 오위 체제로 재편하는 동시에 국왕의 명령을 받아 병조판서가 전군을 지휘할 수 있도록 군제를 개혁했다.

정조의 친위부대 장용영 설치는 왕권을 강화하겠다는 의지이다. 왕의 호위를 강화하기 위한 장용영은 정조의 관심과 지원 속에서 그 규모가 꾸준히 확대되었고, 정기적인 훈련을 감독하면서 직접 군사를 지휘하기도 했다.

4) 수원화성 축성

정조는 부친인 사도세자의 능을 수원 화산으로 이장하면서 주민들을 팔달산 아래로 이주하게 하였고, 주민들을 위한 축성의 필요성이 제기되어 왕도정치를 실현하기 위해 수원화성을 건설했다. 정조는 자신의 개혁을 통해 얻어진 결과를 시험하고자 하여, 화성을 지을 때 그가 육성한 정약용 등 친위세력을 투입했다. 이렇게 정약용의 설계와 채제공의 감독하에 공사가 시작되었고(1794년/정조18), 2년 뒤에 마무리되었다. 성 밖에서는 농사가, 성안에서는 통동정책을 통해서 자유로운 상행위가 이루어졌다. 화성은 정조가 원한 개혁결과의 옹축물이다.

정조는 재위 24년 동안 화성으로 66회의 행차를 하였으며, 아버지 묘소인 현륭원 참배를 위해 11년간(1789~1800년) 12차에 걸쳐 능행을 거행했다. 특히 모친 혜경궁 홍씨의 환갑을 기념하여 경사를 만백성과 함께하고자 대규모의 행렬을 이끌고 수원으로 행차를 했다(1795년/정조19). 이를 통해 정조는 왕권의 건재함을 알리며, 자신의 친위세력과 백성들을 결집시키고자 했다.

제23절
순조의 삶과 업적

1. 순조의 삶

순조는 조선 제23대 왕으로 재위 기간은 34년이다(1800~1834년). 정조와 후궁 수빈박씨(박준원의 딸)의 차남으로 태어나(1790~1834년/45세) 왕세자에 책봉되었는데, 문효세자(정조의 장남)가 일찍 죽었기 때문이다. 정조가 승하하자 11세의 어린 나이로 즉위하여(1800.7) 대왕대비인 정순왕후(영조계비 – 안동 김씨)가 수렴청정을 하다가, 대왕대비가 물러나고 순조가 친정을 시작했다(1804.12).

정조는 자신의 사후에 왕권이 흔들릴 것을 걱정하여 생전에 세자(순조)에게 정치적 힘을 만들어주고자 노론 시파였던 영원부원군 김조순의 딸을 세자빈으로 맞이했는데, 부왕이 사망하자 세자빈은 왕비(순원왕후)가 되었다(1802.10). 그러자 정조 사후의 권력은 국구 김조순이 장악하였고, 이로써 안동 김씨의 세도정치가 시작되었다. 세도정치는 조선시대 왕의 신임을 얻은 외척이 강력한 정치적 기반을 잡고 나라를 다스리던 비정상적인 정치형태를 말한다. 순조·헌종·철종 때 안동 김씨와 풍양 조씨 두 가문에 의한 세도정치가 행해졌다.

세도정치로 안동 김씨가 조정의 요직을 모두 차지하고 전횡과 뇌물을 받는 행위를 일삼았고, 조정의 인사권을 장악하면서 무소불위의 권력을 행사했다. 이로 인해 인사제도의 기본인 과거제도가 문란해지는 등 정치기강이 무너졌고 민생은 도탄에 빠졌으며, 각종 비기와 참설이 유행하는 등 사회혼란이 일어났다. 이러한 혼란을 틈타 평안도 용강 사람인 홍경래와 그 무리가 반란을 일으켰으나, 정주성이 함락됨으로써 난은 평정되었다(1811~1812년). 서부지방에 전염병이 크게 번져 10만여 명이 목숨을 잃었다(1821년).

순조 재위 34년 중 19년에 걸쳐 수재가 일어나는 등 크고 작은 천재지변이 잇달아 발생하자, 순조가 38세 되던 해 효명세자(19세)에게 대리청정을 맡겼고 (1827년), 이 해에 효명세자와 세자빈 조씨(조만영의 딸) 사이에 아들(헌종)이 출생했다. 주위의 촉망을 받으며 대리청정을 잘하던 효명세자가 22세 나이로 요절했다(1830년). 효명세자는 후에 익종으로 추존되었다. 그 후 아들을 먼저 보낸 순조가 사망했다(1834년). 순조의 능호는 인릉(仁陵)으로 서울 서초구 내곡동에 있다.

2. 순조의 업적

1) 서얼허통의 시행

순조가 11세의 어린 나이에 왕위에 올라 대왕대비 정순왕후(영조계비)의 수렴청정이 4년간 계속되었다. 정순왕후는 어린 임금의 보호자이기보다는 오랜 기다림 끝에 집권에 성공한 정치지도자처럼 행동했다. 유화정책으로 일관했던 정조와는 달리 대왕대비는 탄압으로 노선을 결정했다. 15세의 어린 나이로 66세의 영조의 계비가 되어 척신정치를 혐오하는 정조에 의해 정순왕후의 친정은 주저앉았지만, 그녀는 이를 드러내지 않았다. 하지만 그녀는 명분을 손에 쥐고 행동에 나섰다 하면 기어코 뜻을 관철시키는 정치력과 승부사의 기질을 갖추고 있었다.

수렴청정을 시작한 정순왕후는 궁방과 관아에 예속되어 있던 공노비를 혁파하고 '서얼허통'을 시행했다(1801년). 내수사·궁방·종묘·사직 등에 소속된 66,000여 명의 노비가 해방되었다. 조선 전기에는 양반의 자손이라도 첩의 소생은 관직에 나갈 수 없는 서얼금고법이 시행되었다. 서얼허통은 서얼들에게 금고법을 풀어 과거에 응시하도록 하는 제도이다. 정순왕후는 벽파쪽 인물로 정조가 구축해 놓은 사도제자의 신원회복을 없던 일로 만들고 장용영을 폐지하고 규장각의 권한을 축소시켰다.

순조 즉위 후 3년까지의 시기는 수렴청정 하는 정순왕후와 그녀의 권위를 기반으로 정권을 장악한 경주 김씨 등을 중심으로 한 벽파세력이 같은 노론 내의 시파세력과 경쟁을 벌이던 시기이다. 수렴청정 시기에는 탕평이 실패하고 붕당정치가 약화되면서 권력이 특정 가문에 집중되어 국정이 운영되었다.

2) 천주교를 박해함

순조가 즉위한 다음 해에 천주교도를 박해하는 '신유박해'가 일어났는데 (1801년), 이는 벽파가 천주교를 신봉하던 시파를 숙청하기 위한 공세였다. 사교 금압을 명분으로 200여 명의 천주교도들을 학살했는데, 정순왕후를 중심으로 벽파는 천주교를 무부무군(아버지도 임금도 없음)의 멸륜지교로 몰아붙여 탄압을 가했다. 벽파들은 천주교의 배후 정치세력들을 말소하고자 대왕대비 언교로 박해를 선포하고 전국의 천주교도를 수색했다.

신유박해로 대표적 시파세력인 정약용은 18년 동안 귀양생활을 했다. 또 신유박해로 한국천주교회는 큰 타격을 받았지만, 오히려 지식인 중심의 천주교가 서민사회로 뿌리를 내린 시발점으로 작용하기도 했다. 신 앞에 모든 인간은 평등하고 불안한 현실을 대신할 내세가 존재한다는 천주교의 교리가 일부 백성들에게 공감되었기 때문이다. 그 결과 조선교구가 독립하고 서양인 신부가 몰래 들어와 천주교는 한성과 서해안 일대를 중심으로 급속히 퍼져나갔다.

3) 세도정치가 시작됨

수렴청정을 맡았던 정순왕후는 김조순(순조의 장인) 일파에 의해 실각되어 세도정치기 시작되었다. '세도정치'란 국왕에게 위임받은 특정 인물이나 그의 세력이 왕 대신 국가 운영에 나섬에 의해 이루어지는 정치형태를 의미한다. 세도정치는 특정 가문이 권력을 장악하고 정치를 좌우했던 정치형태로서, 특정 가문의 위세가 당파보다 우위에 서는 점에서 순조 이전의 붕당정치와는 구별된다.

세도정치체제의 문제는 민생문제도 있지만, 나라를 지탱하는 사회지도층에서 분열이 생기고 이후 이 지도층들이 결국엔 나라의 체제를 부정하며 새로운 체제가 등장했다는 점이다. 순조의 친정이 시작되면서 그의 장인인 김조순을 중심으로 하는 안동 김씨에 의한 세도정치의 막이 올랐다(1804년/순조4). 김조순을 비롯한 안동 김씨 일문은 자신들을 핍박하던 벽파를 몰아내고 조정의 실권을 장악하자, 이들은 정부의 주요 요직을 독점하면서 중앙과 지방의 인사권까지 장악했다.

이러한 안동 김씨의 세도정치는 김조순 사후에 더욱 극에 달했는데, 이들은 부정적인 방법으로 재산을 늘리고 하층민을 착취하고 뇌물수수와 부정부패가 만연했다. 조선에서 이상적인 정치로 여긴 왕과 신하들의 조화를 이루는 왕도정치와 달리, 세도정치는 권력이 특정 세도가들에 집중되는 정치이다. 이로 인해 세도정치는 임금이 있는 궁궐이 아닌 재상과 고위관료들이 있는 의정부(비변사)에서 실행되었다. 세도정치로 인한 탐관오리의 횡포와 백성들에 대한 수탈 등 그동안 쌓인 적폐는 잦은 민란의 원인이 되었다. 세도정치는 국가의 조세체계까지 크게 영향을 미쳐 농민층의 몰락을 촉진하는 삼정문란의 원인이 되었다.

4) 홍경래 난이 일어남

세도정치의 폐해로 사회가 혼란에 빠지자, 홍경래가 중심이 되어 일어난 대규모 농민반란이 발생했다(1811년/순조11). 조선 후기의 봉건사회는 지주천호제의 양적팽창과 이양법, 이모작 등 농업생산기술의 변화, 상품화폐 경제의 발달로 농민층 분해가 촉진된 시기이다. 그 결과 부를 통한 신분상승의 확대로 양반의 증가와 평민과 천민의 감소로 양반신분의 절대적 권위가 동요되었다. 자영농에서 부농으로 성장한 평민들은 이제 양반으로서 신분상승을 꾀하자, 양반의 수는 갈수록 늘어 인구의 절반을 차지하게 되었다. 각종 세금을 면제받는 양반이 늘면 양반이 되지 못한 농민들의 처지는 더욱 어려워지게 마련이다. 상민신분의 농민은 점점 몰락해 소작농으로 전락했다.

이런 상황하에서 홍경래는 스스로 '평서 대원수'라 칭하며 대규모 난을 일으켰고, 많은 상민이 홍경래 난을 후원했다. 홍경래는 곧바로 주변 8개 고을을 무혈입성하여 점령했다. 이때 서천부사 김익수가 바로 항복하는데, 이가 바로 방랑시인 김삿갓(김병연)의 조부이다. 홍경래 난은 약 5개월간 전국을 흔들면서 후기 조선 사회의 쇠퇴에 많은 영향을 미쳤다.

'홍경래 난'이 일어나게 된 사회적 요인은 세도정치로 들어간 시대, 정부가 백성을 돌보지 않은 실정, 성리학 논리의 강화 등 개혁이 이루어지기 어려운 상황을 들 수 있다. 이런 상황에서 천대받던 천민들이 스스로 자처하며 치안을 유지했다. 천민들의 마음속에는 정감록 사상, 난세의 예언, 신 앞에 평등한 천주교 사상이 싹트고 있었다. 민초들의 반란은 이후 사회 곳곳에서 터지는 불만의 시작이었다. 홍경래 난은 이듬해 평정되었지만, 그 여파는 이후에도 수십 년간 지속되어 농민봉기나 모반이 끊이지 않았다. 대표적인 농민봉기는 진주민란으로 (1862년) 동학농민운동의 서막이 되었다.

1. 헌종의 삶

헌종은 조선 제24대 왕으로 재위 기간은 15년이다(1834~1849). 순조의 아들인 효명세자(익종)와 신정왕후(조만영의 딸) 사이에서 태어나(1827~1849, 23세), 왕세손에 책봉되었고(1830년/순조30) 순조가 죽자 8세의 어린 나이에 즉위하여 '조선의 최연소 왕'이 되었다(1834년). 비는 효현왕후이다(김조근의 딸).

헌종이 어린 나이에 즉위하자 대왕대비 순원왕후(순조의 비)가 수렴청정을 했다. 새로 등장한 외척 풍양 조씨 세력이 우세해, 순조 때부터 정권을 전횡해 온 안동 김씨 세력을 물리치고 한동안 세도를 잡았다(1837년/헌종3). 하지만 풍양 조씨 내부의 알력과 조만영의 죽음(1846년)을 계기로 정권은 다시 안동 김씨의 수중으로 넘어갔다. 세도정치의 여파인 과거제도 및 국가 재정의 기본이 되는 삼정의 문란 등으로 국정이 혼란했다.

순원왕후가 수렴청정을 거두어 비로소 헌종의 친정의 길이 열렸다(1841년). 헌종의 재위 15년 중 9년에 걸쳐 수재가 발생하여 민생고가 가시지 않았다. 또 남응중 모반 사건(1836년), 이원덕·민진용 등의 모반 사건(1844년)이 일어났고, 많은 이양선이 출몰해 행패가 심해 민심이 어수선했다(1848년). 그리고 순조 때의 천주교 탄압정책을 이어받아 주교 앵베르, 신부 모방과 샤스탕을 비롯하여 많은 신자를 학살했고(기해박해), 천주교인을 적발하기 위하여 오가작통법을 실시했다. 최초의 한국인 신부 김대건을 처형했다(1846년).

헌종은 23세로 후사 없이 사망했다(1849년). 그의 6촌 이내에 드는 왕족이 없었으므로, 네 살 어린 7촌 아저씨뻘인 철종(사도세자의 서자인 은언군의 손자)이 왕위를 계승했다. 능호는 경릉(景陵)으로 경기도 구리시 인창동에 있다.

2. 헌종의 업적

1) 왕권이 추락됨

헌종 대에는 누구나 왕권에 도전할 수 있었을 만큼 왕권이 약화 된 시기였다. 충청도에 있던 남응준이 정조의 동생인 은언군의 손자를 임금으로 추대하고자 모반을 일으켰으나 실패했다(1836년/헌종3). 그리고 노론이었으나 몰락하여 중인이 된 민찬용이 이원덕 등과 역시 은언군의 손자를 임금으로 추대하려 모반을 일으켰으나 실패했다(1844년).

안동 김씨의 세도정치 세력이 물러나 권력에 틈이 생기자(1843년), 의원인 민진용은 자신이 가지고 있던 뛰어난 의술로 은언군(사도세자의 아들)의 아들 이광과 은원군의 손자 원범의 신임을 받고 있던 이원덕을 포섭했다. 그들은 은언군의 손자이자 이광의 아들인 원경을 왕으로 추대하기 위해 모의를 꾸미다가 적발되어 처형당했다(민진용의 옥). 2차례의 모반 사건은 모두 별다른 세력도 없는 중인과 몰락양반이 일으킨 것이었다.

2) 풍양 조씨의 세도정치가 시행됨

순조 때는 처가였던 안동 김씨 세력이 강했다. 헌종의 어머니 신정왕후는 풍양 조씨 가문의 사람이었으므로, 헌종 즉위 당시에는 외척인 풍양 조씨 가문의 권세가 높아졌다.

3) 오가작통법 시행

오가작통은 다섯 집을 1통으로 묶은 호적의 보조조직을 말한다. '오가작통법'은 다섯 가구를 하나의 통으로 묶어서 도망가지 못하도록 감시한 제도이다. 유민들이 도망하여 수가 불게 되면 부역이나 노력을 할 인원도 부족해지고 거둬들이는 세금도 줄게 되므로, 그러한 문제를 해결하기 위한 것이다.

조선 전기에 한성부에서는 방 밑에 5가작통의 조직을 두어 다섯 집을 1통으로 하여 통주를 두고 방에는 방령을 두었다. 지방은 다섯 집을 1통으로 하고 5통을 1리로 하고 5리로 면을 형성하여 면에 권농관을 두었다. 주로 호구를 밝히고 범죄자 색출, 세금징수, 부역동원 등 자치조직을 꾀하여 만들었다.

조선 후기에 호패와 더불어 호적의 보조수단이 되어 역을 피하여 호구의 등록 없이 이사, 유리하는 등의 만성화된 유민과 도적의 은닉을 방지하는 데 이용했다. 헌종 대에는 통의 연대책임을 강화하여 천주교도를 적발하는 데 크게 활용했다.

4) 이양선이 출몰함

17세기 이후 조선연해에 이양선이 출몰하기 시작했다. 이양선은 조선 후기 연안지역 해안에 출몰했던 정체불명의 배를 말한다. 모양이 동양세계의 배와 달리 특이한 모양이라 이양선이라 했고, 나중에는 서양의 함선이란 말을 사용했다.

현종 대에는 조선연해에 이양선의 출몰이 가장 잦았던 때였는데, 이양선들이 경상·전라·황해·강원·함경도 등지에 빈번하게 출몰하여 민심이 크게 동요되었다(헌종14년). 조선은 이양선을 앞세운 서구 열강들의 통상위협과 문호개방 요구를 맞게 되었다. 국제 정세나 주변 정세에 어두웠던 조정에서는 이양선의 출몰이나 위협에 별다른 방책도 세우지 않은 채 권력의 장악에만 골몰했다.

1. 철종의 삶

철종은 조선의 25대 왕으로 재위 기간은 14년이다(1849~1863년). 정조의 동생 은언군(정조의 동생)의 손자이며, 전계대원군 광과 용성부대부인 엄씨 사이의 셋째 아들이다(1831~1864년/32세). 이름은 이변, 초명은 이원범. 자는 도승이다.

영조의 혈손으로는 헌종과 이원범 두 사람뿐이었는데, 헌종이 후사가 없이 죽자 대왕대비 순원왕후(순조비)의 명으로 철종이 19세에 왕위를 계승했다. 철종이 나이가 어리고 강화도에서 농사짓다가 갑자기 왕이 되었으므로 처음에는 대왕대비가 수렴청정을 했다. 대왕대비의 근친 김문근의 딸을 왕비(명순왕후)로 맞이하게 되자(1851년/철종2), 김문근이 영은부원군이 되어 왕의 장인으로서 왕을 돕게 되었다. 이리하여 순조 때부터 시작된 안동 김씨의 세도정치가 또다시 계속되어, 정치의 실권은 안동 김씨의 일족이 좌우했다.

세도정치의 폐단으로 삼정(전정·군정·환곡)의 문란이 더욱 심해지고 탐관오리가 횡행하여 백성들의 생활이 도탄에 빠졌다. 그러자 농민들은 진주민란을 시발로(1862년) 삼남지방을 중심으로 여러 곳에서 민란을 일으켰다. 이에 철종은 삼정이정청이라는 임시특별기구를 설치해, 민란의 원인이 된 삼정의 폐해를 바로잡기 위한 정책을 시행하고 모든 관료에게는 그 방책을 강구해 올리게 하는 등 민란 수습에 힘썼지만, 뿌리 깊은 세도의 굴레에 얽매여 제대로 정치를 펴 나갈 수가 없었다. 이런 사회현상에서 최제우가 동학을 창도해 사상운동을 전개 하여 확산시키자, 조정에서는 이를 탄압하고 교주 최제우가 '세상을 어지럽히고 백성을 속인다'는 죄를 씌워 처형했다.

철종은 대왕대비의 선택에 의하여 불시에 왕위에 올랐고, 대왕대비의 친정 인 김조순 가문이 경쟁세력을 도태시키면서 전보다 강화된 독점권력을 누리는 시기에 재위하여 세도정치의 소용돌이 속에서 정치를 바로잡지 못했다. 그는 재 위 14년 만에 33세를 일기로 승하했다(1863.12.8). 능호는 예릉(睿陵)으로, 경기도 고양시 원당읍 원당리(서삼릉)에 있다.

2. 철종의 업적

1) 구휼사업을 펼침

철종은 관서지방의 기근대책으로 선혜청 돈 5만 냥과 사역원 삼포세 6만 냥을 백성들에게 빌려주었다(1853년). 또 그는 화재를 입은 여주의 민가 약 1,000호에 은자와 단목을 내려 주어 구활하게 했고, 함흥의 화재민에게도 3,000 냥을 지급했으며, 영남의 수재지역에 내탕금 2,000냥, 단목 2,000근, 호초 200근 을 내려주어 구제하는 등 빈민구호책을 적극적으로 실시했다(1856년).

2) 민심을 수습함

당시 세도정치의 폐단으로 인해 기존의 조선 통치기강이 무너지고 삼정의 문란은 더욱 심해져 민중의 생활은 피폐해져 갔다. 결국 삼남지방을 중심으로 곳곳에서 농민항쟁이 일어났다.

당시 경상 우병사로 있던 백낙신은 백성들의 고혈을 짜내 5만 냥이나 되는 거금을 모았고, 진주의 지방관리들 또한 국가재산을 함부로 횡령하고 이를 충당 하기 위해 백성들을 괴롭혔다. 참다못한 농민들이 들고 일어나 수만 명이 진주 성으로 쳐들어갔다. 이것이 진주민란이다. 이에 놀란 우병사 백낙신은 폐단을 바로 잡겠다고 했으나 농민들은 그를 감금하고 죄를 묻는 한편, 악질적인 관리들을 죽이고 지방세력가들의 집을 불태웠다. 6일 동안 지속된 진주민란은 주변 23개 면을 휩쓸어 전국적으로 퍼져나갔으며, 전국에서 무려 37차례나 민란이 발생하는 계기가 었다.

철종은 봉기발생 지역의 수령과 관속을 처벌하여 흐트러진 기강을 확립하고, 농민의 요구 조건을 일부 수용함으로써 민심을 수습했다.

3) 삼정이정청 설치

세도정치 당시 매관매직이 성행하여 세도가에 돈을 주고 관직에 오르는 자들이 비일비재했는데 이들은 수령직에 오른 후 애꿎은 백성들에게서 본전을 뽑으려고 했다. 이에 삼정의 문란이 발생했다.

전정(田政)은 농사짓는 땅에 매기는 토지로 여기에서 부정부패가 발생했다. ① 진결은 황무지에 대해서도 세금을 부과했다. 경작하지 않고 놀고 있는 땅에 세금을 걷는 것도 진결에 해당한다. ② 은결은 양안(토지대장)에 누락된 토지를 등록해주는 대신 몰래 토지세를 거두는 것이다. ③ 도결은 1결 당 미곡 4두인데 이를 2배인 8두로 걷는 등 정액 이상으로 징수하는 것으로 2배를 걷는 경우가 많았다. ④ 백지징세는 토지가 없는데 장부를 허위로 조작하여 세금을 거두는 것이다.

군정(軍政)은 군역을 지지 않는 16세~60세의 남성들이 내는 군포를 말하는데, 다음과 같은 폐단이 발생했다. ① 백골징포는 탐관오리들이 사망자의 호적에서 사망 사실을 고의로 누락하고 계속 산사람처럼 꾸며서 군포를 징수하는 것이다. ② 황구첨정은 16~60세 남성이 군역의 대상인데, 탐관오리들이 16세가 안 된 황구(어린아이)의 나이를 허위로 올려서 황구에게 군포를 징수했다. ③ 강년채는 60세를 초과한 노인들의 나이를 억지로 내려서 60세 이하로 만들어 군포를 징수했다. ④ 족징은 납세자가 이것을 못 내다고 도망칠 경우 연좌제를 적용하여 친척이 대신 내도록 했다.

환곡은 춘궁기에 곡식을 빌려주었다가 가을에 되받는 복지제도이다. 환곡에서 나타난 폐단은 세 문란 중 가장 심각했다. ① 늑대는 환곡을 이용하지 않으려는 백성들에게 강제로 곡식을 빌려주는 것이다. ② 장리는 이자를 6개월에 5할(50%, 연리 100%) 이상으로 걷어가는 것으로, 환곡의 폐단 중에서도 심했다. ③ 분석은 빌려주는 곡식에다 쌀겨, 모래, 돌 등을 섞어서 주거나 물로 불려서 양을 속이는 것이다. 반작은 장부를 허위로 조작하는 것을 말한다. 농민이 곡식을 안 꾸어먹었는데도 곡식을 꾸어 먹은 것으로 날조하여 걷어내기도 했고 빌린 양을 날조하여 걷어내기도 하였다. ④ 허류는 전임 관리나 지방의 아전이 결탁하여 창고에 있는 양곡을 횡령, 착복하고 장부상으로는 실제로 있는 것처럼 거짓으로 기재하여 후임 관리에게 인계하는 것을 말한다. ⑤ 반작은 '환곡출납대장'을 조작한 것이고, 허류는 창고 내 보관 중인 장부를 조작한 것이다.

철종은 농민봉기가 잠시 가라앉은 이후에 삼정이정청(삼정개혁을 위한 특별위원회)을 설치하여 삼정의 개혁을 공포하고 재야 유생층과 관료들에게 개혁책을 모집하였다. 이때 발표한 삼정이정책은 주로 삼정의 문란을 개선하는 것에 초점을 두었으며, 각종 부가세를 혁파하고 도결이나 방결을 폐지하였다. 환곡의 경우 토지세로 전환시키는 등 조세개혁의 원칙을 포함하고 있었다. 철종은 백성들의 빚 탕감, 환곡 분배, 대출받은 곡식의 납부 연기 등의 정책을 펼쳤다.

1. 고종의 삶

영조의 현손(손자의 손자)인 고종은 조선의 26대 왕으로 재위 기간은 44년이다(1863~1907). 비는 명성왕후(여성부원군 민치록의 딸)이다. 고종이 익종의 대통을 계승하고 철종의 뒤를 이어 즉위하게 된 것은 아버지 흥선군과 익종비 조대비와의 묵계에 의한 것이다. 순조·헌종·철종 3대에 걸쳐 세도정치를 한 안동 김씨는 철종의 후사가 없자 뒤를 이을 국왕 후보를 두고 왕손들을 지극히 경계했다.

이때 안동 김씨 세도의 화를 피해 시정무뢰한과 어울리고 방탕한 생활을 자행하며 위험을 피했던 이하응은 조성하를 통해 궁중 최고의 어른인 조대비와 긴밀한 연락을 취했다. 철종이 죽자 조대비는 재빨리 흥선군의 둘째 아들 이명복(고종)으로 하여금 익종의 대통을 계승하도록 지명하여 그를 익성군에 봉하고, 관례를 거행하여 국왕에 즉위하게 했다.

고종은 즉위할 당시 12세의 어린 나이였으므로 조대비가 수렴청정을 했고, 흥선대원군(고종의 부친)이 조정에서 영향력을 행사하고 조대비의 수렴청정을 도왔다. 조대비가 수렴청정을 그만둔다고 선언하자 고종이 친정을 수행하게 되었다(1866년/고종4). 고종이 장성하여 직접 통치를 하려는 강한 의욕을 가지게 되면서 흥선대원군과 대립했다. 이런 상황을 지켜보던 왕후 민씨와 노대신들은 유림을 앞세워 홍선대원군의 하야를 주장했고, 고종이 직접 정치를 다스린다는 서무친재(庶務親裁)의 명을 내려 홍선대원군에게 주어졌던 권한을 환수하고 통치 대권을 장악했다(1873년). 고종의 친정이 시작되었으나 정권은 왕후 민씨의 척족들에 의해 장악했다. 민씨 척족정권은 홍선대원군이 취하였던 강력한 척사양이정책(斥邪攘夷政策)과는 달리, 대외 개방정책을 받아들였다.

개방정책으로 인해 고종은 일본과 수호조약을 체결하여 새로운 국교 관계를 맺었고(1876년), 계속해서 구미 열강과도 조약을 맺는 등 적극적으로 개항정책을 추진해 나갔다. 고종과 민씨정권은 개항 후 일련의 개화시책을 추진하여 관제와 군제를 개혁하고, 일본에 신사유람단과 수신사를 파견했으며 부산·원산·인천 등의 항구를 개항하여 개화문명을 수용했다.

개화시책을 틈타 일본이 정치적·경제적으로 침투해오자, 국내에서는 개화파와 수구파 간의 대립이 점차 첨예화되어 갔다. 황준원의 『조선책략』의 유입·반포를 계기로 위정척사파는 마침내 신사척사상소운동을 일으키는 등 민씨정부를 규탄했다(1881년). 안기영 등은 국왕의 이복형인 이재선(홍선대원군의 서장자)을 국왕으로 옹립하려고 하는 국왕폐립음모를 일으켰으나, 고변에 의해 사전에 적발되면서 고종은 안전할 수 있었다. 민씨정권은 이 사건을 이용하여 척사상소운동을 강력히 탄압하여 정국을 수습했으나, 변법에 의한 근대국가건설을 추진하려는 개화당과 기존 구체제의 유지를 고집하는 수구세력 간의 알력은 계속되었다.

조선의 정국이 혼란한 가운데 청국군과 일본군이 조선에 진주하게 되는 빌미를 제공하게 되어 자주권에 큰 손상을 입게 되었는데, 홍선대원군이 임오군란(1882년)을 이용하여 구식군대의 세력을 업고 정권을 장악했다가, 갑신정변(1884년)으로 개화세력이 정권을 장악하게 되어 왕권은 큰 도전을 받았다. 임오군란 이후 친청화(親淸化)한 민씨정권은 계속 국정을 농단하면서도 급격한 동북아시아 정세에 효과적으로 대응하지 못하여 안으로는 동학농민운동이 발생했다. 갑오개혁 초기 은퇴하였던 홍선대원군은 일부 개혁세력의 추대를 받아들여 궁중에 들어가서 고종으로부터 정치적 실권을 위임받았다. 개혁주도세력과 일본 공사 등은 흥선대원군의 직접 간여를 꺼려 그의 실권은 거세한 채 군국기무처를 중심으로 갑오개혁을 적극 추진했다.

일본은 청일전쟁 중에 노골적인 침략적 간섭과 이권탈취에 혈안이 되었다. 고종은 점차 일본을 혐오하게 되었고, 청일전쟁 후 삼국간섭으로 일본의 기세가 꺾이자 일본의 압력을 배제하고자 친러정책을 폈다. 그러자 일본 공사 미우라고 로(三浦梧樓)는 친일정객과 모의하고 을미사변을 일으켜 왕궁을 습격하여 왕후 민씨를 살해하는 천인공노할 폭거를 자행했다.

청일전쟁에서 승리한 일본은 조선에 대하여 군사적 압력과 정치적 간섭을 강화했다. 고종은 친일세력을 물리치고자 친러정객과 내통하고 돌연 러시아 공사관으로 궁을 옮기는 아관파천을 단행했다(1896.2). 친러정부가 집정하면서 열 강에게 많은 이권이 넘어가는 등 국가의 권익과 위신이 추락하고 국권의 침해 가 심하여 독립협회를 비롯한 국민들은 국왕의 환궁과 자주 선양을 요구하자, 고종은 환궁했다(1897.2). 고종은 '대한제국'의 수립을 선포하고 황제위에 올라 연호를 광무라 했다(1897.10).

그 후 안경수(개화파)는 현역과 퇴역 군인들을 동원한 황제양위를 음모했고 (1898.7), 정계를 농락하다 유배된 김홍륙이 독다사건을 일으키는 등(1898.9) 고 종 신상에 거듭 위험이 닥쳤으나 무사했다. 또 독립협회 회원을 중심으로 만민 공동회가 맹렬하게 개최되고 자유민권운동이 확산되어가자, 보부상과 군대의 힘을 빌려 이를 진압했다. 고종은 둘째 아들을 의친왕, 셋째 아들을 영친왕에 봉하고(1900년), 순빈 엄씨를 계비로 맞아들였다(1901년).

러일전쟁이 벌어져(1904년) 일본군의 군사적 압력이 격렬해지는 가운데 장 호익 등이 황제 폐립을 음모하였으나 무사했다. 그러나 일본의 군사적 압력하에 한일의정서, 제1차 한일협약을 맺지 않을 수 없었고, 러일전쟁에 승리한 일본은 마침내 을사조약의 체결을 강요했다. 고종은 이에 반대하였으나 을사오적의 친 일 내신들에 의해 조약이 체결되있나.

을사보호조약으로 일제가 통감부를 설치하고 조선국정에 전반적으로 간여 하여 외교권을 박탈하자, 고종은 조선의 문제를 국제정치의 마당에 호소하고자 했다. 고종은 네덜란드 헤이그에서 개최되는 제2차 만국평화회의에 특사(이상설·이준·이위종)를 파견했다(1907.6). 그리고 러시아황제 니콜라스 2세에게 친서를 보내어 이들 특사활동에 원조해 주기를 청했다. 하지만 일본과 영국의 방해로 고종의 계획은 수포로 돌아가고 이완용·송병준 등 일제에 아부하는 친일 매국 대신들과 군사력을 동반한 일제의 강요로 한일협약 위배라는 책임을 지고 퇴위했다(1907.7.20). 고종의 뒤를 이어 순종이 즉위하였으며, 고종은 태황제가 되었으나 실권이 없는 허위였다.

고종은 일제가 대한제국을 무력으로 합방하자(1910년), 이태왕으로 불리다가 1919년 정월에 승하했다. 고종이 일본인에게 독살당했다는 풍문이 유포되어 민족의 의분을 자아냈으며, 국장이 거행될 때 전국 각지에서 기미독립운동이 일어났다. 묘소는 홍릉(洪陵)으로 경기도 남양주시에 있다.

2. 고종의 업적

1) 당백전을 발행함

흥선대원군은 세도 정치하에서 실추된 왕실의 권위를 회복하기 위해 많은 재원이 소요되는 경복궁 중건사업을 무리하게 강행했다. 또 서구열강의 조선에 대한 문호개방 요구가 점증하자(1860년대), 군대를 증강하고 군비를 확장하는 등의 국방 정책의 강화에도 많은 재원이 필요하게 되었다. 재원 확보를 위해 원납전·호포제 등의 제도를 신설하기도 하였으나, 세도정치 이래 계속되어 온 삼정의 문란은 조선정부로 하여금 만성적인 재정난에 시달리게 했다.

재정악화에 대한 비상 대책으로 당백전을 주조했는데(1866,11), 중량은 당시 통용되던 상평통보의 5~6배에 지나지 않았으나 상평통보보다 100배의 명목 가치로 6개월여 동안 유통되었다.

당백전 주조의 직접적인 동기는 재정난 타개에 있었으나, 소전(小錢)의 불편을 덜기 위한 목적도 있었다. 당시 통용되던 상평통보는 1매의 가치가 1문(文)이었고, 1문은 단위가 너무 작아 고액 거래를 유통하는 데 많은 불편이 있었다.

금위영에서 당백전을 주조하기 시작해, 이듬해(1867년) 4월까지 6개월여 동안 1,600만 냥이라는 거액을 주조했다.

실질가치가 상평통보보다 5~6배에 지나지 않는 신화폐에 100배의 명목가치를 부여한 화폐를 다량으로 주조·발행함으로써 일시적으로는 거액의 이득을 취해 응급한 국가 재정수요에 충당할 수 있었으나, 단시일 내 그처럼 다량의 악화가 시중에 나돌게 되자 화폐 유통 질서가 큰 혼란에 빠져버렸다. 상평통보를 가진 자는 당백전과의 교환을 기피해 상평통보를 시중에 내놓지 않았고, 시중에서는 상인들이 당백전의 사용을 꺼려 일시적으로 물물교환의 형세가 나타났으므로 화폐가치의 하락에 따라 물가는 폭등했다.

악화 당백전의 대량 주조·유통에 따른 이러한 대혼란은 여론을 비등하게 하였다. 이에 따라 조정에서도 당백전 주조를 중단하였고(1867.4), 유통까지도 금지했다(1868.10). 당백전은 화폐 단위가 너무 컸다. 큰 상거래에서는 100문 단위의 거래도 자주 있었지만, 일반인들의 거래에서 100문은 유통력을 가지기 어려웠다. 당백전의 대량 발행은 재정난을 타개하기 위해 단행하였던 목적을 일시적으로는 달성하였으나, 곧 수포로 돌아가고 물가의 앙등만을 초래했다.

2) 갑오개혁을 함

고종은 10년간 이어진 부친 흥선대원군의 섭정을 끝내기 위해 정치적 조력자가 필요하여 아내인 명성왕후와 함께했다. 갑오년(1894년)이 되자 동학농민운동 진압을 명분으로 청·일은 조선으로 들어왔다. 침략의 기회를 엿보던 일본은 정치개혁을 요구하며 경복궁을 점령 후 자신들의 입맛에 맞춰 정치개혁을 했다.

3) 아관파천을 함

을미년(1895년)에 러시아의 힘을 빌려 친일세력을 몰아내려던 명성왕후는 일본인들에게 시해되었다(을미사변). 고종은 경복궁에서 할 수 있는 것이 없었고 일본의 감시가 심해지자 벗어나겠다는 마음을 먹고 있었다. 이때 친러파 대신들이 고종에게 러시아공사관(정동에 위치)으로 피신할 것을 권유하자, 그는 세자(순종)와 함께 궁녀가 타던 가마로 러시아공사관으로 거처를 옮겼다(아관파천). 아관파천은 고종이 경복궁을 떠나 어가를 러시아공관으로 옮겨서 파천(임금이 다른 곳으로 피란함)한 사건이다. 이 사건으로 친일정권이 무너지고 고종이 아관에 머물던 1년 동안 친러파가 정권을 장악했다.

고종은 그곳에서 정치적 재기를 노렸다. 조선을 노리던 주변 열강인 일본 · 러시아 · 중국은 모두 황제가 있었으므로, 다른 나라와 대등한 국가의 위상에 필요했던 고종은 제국의 선포를 위해 아관파천 1년 만에 환궁을 했다. 그런데 고종은 경복궁으로 가지 못하고 경운궁(지금의 덕수궁)으로 환궁을 했다(1897년). 경운궁 주변에는 외국공사관이 많았기 때문에, 일본이 압박을 하면 주변 공사관에 도움을 요청하기가 수월했기 때문이다.

4) 대한제국을 선포함

고종은 경운궁으로 환궁한 후에 광무황제로 등극했다. 황제가 된 후 그는 국호를 '대한'으로 선포했다. 이는 주변 제국과 동등한 입장에서 정치 · 외교 문제를 해결하고, 대한제국이 남의 지배나 간섭을 받지 않는 자주국가임을 천명한 것이다.

제27절
순종의 삶과 업적

1. 순종의 삶

순종은 조선 제27대 왕으로 재위 기간은 4년이다(1907~1910). 고종과 명성황후의 둘째 아들이다(1874~1926, 53세). 왕세자로 책봉되었다가(1875) 대한제국의 수립에 따라 황태자로 책봉되었다(1897년). 일제의 강요와 일부 친일정객의 매국 행위로 왕위를 물러나게 된 고종의 양위를 받아 대한제국의 황제로 즉위했다(1907.7). 연호를 융희로 고치고, 동생인 영친왕을 황태자로 책립하였고 거처를 덕수궁에서 창덕궁으로 옮겼다.

4년간에 걸친 순종의 재위 기간은 일본에 의한 한반도 무력 강점 공작으로 국권이 점차적으로 제약되고 있었다. 송병준·이완용 등 친일매국정객과 일본의 야합으로 조선왕조 519년의 역사에 종언을 고하게 되는 경국(傾國)의 비사와 민족사의 주권을 수호하려는 저항의 통사(痛史)의 시기였다. 일제는 한일신협약(정미7조약)을 강제로 체결하여 국정 전반을 일본인 통감이 간섭할 수 있게 하여, 정부 각부의 차관을 일본인으로 임명하는 이른바 '차관정치'를 시작했다(1907.7). 내정 간섭권을 탈취한 일본은 동시에 얼마 남지 않았던 한국 군대를 재정 부족이라는 구실로 강제 해산시켜 우리 겨레의 손에서 총칼의 자위조직마저 해체해 버렸다. 또한 기유각서에 의해 사법권마저 강탈해 버렸다(1909.7).

일제는 각의에서 '한일합병 실행에 관한 방침'을 통과시키고(1909.7), 한국과 만주 문제를 러시아와 사전 협상하기 위해 이토를 만주에 파견했다. 이토 히로부미가 하얼빈에서 안중근에 의하여 포살되자 이를 기회로 한반도 무력강점을 실행에 옮겼다. 일제는 이러한 침략 의도에 부화뇌동하는 친일매국노 이완용·송병준·이용구 등을 중심한 매국 단체 일진회를 앞세워, 조선인의 원에 의하여 조선을 합병한다는 미명하에 위협과 매수로 마침내 이른바 한일합병조약을 성립시켜 대한제국을 멸망시켰다(1910.8.29).

우리 겨레는 순종 즉위 전부터 야만적인 침략 행위에 의병투쟁으로 대항했고, 개인적인 의거로 맞서기도 했다. 또 민족의 저력을 키워 주권을 회복하고자 하는 애국계몽운동도 활발히 전개했으나, 강경과 온건으로 나누어진 민족 저항의 역량이 하나로 모아지지 못하고 일부 친일매국노의 암약으로 나라를 그르치게 되었다.

순종 주변에는 친일매국대신과 친일내통분자만이 들끓고 있었기 때문에 국가 최고의 수렴자로서의 왕권을 제대로 행사하지 못하였다. 대한제국이 일제의 무력 앞에 종언을 고한 뒤, 순종은 황제의 위에서 왕으로 강등되어 '창덕궁 이왕'으로 예우하고 왕위의 허호(虛號)는 세습되도록 조처했다. 폐위된 순종은 창덕궁에 거처하며 망국의 한을 달래다 승하했다(1926.4.25).

능호는 유릉(裕陵)으로 경기도 남양주시 금곡동에 있다.

2. 순종의 업적

1) 차관정치가 시행됨

일제는 헤이그 특사사건을 빌미로(1907.6) 고종을 강제로 퇴위시키고, 순종의 양위식을 거행했다(1907.7). 그리고 내각총리 이완용과 통감 이토 히로부미(伊藤博文)가 한일신협약(정미7조약)을 체결했다(1907.7.24). 조약은 7개조로 이루어져 있는데, 제5조에서 통감이 추천하는 일본인을 대한제국의 관리로 임명할 수 있도록 규정했다.

조약체결 결과 일본인이 대한제국 정부의 차관에 임명되어 차관정치가 실시되었다. 결국 대한제국 정부는 통감부의 통제 아래에 있는 차관의 수중에 있게 되었다. 을사조약 체결(1905.11)로 대한제국의 외교권 상실에 이어, 일본은 정미7조약으로 행정과 사법의 내정까지 완전히 장악하게 되었다.

2) 군대해산과 의병봉기의 확산

일본은 러일전쟁에서 승리한 후 '정미7조약'을 맺으며 대한제국의 군대를 해산했다(1908.8.1). 이에 울분한 박승환 참령이 자결하였고, 군대해산 결정은 서울 시위대(侍衛隊)의 저항을 시작으로 지방 진위대(鎭衛隊)의 의병봉기로 확산되었다.

고종의 강제 퇴위가 발표되자, 이에 반대하는 군중들이 모여 반대 시위를 벌였다. 강제 퇴위 소식을 듣고 서울에 모인 군중들은 통감 이토 히로부미의 관저에 방화하고, 일본군에게 돌을 던지는 등 통감부의 결정에 격렬하게 반발했다. 군중들의 시위는 서울에서 지방으로 확산되었고, 해산군인들은 경기도·황해도와 강원도를 무대로 의병부대를 조직하여 그 전투력이 크게 향상되었다. 시위대들은 의병부대의 무기와 전술·군사 훈련에 커다란 도움을 주어, 해산군인들의 수가 점점 증가했다.

군대해산은 의병 활동의 범위가 한반도 중남부 지역에서 전국으로 확산되는 계기가 되었고, 의병부대의 전술과 무기의 향상, 의병부대 구성의 변화를 가져왔다. 군대해산 이전의 의병장들은 주로 전직 관료출신과 양반 유생들이 많았으나 이후에는 해산군인의 비중이 높아졌다. 이들과 아울러 산포수와 광부 출신의 노동자 참여도 늘어나 의병항쟁의 계층이 확산되는 데에 큰 기여를 하였다.

3) 사법권이 강탈됨

한일신협약(1907년)의 부대각서로, 일제의 강압에 의하여 조인된 사법권의 위임에 관한 협약, 조선제국의 사법 및 감옥 사무를 일본정부에 위탁하는 각서가 작성되었다(1909.7.12). 이 각서는 총리대신 이완용과 제2대 통감 소네 아라스

케 사이에 교환된 것으로, 모두 5개조로 되어 있다.

① 한국의 사법과 감옥 사무는 완비되었다고 인정되기까지 일본정부에 위탁한다.

② 정부는 일정한 자격이 있는 일본인·한국인을 재한국일본재판소 및 감옥관리로 임용한다.

③ 재한국일본재판소는 협약 또는 법령에 특별한 규정이 있는 외에도 한국인에 대하여 한국 법을 적용한다.

④ 한국지방관청 및 공사(公使)는 각각 그 직무에 따라 사법·감옥사무에 있어서는 재한국 일본 당해 관청의 지휘, 명령을 받고 또는 이를 보조한다.

⑤ 일본정부는 한국사법 및 감옥에 관한 일체 경비를 부담한다.

이 각서에 의하여 한국의 법부와 재판소는 폐지되고, 그 사무는 통감부의 사법청에 이관되었다. 사법청 직원은 일본인이 임명되고 우리나라의 사법권은 완전히 일본이 장악하게 되었다.

항일지사들에 대한 재판에 있어서 일본인의 권한은 증대되었으며, 특별법을 자의로 만들어 더욱 철저하게 우리의 항일투쟁을 억압하게 되었다.

4) 한일합병조약이 체결됨

일제는 육군대신 데라우치(寺內正毅)를 3대 통감으로 임명하고(1910.5) 한국 식민화를 단행했다. 데라우치는 헌병경찰제를 강화하고, 종래의 사법·경찰권 이외에 일반경찰권까지 완전히 그들의 손아귀에 넣었다(1910.6). 통감은 비밀리에 총리대신 이완용에게 합병조약안을 제시하고 수락할 것을 독촉하여, 이완용과 데라우치 사이에 한일합병조약이 조인되었다(1910.6.22).

합병조약이 체결된 뒤에도 일제는 조선제국 국민의 반항을 두려워하여 발표를 뒤로 미루고, 조약체결을 숨긴 채 정치 단체의 집회를 철저히 금지하고, 원로대신들을 연금했다. 그리고 순종으로 하여금 양국(讓國)의 조칙을 내리게 했다(1910.8.29). 8개조로 된 이 조약은 제1조에서 '조선제국 전부에 관한 일체의 통치권을 완전히 일제에게 넘길 것'을 규정했다. 이로써 조선왕조가 건국된 지 27대 519년 만에, 대한제국이 성립된 지 14년 만에 망하고 말았다.

일제는 통감부를 폐지하고 총독부를 세워 한국통치의 총본산으로 삼고, 초대총독으로 데라우치를 임명했다. 일제 자본가들은 통감부의 보호와 원조를 배경으로 한국에서의 경제적 지배를 확립하여, 금융·광업·임업·어업·운수·통신 등 산업의 모든 분야를 완전 독점했다. 일제는 1910년부터 1918년까지 '토지조사사업'이라는 미명하에 한국 농업의 지배체제를 확립함과 동시에 많은 토지를 탈취함으로써, 대다수의 한국 농민이 일제수탈의 대상으로 화했다.

[표 1] 조선 왕들의 삶과 업적(*작성: 조성민(2024.2.1.))

역대 왕	출생~사망 (나이)	재위 기간	업 적
제1대 태조	1335~1408년 (74세)	1992~1398년 (6년)	• 황건적과 왜구를 격퇴함 • 위화도에서 회군함 • 정적을 숙청함 • 조선을 건국함
제2대 정종	1357~1413년 (63세)	1398~1400년 (2년)	• 한양에서 개경으로 환도함 • 노비변정도감 설치 • 분경금지법을 제정함 • 군·정 분리체계를 이룸
제3대 태종	1367~1422년 (56세)	1400~1418년 (18년)	• 왕권을 강화함 • 사회·조세제도를 정비함 • 군사제도를 정비함 • 산업을 장려함
제4대 세종	1397~1450년 (52세)	1418~1450년 (32년)	• 훈민정음을 창제함 • 유교정치의 기틀을 마련함 • 법전을 정비함 • 과학기술을 발전시킴
제5대 문종	1414~1457년 (39세)	1450~1452년 (2년)	• 내리칭칭를 함 • 고려사를 편찬함 • 국방을 강화함 • 심온(세종의 장인)을 복권시킴

제6대 단종	1441~1457년 (17세)	1452~1455년 (3년)	• 왕권이 유명무실함 • 종친의 세력이 팽창함 • 계유정난이 발생함 • 단종이 강제로 혼인함
제7대 세조	1427~1466년 (42세)	1455~1468년 (13년)	• 육조직계제와 호패제를 부활시킴 • 간경도감과 국조보감을 설치함 • 토지제도를 개혁함 • 법전을 편찬함
제8대 예종	1450~1469년 (20세)	1468~1469년 (14개월)	• 직전수조법을 제정함 • 역대세기와 국조무정도감을 편찬함 • 관직매매를 금지함 • 세금대납을 금지함
제9대 성종	1457~1494년 (38년)	1469~1494년 (25년)	• 경연을 정례화함 • 언론기관을 활성화하고 홍문관을 설치함 • 경국대전을 편찬함 • 여진을 정벌함
제10대 연산군	1476~1506년 (31세)	1494~1506년 (12년)	• 국방을 튼튼히 함 • 빈민구제에 힘씀 • 절대왕권을 추가함 • 옥사(무오사화 · 갑자사화)를 일으킴
제11대 중종	1488~1544년 (57세)	1506~1544년 (38년)	• 개혁정치를 시도함 • 유교주의적 도덕윤리를 정착시킴 • 국방력 강화에 힘씀 • 주자도감을 설치함
제12대 인종	1515~1545년 (31세)	1544~1545년 (8개월)	• 작서의 변이 발생함 • 현량과를 부활시킴 • 기묘명현을 서원함 • 사초작성을 자유롭게 보장함
제13대 명종	1534~1567년 (34세)	1545~1567년 (22년)	• 문정왕후가 수렴청정을 함 • 을사사화가 일어남 • 비변사를 상설기구화 함 • 임꺽정 난이 발생함

제14대 선조	1556~1608년 (56세)	1567~1608년 (42년)	• 임진왜란이 발발함 • 주자학을 장려하고 사림을 등용함 • 붕당정치가 시작됨 • 양전과 납속책을 시행함
제15대 광해군	1575~1641년 (67세)	1608~1623년 (15년)	• 분조활동으로 임진왜란을 극복함 • 궁궐을 건설하고 확장함 • 전화를 복구함 • 중립외교를 펼침
제16대 인조	1595~1649년 (55세)	1623~1649 (26년)	• 친명배금 정책을 펼침 • 북인을 숙청함 • 정묘호란과 병자호란이 발발함 • 국방정책과 경제정책을 강행함
제17대 효종	1619~1659년 (41세)	1649~1659 (10년)	• 인사발탁과 정치를 개혁함 • 북벌정책을 추진함 • 군비를 확충함 • 경제 질서를 재확대함
제18대 현종	1641~1674년 (33세)	1659~1674년 (15년)	• 군비를 강화함 • 예송논쟁에 휘말림 • 제도를 정비함 • 동활자를 주조하고 상피법을 제정함
제19대 숙종	1661~1720년 (60세)	1674~1720년 (46년)	• 환국정치로 왕권을 강화함 • 대동법을 확대 실시하고 상평통보를 유통시킴 • 수도중심의 방위체계를 확립함 • 단종을 복권시킴
제20대 경종	1688~1724년 (37세)	1720~1724년 (4년)	• 신임사화를 일으킴 • 약천집을 간행함 • 화재진압에 힘씀 • 의문사함
제21대 영조	1694~1776년 (83세)	1724~1776년 (52년)	• 탕평책을 펼침 • 균역법을 시행함 • 속대전을 편찬함 • 청계천 준천사업을 함

제22대 정조	1752~1800년 (49세)	1776~1800년 (24년)	• 정통성(시도세자)을 회복하고 탕평책을 계승함 • 규장각을 설치하고 금난전권을 폐지함 • 군제개혁과 장용영을 설치함 • 수원화성을 축조함
제23대 순조	1790~1834년 (45세)	1800~1834년 (34년)	• 수렴청정(정순왕후)으로 정조의 업적을 무너뜨림 • 천주교를 박해함 • 안동 김씨 세도정치가 시작됨 • 홍경래 난이 일어남
제24대 헌종	1827~1849년 (23세)	1834~1849년 (15년)	• 왕권이 추락됨 • 풍양 조씨 세도정치가 시작됨 • 오가작통법 시행 • 이양선이 출몰함
제25대 철종	1831~1863년 (32세)	1849~1863년 (14년)	• 구휼사업을 펼침 • 민심을 수습함 • 삼정이정청을 설치함
제26대 고종	1852~1919년 (69세)	1863~1907년 (44년)	• 당백전을 발행함 • 갑오개혁을 단행함 • 아관파천을 함 • 대한제국을 선포함
제27대 순종	1874~1926년 (53세)	1907~1910년 (3년)	• 차관정치가 시작됨 • 군대가 해산되어 의병봉기가 확산됨 • 사법권이 강탈됨 • 한일합병조약이 체결됨

바다를 품은 산

조성민

절경이 숨어있는 산을 보면
화가들이 계절을 찬미하며
마음을 키우는 것 같다

바다와 들판을 조망하는 꼭짓점에서
어촌과 산촌을 마주할 때
그들의 삶이 들풀의 생명처럼
무섭게 살아가는 것 같다

소나무 석청 춘란의 이름으로
일출과 일몰의 순수를 잃지 않는
바닷가의 예쁜 산은 풍경의 백화점

먼 훗날까지 기억될
너를 붙잡고
어느 사이 펜의 고삐를 잡고
펼쳐지는 길을 낸다.

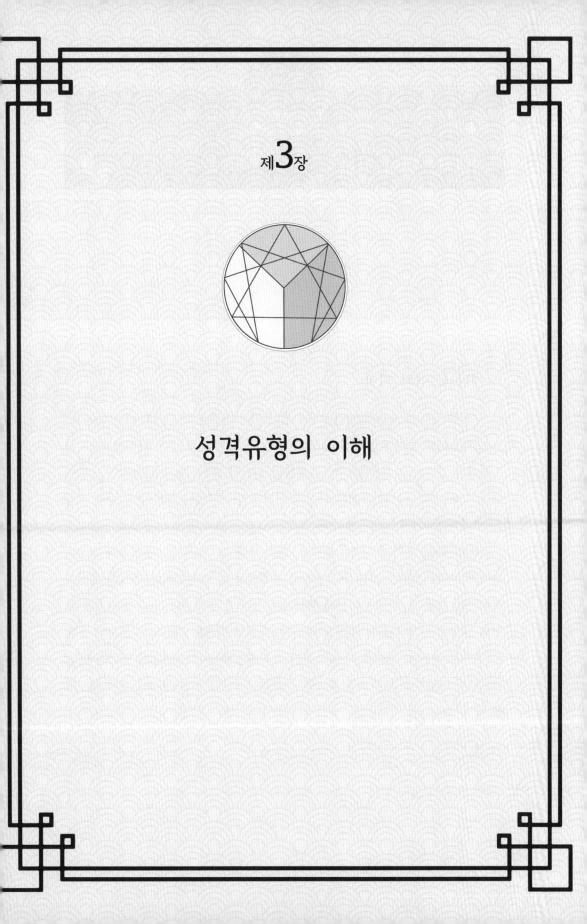

제3장

성격유형의 이해

1. 에니어그램의 의미

에니어그램(Enneagram)이란 9개의 점이 있는 그림을 의미한다. 에니어(Ennea)는 그리스어로 숫자 9를 뜻하고, 그램(Gram)은 그림을 뜻한다. 따라서 9가지로 이루어진 인간의 성격유형과 이 유형들의 연관성을 표시한 기하학적인 도형이 에니어그램이다. 에니어그램은 자신의 성격을 알 수 있는 도구이며, 나와 세상을 이해하는 9가지 성격유형이다.

인간에게는 9가지 성격유형이 있고, 누구나 그중 하나를 가지고 태어난다. 성격의 9가지 유형은 기본적인 강박적 유형들로서, 약육강식의 냉혹한 세상에서 살아남기 위해 각 유형이 사용하고 있는 집착을 찾아낸다. 사람의 성격은 환경의 영향에 따라 변화를 겪기도 하지만, 내면에 잠재한 자신의 기본적인 유형은 변하지 않는다. 그러므로 누구나 타고난 재능과 능력에 기초한 전략을 계발함으로써 안정감을 느끼게 되고, 가족 상황과 개인이 처한 환경에 대처하는 법을 배울 수 있다.

2. 에니어그램의 목적

1) 자기를 발견함

에니어그램은 자기 자신의 공포와 불안, 장점과 약점, 방어와 불안, 좌절과 실망에 대하여 어떻게 반응할 것이냐 하는 문제를 해결한다. 더 나아가 자신의 진정한 능력과 장점이 무엇인가를 이해하여 자아에 대한 바른 이해의 바탕에서 본래의 자신을 세울 수 있도록 돕는다. 인간의 자아의 역할은 바깥 세계와 관계를 맺고 이에 적응하는 것이고, 또 무의식의 내면 세계를 살펴서 이와 관계를 맺고 적응하는 것이다.

누구든지 이러한 자아발견으로 자신의 강점과 부정적인 면을 깨닫고 그대로 받아들임으로써, 그동안 자신을 얽매고 있던 구속에서 벗어나 자유로워질 수 있다. 우리는 에니어그램을 통하여 자신도 모르게 부정적으로 움직이게 만드는 성격유형의 고착화된 신념을 찾아내서 극복하는 것이다.

2) 성격을 개선함

누구나 성격을 개선하는 것은 어려운 문제이다. 사랑을 얘기하면서도 남을 배척하며 살아가는 경우가 많다. 어떻게 사랑해야 할지 모르기 때문이다. 에니어그램을 통해 자아를 발견함으로써 빛을 비춰주는 사랑, 향기가 있는 사랑, 비전을 제시하는 사랑, 섬기는 사랑을 할 수 있는 길을 제시해 준다.

3) 상대방을 이해함

대인관계가 힘든 이유는 서로가 서로를 모르기 때문이다. 개와 고양이의 상극관계를 견묘지간(犬猫之間)이라고 한다. 개와 고양이가 사이가 나쁜 것은 신체 언어(행동)가 다르기 때문이다. 개는 반가울 때 꼬리를 올리고, 싸울 때는 꼬리를 내린다. 이와 반대로 고양이는 편안할 때 꼬리를 내리고, 싸울 때 꼬리를 올린다. 이런 습성 때문에 개가 고양이 앞에서 반갑다고 꼬리를 올려 흔들면, 고양이는 싸우자는 의미로 받아들여 충돌이 일어난다.

그러므로 상대방이 세상을 어떻게 보는지를 알고 이를 이해할 때 사회생활을 잘할 수 있다. 이 역할을 에니어그램이 담당한다.

4) 인간관계를 개선함

에니어그램을 바르게 이해한다면 아는 만큼 상대를 받아들일 넉넉한 마음을 가질 수 있다. 에니어그램을 통해서 인간 성품의 전체적인 면을 이해할 수 있다. 또 이것을 깨달음으로써 다른 사람들에 대해 훨씬 많은 이해와 사랑을 갖게 된다.

에니어그램을 통해 자신과 다른 사람의 성격유형을 알게 되면 귀중한 통찰력이 생기고, 성격유형에 익숙해질수록 다른 사람들의 마음과 의견을 더 쉽게 받아들일 수 있다. 이를 통해 인간관계를 개선할 수 있다. 즉, 자기를 수용할 뿐만 아니라 다른 사람의 유형을 알고 그들이 바라보는 세상과 행동하는 양식, 그들 내부에서 일어나고 있는 집착과 강박관념, 욕망 등을 이해함으로써 자신과 관계를 맺게 될 다른 사람들을 이해할 수 있다. 에니어그램의 지혜를 습득하면 지금까지 자신을 얽매고 있던 멍에와 구속으로부터 해방되어 자유로운 존재가 된 자신을 발견하게 된다.

5) 자기를 실현함

자기실현은 개인이 지니고 있는 소질과 역량을 스스로 찾아내어 그것을 충분히 발휘하고 계발하여 자기의 이상을 실현하는 것이다. 에니어그램은 자기실현을 이루는 데 도움을 주는 훌륭한 도구이다. 에니어그램의 지혜는 인간은 왜 살아야 하고 무엇 때문에 살아야 하는지에 대한 이정표와 같은 역할을 한다.

따라서 우리는 에니어그램을 통하여 인간의 본질인 자기를 발견하고, 자기라는 본질에 가까운 삶을 살아가며 자기실현을 할 수 있다. 또한 자기의 삶을 수용함으로써 자기를 성장시키고 자아를 실현시킬 수 있다.

1. 1유형: 완전주의자

1) 완벽을 추구함

1유형은 완전주의자로서 매사에 신중하고 철저하며 완벽을 추구한다. 이들은 모든 일이 올바르게 되기를 원한다. 또한 자신의 선택이 항상 옳다는 믿음이 확고하기 때문에 타인으로부터 지적을 받으면 참지를 못한다. 그리고 도리와 원칙에 맞는 선택을 하므로, 공사(公私)가 분명하고 도덕적 판단을 좋아한다.

이들은 도덕적으로 정의감이 강해서 세상을 개선하고자 하고, 원칙과 도덕적인 것에 충실하고 꼼꼼하며 철저한 개혁가이다. 또한 이들은 정직하고 이상주의적이며 비판력이 뛰어나고 사리분별이 분명하며, 윤리관에 자신이 있는 만큼 하는 일 또한 자신의 도덕적 기준에 합당해야 한다.

2) 언행이 일치함

완전주의자는 언행이 일치한다. 이들은 정직하고 솔직하며 말과 행동이 일관성 있다. 이들은 생각한 것을 말하고 말한 것을 행동에 옮기는 노력파이다.

3) 신뢰감을 줌

이들은 근면하고 성실하며 일을 정확하게 처리한다. 도덕적으로 완벽을 추구하고 공정성을 유지하려고 한다. 또한 올바른 길을 걷는 것에 만족감을 느끼고, 깔끔한 인상에 자세의 흐트러짐이 없다. 또한 힘든 상황을 돌파해 나가기 위해 어떤 노력도 아끼지 않으며, '해야 한다'는 말을 자주한다.

4) 융통성이 부족함

이들은 의사결정 시 융통성이 부족하므로 일단 결정을 내리면 자기 뜻과 방식을 끝까지 관철시키려 한다. 남의 충고를 받아들이는 것이 어렵고 반동성향이 강하다. 귀에 거슬리는 소리 듣는 것을 싫어하고 원하는 대로 되지 않으면 화를 잘 낸다. 화를 잘 내지만 속은 여리다. 화를 내야 할 때 참았다면 춤이나 노래 등으로 이를 빨리 풀어야 한다.

말하는 스타일은 정확하고 설교조이다.

5) 1유형의 국가 및 인물

러시아가 대표 국가이다. 순욱(삼국지 조조의 책사), 모세, 공자, 플라톤, 간디, 처칠, 대처, 마틴 루터, 히틀러, 김구, 박정희 등이 대표 인물이다.

2. 2유형: 협조주의자

1) 도우미형

2유형인 협조자는 정이 많고 마음이 따뜻해서 어려움에 처한 사람을 돕는 스타일이다. 이들은 감정적이고 극적이며 타인들과의 관계에 몰두한다. 따라서 사람들로부터 인정을 받기 위해 상대방의 비위를 잘 맞추어 만족을 시킨다. 이들은 다른 사람이 부탁을 하면 자신의 일은 젖혀두고서라도 도와줘야 마음이 편하다고 생각하므로, 타인의 고통이나 불행을 알지만 자신이 도와줄 수 없을 때 힘들어한다.

이들은 타인을 지나치게 배려하여 타인이 필요한 것은 잘 알지만, 정작 자기가 필요한 것은 잘 모른다. 이런 이유로 이들은 남의 부탁을 거절하지 못하며 타인을 실망시키지 않기 위해 상대방에게 자신이 원하는 것을 솔직하게 표현하지 못한다. 이들은 타인을 잘 돌보지만, 자기 가족을 잘 돌보지 못한다.

2) 사교적임

이들은 어디를 가든 빈손으로 가는 법이 없다. 이들은 앞에 나서기보다 뒤에서 돕는 쪽을 택하고, 왕좌에 앉기보다는 섭정을 좋아한다. 타인의 호감을 사고 싶어 하므로, 타인의 마음을 사로잡고 교묘히 이용할 줄 알며 관계 지향적이다.

3) 엄격함을 싫어함

이들은 엄격한 것을 싫어하므로, 완벽을 추구하고자 하는 1유형이 옆에 있으면 부담스러워한다. 기분이 나쁘거나 스트레스를 받으면 몸이 아프다. 이들은 봉사 때문에 낮잠을 잘 시간이 없으나, 잠을 자는 것은 심신이 괴롭기 때문이다.

말하는 스타일은 아이디어를 제안하고 충고하는 스타일이다.

4) 보답을 바람

2유형은 타인에 대한 연민으로 도움을 줌으로써 자신의 이미지를 강화시키려고 한다. 이들은 이기적인 것은 나쁜 것이라고 믿기 때문에 다른 사람을 도와주고 베푸는 것을 어렵지 않다고 생각한다. 그러나 정작 자신에게 필요한 도움을 타인에게 부탁하는 것을 어려워한다. 그런데 이들은 다른 사람에게 도움을 주면 그에 상응하는 보답을 기대하는 보상심리를 가지고 있다.

따라서 이들은 자신의 공적을 사람들이 알아주지 않으면 상처받고 실망한다. 이들은 상대방의 비위를 잘 맞추면서 상대방을 조종하려 한다. 또한 타인에게 베푼 후에 자랑하는데 본인은 이를 자랑으로 여기지 않는다. 이는 있었던 사실을 이야기하는 것이라고 생각하기 때문이다. 이들은 자기의 행적을 상세하게 이야기하므로 '나팔수'라는 별명이 있다.

5) 국가 및 인물

이탈리아가 대표 국가이다. 손권(삼국지 오나라 황제), 룻, 나이팅게일, 슈바이처, 마더 테레사 등이 대표 인물이다.

3. 3유형: 성취주의자

1) 성취욕이 강함

3유형은 성취가로서 목표를 성공적으로 이루어 내고 싶어 하며 지위와 성공을 추구한다. 이들은 자신이 생각하고 목표한 것을 이룰 때 삶의 활기와 생동감을 얻으므로, 안락한 상황이 주어졌다 하더라도 이에 머물지 않고 새로운 변화를 모색한다. 그리고 논리적이고 분석적인 사고로 사전 준비를 철저히 하여 체계적으로 목적을 달성한다.

이들은 도전이나 저항을 두려워하지 않으며, 인생은 처절한 경쟁이라고 생각한다. 또한 '뭐든지 할 수 있다'는 저돌적 성격의 소유자로서, '강한 자가 살아남는 게 아니라, 살아남는 자가 강하다'는 신념을 가지고 생활한다. 이들은 카리스마 있는 리더, 실력 있는 문제 해결사, 뛰어난 팀 플레이어이다.

말하는 스타일은 설득력이 강해 언변이 좋아, 이들이 '팥으로 메주를 쏜다' 해도 남들이 곧이들을 만큼 언변이 좋다.

3유형은 일이 자신의 삶에서 차지하는 비중이 상당히 크다. 이들은 일로써 모든 사람들에게 인정받고 싶어 할 뿐만 아니라, 자신에게도 인정받고 싶어 한다. 이에 반해 2유형은 자신의 도움을 필요로 하는 사람으로부터 인정받고 싶어 하고, 4유형은 자신이 인정하는 특별한 사람으로부터 인정받고 싶어 한다.

2) 이미지 지향적임

이들은 이미지 지향적이므로 타인의 시선을 의식하고, 주어진 상황에서 가장 바람직하다고 생각되는 것을 선택한다. 인기와 칭찬 그리고 인정의 욕구에 사로잡혀 할 수 없는 일도 가능하다고 약속을 해놓고, 이 약속을 지키느라 어려운 상황에 빠지기도 한다. 또 이들에게는 남에게 어떻게 보일까 하는 것이 중요하며, 나서기를 좋아하고 칭찬받기를 좋아한다.

한편 이들은 배척당하는 것을 아주 싫어한다. 3번 유형의 아이에게 "저리가"라는 말은 충격적이다. 소리 없는 총(눈총)에 민감하고, 사생활을 좀처럼 얘기하지 않기 때문에 크렘린이라는 별명을 듣는다.

3) 효율성을 중시함

이들에게 시간은 성취하기 위한 수단이고 목표와 목적의 척도가 된다. 자신이 주도한 변화의 결과에 책임을 지며, 결정력과 통솔력이 뛰어나다. 부탁받은 일이 중대하고 주목받는 일이면 시간 내에 처리하며, 짧은 시간에 많은 일을 처리하는 것에 즐거움을 느낀다. 이들은 결과로 사람들의 인정을 받고자 한다.

4) 경쟁심이 지나침

3유형은 승부욕과 경쟁심으로 원하지 않는 선택을 하는 경우도 많다. 이들은 중심에 서있기를 원하고, 1등할 가능성이 없으면 옆으로 비켜선다. 중간에 머물지 않고 1등 아니면 바닥이 되는데, 바닥이 된 경우에도 언제든지 반등할 수 있다고 생각한다. 일이 안 되면 잠적하고 잠적했다가 나타나면 사업이 잘되는 것이다. 3유형은 공주과와 왕자과의 성향을 지닌다.

5) 국가 및 인물

효율성과 능력을 중시하는 미국이 대표 국가이다. 조조(삼국지-위나라 창업자), 사무엘, 빌 클린턴, 김영삼, 이명박 등이 대표 인물이다.

4. 4유형: 감정주의자

1) 낭만적인 사람

4유형은 개인주의자로서 감정적인 선택을 많이 하며, 영감에 이끌려 선택하는 일이 많다. 순수하고 진실한 것을 좋아하고, 감정적인 선택을 많이 한다. 또한 당당함과 우아함, 예술적 감각, 창조와 미학의 일인자이다.

말하는 스타일은 동정심을 유발시킨다.

2) 독특한 것을 추구함

이들은 독특한 것에 지나치게 초점을 맞추며, 극적이고 독특한 사람이 되려고 애를 쓴다. 자신의 인생에는 많은 것이 결핍되어 있다고 느끼면서도 자신은 남들과 다르다고 생각하므로, 자신은 특별한 사람이라고 자부하고 있다. 또한 감동을 중시하며 반복적이고 평범한 것을 배격한다. 타인에게 능동적이며 적극적으로 다가가기보다는 자신의 특별함을 드러내며, 이를 통해 다른 사람의 관심이 자신에게 집중되기를 원한다.

이들은 평범하지 않은 것을 추구하므로, 자신이 갈망한 것을 얻었다고 해도 그것이 남이 지닌 것과 똑같은 것이라면 독특함이 없다고 생각하여 이를 좋아하지 않는다. 이들은 자신의 독창성을 창출하기 위해 자신을 멋지게 꾸미기 위해 많은 시간을 보낸다.

3) 예술적 감각이 뛰어남

4유형은 타인보다 아름다움이나 고독 등에 대한 감수성이 뛰어나다고 생각한다. 어려서부터 혼자 지내는 시간이 많이 공상이나 외로움을 잘 느낀다. 감수성이 풍부하고 예민하여 자기이해와 자기표현이 안 되면 방콕을 하고 공상을 하는데, 이 공상은 상상력으로 발전한다. 또한 직관력이 높고 텔레파시가 잘 통하므로, 다른 사람이 부탁을 하지 않더라도 미리 알아서 잘 도와준다.

4유형인 예술가의 초기 작품의 주제는 '상처'가 많으며, 후기 작품의 주제는 '치유된 상처 또는 회복'이 많다.

4) 고독을 즐김

이들은 외로우면서도 이를 즐기고 혼자 일을 해야 잘한다. 이들은 맞벌이 부모 밑에서 자라 혼자 있는 시간이 많아서 만들기나 그리기를 좋아했다. 어릴 때 라디오와 같은 기계장치를 뜯어보다가 부모에게 꾸중을 듣고 더욱 더 외톨이가 된 경험을 가지고 있다. 이들은 문제가 생기면 눈을 감고 해결된 상태를 상상하고, 사람들과 타협할 줄 모르고 좀처럼 만족할 줄 모른다. 파티장에서 좀처럼 노래를 하지 않는데, 틀리면 어쩌나 하고 걱정하기 때문이다. 이들은 우울한 것을 즐긴다.

5) 국가 및 인물

특별하고 세련되고 교양 있고 최고급 의상으로 상징되는 프랑스가 대표 국가이다. 주유(삼국지 – 오나라 대도독), 이사야, 쇼팽, 노태우 등이 대표 인물이다.

5. 5유형: 분석주의자

1) 똑똑함

5유형은 분석가로서 생각을 많이 하지만 행동으로 잘 옮기지를 못한다. 이들은 시간과 에너지를 지나치게 아끼며, 말과 행동을 하기 위해 충분히 알아야 하기 때문에 생각을 많이 한다. 또 생각을 위해 필요한 지식을 갖추어야 하므로, 많은 정보를 얻으려고 노력한다. 이들은 어려서부터 질문과 독서량이 많다. 날카로운 분석가이고 이론가이고 조언자이다. 교수들이 이 유형에 속하는 사람들이 많다.

말하는 스타일은 논문 쓰는 식으로 서론, 본론, 결론과 같이 논리적이다. 또 과거 일을 이야기할 때 각 체험과 그것의 중요성을 일어난 연대순으로 정리해서 말한다.

2) 분석력이 뛰어나고 호기심이 많음

이들은 항상 지식 쌓기를 갈구하고 문제를 분석하고 그 상황에 대해 이해하고 싶어 한다. 규칙이나 규정에 크게 신경 쓰지 않으면서 남들이 알지 못하는 분야에 대한 호기심이 많으므로, 모든 것을 알고 싶어 하고 내성적이며 한정된 시간 내에 많은 것을 알아야 하기에 같은 일에 시간 내는 것에 인색하다. 그리고 이들은 완벽하게 이해하지 않으면 표현을 하지 않으며 외곬으로 빠지기 쉽다. 또한 생각하면서 관찰하고 사람을 사귀어도 완전히 알아야 사귄다.

이들은 타인의 의존도를 줄이기 위해 자신의 욕구를 최소화하고, 지위나 다른 높은 계급 사람들의 지지와 같은 외부적 권위에 의미를 두지 않는다. 외부적 권위보다는 자신의 내부에서 일고 있는 사유, 자연법칙이나 우주의 움직임 등에 집중하기를 좋아한다.

3) 환경에 민감함

이들은 자기 외에 타인이나 환경에 대하여 늘 살피던 습성으로 인해 환경에 민감하다. 환경이나 관계 때문에 압도당할까 봐 두려워하기 때문이다. 또한 긍정적으로 사랑받고 있다는 확신이 부족하기 때문에, 새로운 관계나 환경에 접근하는 것을 힘들어하고 불편해 한다. 그래서 여행을 좋아하지 않고 낯선 곳에 가는 것을 꺼려한다. 이들은 대중 앞에 자신을 드러내길 꺼려한다.

4) 인색함

5유형은 모든 분야에서 학문적으로 전문가가 되기 위해 지식에 대한 탐욕으로 지식과 힘을 축적하려는 인색함이 나타난다. 이들은 아무 것도 가진 것이 없다고 생각하므로, 그들의 고착은 감정적인 인색함으로 나타난다. 감정적인 인색함은 자신에게 편안한 환경을 유지하기 위해 지식과 힘을 축적하려고 하고 자신의 경험과 정보에 집착하는 경향이다.

그러므로 이들은 이성적이지만, 텅 비어있는 것을 싫어해 잘 내놓지 않아 인색하다. 또한 지식과 자신의 전문성을 향상시킬 수 있는 방법에 대해서 아주 탐욕적이다. 자신의 관심 분야에 시간과 열정을 쏟으면서 타인에게는 자신의 시간이나 주의를 쏟지 않아 인색하다. 인색한 이유는 지식이나 시간이나 물질을 꺼내면 텅 비기 때문이다. 이들은 쓰레기조차도 잘 버리지 못한다.

5) 국가 및 인물

보수적이고 신중하고 예의가 바르고 냉정하고 신사의 나라로 상징되는 영국이 대표 국가이다. 제갈량(삼국지-유비의 책사), 요셉, 아인슈타인 등이 대표 인물이다.

6. 6유형: 수호주의자

1) 충실함

6유형은 수호자로서 규범과 규칙을 중시하고 성실하며 충실하다. 이들은 인격뿐만 아니라 시간에도 충실하여 시간을 정확하게 지키기 위해 정시에 도착해서 정시에 떠난다. 주어진 상황에서 최선을 다하며, 직관이 뛰어나고 섬세하고 신념과 결단이 강하다. 편안한 얼굴이고 호인 타입이며 대하기가 편한 사람이다. 따라서 처음 만난 상대방이 "어디서 만난 것 같아요"라고 인사하는 경우가 많다.

말하는 스타일은 한계부터 긋는 것이다. 예를 들어, 모임을 가질 때 회비는 얼마로 할지부터 정하는 게 중요한 유형이다.

2) 안전을 추구함

이들은 법의 테두리 안에서 마음 놓고 일을 잘하며, 한계를 분명하게 지어 놓을 때 안심을 한다. 두려움과 걱정이 많아 새로운 일을 꾸미거나 모험을 좋아하지 않는다. 이들은 인간을 '사회적인 동물'이라고 규정하는데, 그 이유는 자신을 공동체 집단에 소속시킴으로써 안전을 보장받으려는 인간의 근본적인 욕구 때문이다. 일이 잘못될 경우를 지나치게 염려하여 '안전제일주의'를 지향하고, 불안을 덜기 위해 이들은 매사에 협동적이고 타인과 조화를 이룬다. 이들은 권위적인 인물들에게 인정과 칭찬을 바라고 그들의 복종에 대한 보상도 바란다.

이들은 망설임증이 심하고 의사결정 시에 많은 사람들에게 의견을 물어본다. 이익보다는 손해 보지 않는 쪽을 선택하고 어떤 일을 결정하는 데 시간이 많이 걸린다. 타인의 숨은 저의와 관심사 등 곳곳의 위험을 찾아내는 데 비상하며, 올바른가의 여부를 판단하기 위해 의심이 많다. 보행 시에 맨홀 뚜껑을 밟지 않고, 형광등 밑에도 앉지 않는다.

3) 책임감이 강함

이들은 주위 사람들이 자신에게 많은 요구와 기대를 하고 있다고 느낀다. 이 기대에 부응하고자 노력하기 때문에 걱정과 불안에 시달린다. 이들에게 일을 시킬 때는 팀을 구성하여 시키는 것이 효율적이다. 동정심과 동료애가 많아 타인의 말을 귀 기울여 듣는다. 불의한 군주나 부도덕한 지도자에 반항하는 기질이 있어 혁명을 일으킬 수도 있다. 애국자, 순교자, 전사적 기질이 강하다.

책임감이 강한 링컨 대통령은 남북전쟁 중 케티스버그 전투 때, 북군의 총사령관인 마이드 장군에게 공격 명령을 내리면서 편지를 보냈다. "마이드 장군! 이 작전이 성공한다면 그것은 모두 장군의 공로입니다. 실패한다면 그 책임은 내게 있습니다. 만약 작전에 실패한다면 장군은 링컨 대통령의 명령이었다고 말하고, 이 편지를 공개하시오"라는 내용이었다. 링컨의 메시지에서 우리는 다음의 교훈을 배울 수 있다. ① 위대한 리더는 책임질 때를 제외하고는 어떤 경우에도 그의 추종자들보다 자신을 더 높은 곳에 두지 않는다. ② 부하의 잘못을 자신의 책임으로 돌리는 사람은 훌륭한 지도자이고, 어리석은 지도자는 자신의 잘못까지도 부하의 책임으로 돌린다는 것이다.

4) 의타심이 많음

이들은 의타심이 많고 겁이 많으며 혼자 있으면 못 견뎌한다. 인정과 칭찬을 받으면 분발하지만 비판에는 민감하다. 이들은 자신의 이미지나 자부심을 침해받으면 괴로워하거나 침해받은 것을 만회하려 한다. 아버지에게 많이 기대며, 아버지가 없으면 걱정한다. 이들이 스트레스를 받으면 공격적이고 돌출행동을 한다.

5) 국가 및 인물

단호하고 정확한 스타일로 상징되는 독일이 대표 국가이다. 관우(삼국지 인물), 베드로, 링컨, 이순신 등이 대표 인물이다.

7. 7유형: 만능주의자

1) 모험심이 강함

7유형은 만능주의자라서 엔터테이너이고, 새롭고 재미있는 것을 쫓아다니며 즐거움을 찾아내는 능력이 뛰어나다. 이들은 즐기고 있는 한 시간은 항상 충분하다고 생각하기 때문에 아예 시간을 잊어버리는 스타일이다. 재미없는 상황이나 심각한 상황에서도 즐거움을 만들어내며, 오라는 데는 없어도 갈 데는 많다. 이들은 천재적인 공상가이며 통찰력 있고 재치 있는 이상주의자다.

이들은 낙천적인 성향을 지니므로 속박을 받는 상황에서조차도 '오늘은 일이 잘못되고 있다 해도, 내일은 잘될 것'이라고 생각한다. 많은 것을 동시에 가지려 하고, 즉흥적이고 충동적인 선택을 많이 한다. 이들은 자신이 선택한 것 중에서 긍정적인 면만을 주로 보기 때문에 꼼꼼하지 못하다. 따라서 자유롭고 즐거움을 추구하는 7유형은 성실하고 완벽을 기하는 1유형과 함께 있으면 부담감을 많이 느낀다.

말하는 스타일은 소설 쓰는 식이며 만연체이다.

2) 에너지가 넘침

이들은 만능이고 취미가 다양하고 만물박사이며 식도락가이다. 이들은 에너지가 넘치는데 그 에너지는 먹는 것, 마시는 것, 수다, 노래 등과 같이 주로 입으로 나타난다. 이들은 나르시시즘이 강하다.

이들은 상상력이 높아서 4유형과 구별이 어렵다. 7유형은 돌아다니면서 상상을 하고(엔터테이너), 4유형은 가만히 앉아서 상상을 한다는 차이점이 있다.

3) 고통을 싫어함

이들은 고통을 싫어하며 놀이가 중요하고 인생은 축제라고 생각한다. 이들에게 고통스러운 일이 닥치면 시간이 정지된 것처럼 느끼고 그 일을 곧 내팽개쳐 버린다. 또 무미건조한 일을 하게 되면 그 시간을 견디지 못하고 활력을 상실한다. 이들의 좌우명은 '걱정 말고 즐겨라!(Don't worry, be happy!)'이다.

어렸을 때 엄마가 사준 것이 맘에 안 들어 입지 않거나 사용하지 않았더니, 엄마가 빼앗아서 동생이나 다른 아이에게 줘버려 박탈감을 경험한 적이 있다. 따라서 옛날에 잃어버린 것을 찾아다닌다.

4) 집중력이 약함

이들은 어떤 일에 몰두하지만 만족을 못할뿐더러 주의집중이 짧다. 시작은 잘하는데 끝맺음이 약해 직장을 자주 옮기는 바람에 이력서가 요란하다. 한 우물을 파면 큰 에너지를 얻을 수 있다.

이들이 무책임하게 보일 수 있는 것은 4유형과 유사하다. 7유형은 스스로 벌여놓은 여러 가지 업무에 대해 인내심과 끈기가 부족해 얼렁뚱땅 마무리 지으려는 습성이 있고, 4유형은 자신의 감정을 깊이 느끼느라 업무에 소홀하기 때문이다.

5) 국가 및 인물

네 집 건너 술집이고 초상집에서 가무를 하는 것으로 상징되는 아일랜드가 대표 국가이다. 여포(삼국지인물), 솔로몬, 모차르트, 케네디 등이 대표 인물이다.

8. 8유형: 주장주의자

1) 자기주장이 강함

8유형은 주장자로서 자신의 능력을 세상에 펼칠 때 활력을 느낀다. 이들은 자신이 옳다고 생각하는 것은 전력을 다해 성취시키는 타입이며, 한번 꺼낸 말은 다시 번복하지 않는 완고함이 있다. 어려서부터 꿀리는 것을 싫어하고 골목대장이며 '무릎 꿇고 사느니 서서 죽는다'는 자세를 견지한다.

이들은 도전 정신이 강하다. 문제가 있으면 피하거나 돌아가는 것이 아니라, 정면으로 부딪히며 돌파한다. 이들에게 누가 도전해 와도 응전하는 것 또한 강하다. 어떠한 역경도 이겨내는 용기와 의지를 지니고, 이들에게서 미온적인 태도나 동정 따위는 찾아보기 힘들다. 또 난관을 이겨내는 용기와 의지력이 강하고, 대범하고 가부장적이고 퉁명스럽고 독선적이다.

말하는 스타일은 폭로성 발언을 하는 것인데, 이는 상대방을 제압하기 위함이다.

2) 강한 힘을 추구함

이들은 권력과 통제력을 갖고 싶어 하며 자제력이 약하고 자신의 감정을 쉽게 드러낸다. 자신이 주도권을 가지고 마음대로 하려고 하기 때문에, 올바른 결정이 아닌 것을 알아도 주도권을 쥐려고 밀어붙인다. 또 다른 사람에게 의존하는 것을 싫어하고, 자신의 경험과 직관을 객관적 데이터보다 높이 평가한다. 대인관계를 강자는 존중받고 약자는 멸시받는 약육강식의 파워게임으로 인식한다. 또한 항상 자신의 존재 가치를 높일 수 있는 도전의 기회를 엿보며 영웅이 되고 싶어 하는 욕망이 강하며 파워게임에 능하다.

이들은 타인에게는 강하지만 어머니에게는 잘해야 한다고 생각한다. 이들 중에는 이름난 효자와 효녀가 많지만 타인을 통해 효도를 한다.

8유형과 1유형은 유사한 점이 많다. 8번은 정의를 명분으로 내세우나 이를 타인을 통해 실현하는데, 1번은 본인이 직접 정의를 실현한다. 1번은 대결을 피하면서도 타협하지 못하고 화를 내면서도 자신이 불편하다. 그러나 8번은 대결하면서도 타협을 잘하고 화를 내면서도 자신이 불편해 하지 않는다.

3) 약점을 노출하지 않음

이들은 약한 모습을 보이는 것은 굴욕이나 수치라고 생각한다. 또 약해 보이는 것을 싫어하기 때문에 어깨에 힘이 들어가 갑옷을 입는다. 그러나 이들이 갑옷을 입는 것은 허세요, 두려움 때문이다. 이들은 보스 기질과 대결 특성과 독립성이 강해 자수성가형이고, 이 유형 중에는 사업가(젊은 사장)나 군인(젊은 장군)이나 정치인이 많은 편이다.

4) 독선적임

이들은 모든 사람을 만족시킬 수 있는 결정은 없다는 사실을 알고 있기 때문에, 자신이 마음먹은 일을 단호하게 밀고나간다. 모든 일을 스스로 해결하고자 하며 자기 과시욕이 강하다.

5) 국가 및 인물

강력한 남자다움을 중시하고 투우로 상징되는 스페인이 대표 국가이다. 장비(삼국지 인물), 삼손, 다윗, 에스더, 징기스칸, 나폴레옹, 피카소, 헤밍웨이, 루즈벨트 등이 대표 인물이다.

9. 9유형: 평화주의자

1) 평화를 중시함

9유형은 평화주의자로서 평화로운 느낌을 제일 중요하게 생각하며 갈등을 싫어한다. 따라서 이들은 모든 사람과 편안히 지내길 바라고 갈등을 피한다. 그런데 지나치게 상대방이나 상황의 긍정적인 면을 보므로, 문제가 생기면 해결하기보다는 평화를 위해 덮어두고 잘 될 것이라고 믿는다. 이들은 착하고 말썽을 일으키지 않으며 눈에 잘 띄지 않는다. 이들은 먹는 것을 좋아하고, 이를 통해 평화로움과 만족감을 느낀다.

말하는 스타일은 무용담식이다.

이들은 물건과 정보를 수집하는 것을 좋아해 5유형인 것처럼 보일 때가 있다. 하지만 9유형은 본능과 만족과 평화를 안정적으로 이어갈 수 있는 수단으로 수집하는 반면, 5유형은 미래를 대비하여 수집한다.

2) 중재 역할을 함

이들은 다른 사람의 관심사를 명확하게 읽어내 실천에 옮기는 중재자이다. 또 다른 사람들의 의견을 수용하고, 자기주장을 고집하기보다는 조화를 중시하므로 상대방을 포용한다. 일을 처리할 때 외교적 역량을 발휘하여 주위의 협력을 이끌어내 해결하며, 상황에 따라 다른 사람에게 실질적인 권한을 위임한다.

이들은 마음이 넓고 동요되는 일이 없으며 매사에 침착하다. 또한 편견이 없고 타인의 기분을 이해할 줄 알기 때문에 타인의 고민을 잘 들어준다. 그리고 전체적인 분위기를 자연스럽게 이끈다.

3) 관대함

이들은 편견이 없고 타인의 고민도 진지하게 경청하며, 마음이 넓고 동요되는 일이 없으며 매사에 침착하다. 또 안정감과 조화로 넘쳐있는 상태에 큰 만족을 느끼고, 타인의 관점에서 이해하고 판단하므로, 스스로 불편한 경우를 많이 참는다.

그러나 장애에 부딪쳤을 때는 쉽게 물러서지 않으며, 인내력과 집중력이 뛰어나다.

4) 느긋함

이들은 갈등 상황에서 우유부단해지며, 이들에게 압력을 가할수록 더욱 완고해진다. 급한 일을 부탁받으면 부담을 느껴 그 일을 내팽개치고 싶어 한다.

그리고 느긋하고 에너지를 안으로 품으며 시간을 안 지키는 편이다. 고민이 생기면 잠을 잔다.

이들은 어려운 일이 생기면 눈을 감고 기다리며 누군가가 해결해 주기를 바란다. 이들이 무엇인가를 선택하려면 갈등을 느끼기 때문에 전공이나 진로 등을 쉽게 결정을 하지 못한다. 스트레스가 쌓이면 돌출 발언을 하기도 한다.

5) 국가 및 인물

낮잠을 즐기는 것으로 상징되는 멕시코가 대표 국가이다. 유비(삼국지-촉황제), 아브라함, 달라이라마 등이 대표 인물이다.

[표 2] 9가지 성격유형의 성향(*작성: 조성민(2017.2.19.))

유 형	보편적 성향			
1유형	완벽을 추구함	언행이 일치함	신뢰감을 줌	융통성이 부족함
2유형	타인을 돕고자 함	사교적임	엄격함을 싫어함	보답을 바람
3유형	성취욕이 강함	이미지 지향적임	효율성을 중시함	경쟁심이 지나침
4유형	낭만적임	독특한 것을 추구함	예술적 감각이 뛰어남	고독을 즐김
5유형	영리함	분석력이 뛰어남	환경에 민감함	인색함
6유형	충실함	안전을 추구함	책임감이 강함	의타심이 많음
7유형	모험심이 강함	에너지가 넘침	고통을 싫어함	집중력이 약함
8유형	자기주장이 강함	강한 힘을 추구함	약점을 노출하지 않음	독선적임
9유형	평화를 중시함	중재 역할을 함	관대함	우유부단함

1. 27가지 부속유형의 기능

사람은 9가지 유형의 성격 중에서 한 가지를 가지고 태어난다. 또 성격의 9가지 유형은 3개의 부속유형(subtype)을 가지고 있다. 그러므로 사람의 성격에는 27가지의 부속유형이 있다(9가지 성격유형×3가지 공통성향=27가지 부속유형).

부속유형은 9가지 유형에 공통적으로 존재하는 인간 행동의 본능이다. 본능은 사회적 존재로서 사람이 열악한 환경에 적응하기 위한 생존 전략이다. 인간의 본능은 생활 속에서 무의식적인 방식으로 나타나는데, 에니어그램에서의 격정은 성격 또는 자아의 구조 안에서 사람이 의식하는 느낌이며 자동적으로 생성되는 반응이다. 각 유형의 부속유형은 3가지가 있다. 사람의 3가지 본능이 공통적으로 가지고 있는 자기보존 본능, 성적(개인적) 본능, 사회적 본능이다.

2. 사람의 3가지 본능의 공통성향

1) 자기보존 본능(Self-Preservation Instinct : SP) : 나(I)

자기보존 본능의 성격인 사람은 생존과 물질적 안정에 초점을 맞추어 행동한다. 이들은 에너지가 안전과 안정에 관련된 쪽으로 향하고 있어 자신의 생존을 가장 중요하게 생각하고 추구하며, 육체적인 편안함을 얻는 것을 우선시한다.

따라서 이들은 옷, 음식, 주거, 돈, 가정생활, 신체적 건강 등에 집착한다. 또 모임에서 조용히 타인의 대화를 들으면서 자기와 대입하면서 공감하고, 이들에게 자세하게 말하라고 하지 않으면 간결한 대답만 한다. 1:1 상황에서 대화의 실마리를 찾을 때 자신이나 주변의 사물에 초점을 맞추고, 대화 중 스스로의 생각이나 대화 내용에 몰입해 상대방에게 얘기할 시점을 놓쳐버리기도 한다. 이들에게는 살아남지 못함에 대한 두려움, 즉 죽느냐 사느냐 그리고 어떻게 사느냐가 문제된다. 신체적인 안전과 안락, 재산을 모으거나 지키는 데 집중하거나 자기 파괴적인 욕구가 있다. 이들은 재정과 건강에 대한 압박으로 구두쇠가 되거나 건강염려증에 걸릴 수 있다.

이들이 정신이 건강할 때는 현실적이고 성실한 사람이다. 그러나 건강하지 않을 때는 육체적 욕망에 대한 애착으로 문제가 생겨 물건이나 돈을 지나치게 쌓아두거나 폭식증, 거식증, 쇼핑중독, 결벽증이 나타난다. 자기보존 본능이 약할 때는 삶의 기본적인 문제에 소홀해져 속식(速食)이나 재산 축적, 자기 몸을 돌보지 않는다.

2) 성적(개인적) 본능(Sexual Instinct : SE) : 너(You)

성적 본능(성적 본능을 이하에서는 개인적 본능으로 표기함)은 특정인과 관계의 질 및 상태에 초점을 맞춘다. 이들은 이상적인 상대와 완벽한 관계를 맺기를 원하며, 자신의 엄격한 기준(인생·관계·애정 등)을 상대방에게 강요한다. 또한 개인적 본능은 에너지가 성적인 연결의 형성과 유지, 대인 간의 매력이나 유대와 관련된 쪽으로 향한다.

이들은 영원한 삶을 살기 위해 방편으로 자손을 번식하려는 욕구가 있고, 집단보다는 1:1의 개인적 친밀감을 좋아한다. 또 짜릿한 성취감과 깅렬한 쟁험을 중요시하며, 특정인과 돈독한 교제를 하는 것을 중요시하고, 어떤 일에 몰입하면 끝장을 보려고 한다. 또 이들은 직감이 좋고 무의식이 발달되어 있으며 자기의 매력을 드러내기 좋아해서 외모에 관심을 많이 쓰며, 소울 메이트(soul mate)가 한 명씩 있고 제일 친하다고 생각하는 친구가 여러 명 있다. 개인적 본능인 사람은 중요한 사람이나 친한 친구의 부탁을 거절하지 못한다. 그러나 이들에게는 반항적 기질이 있으며 종교나 철학에 관심이 많고 신비주의가 많다.

이들은 모임에서 전체보다는 흥미로운 대상에게 대화를 시도한다. 1:1 상황에서 공통된 주제를 찾아내는 데 탁월하여 끊임없이 대화를 이어갈 수 있고 대화 주제가 다양하다. 이들에게는 매력이 없는 것에 대한 두려움이 있고, 상대방과 친밀하냐 아니냐, 어떻게 친밀해지느냐에 관심이 많다. 이들의 긍정적 측면은 다양한 경험과 많은 성취를 이루어내는 것이다. 부정적 측면은 자신의 진정한 필요와 중요한 일을 소홀히 하는 것이다. 건강하지 않은 상태에서는 상대방에 대한 질투가 심해 의부증, 의처증이 나타날 수 있다. 개인적 본능이 약할 때는 어떤 일에도 열정적이지 못하고 친밀한 관계에 관심이 없다.

3) 사회적 본능(Social Instinct : SO) : 우리(We)

사회적 본능인 사람은 사회 집단 내에서 소속, 인정, 관계에 초점을 맞추어 행동한다. 이들의 에너지는 집단 내의 다른 구성원들이 얼마나 힘을 가졌는지, 어떤 위치에 있는지로 향한다. 이들은 집단이나 구성원과의 관계 형성을 중요하게 생각하고 이를 추구한다. 위험한 상황에서 생존하기 위해 공동체를 이루면서 소속감을 가지려는 욕구가 있기 때문이다. 따라서 이들은 소속된 단체에 필요한 구성원이 되는 것을 중요시하고, 대인관계, 사회문제 등에 신경을 곤두세우고 사람들과 교류하는 것을 즐긴다. 그러나 지극히 친밀하고 배타적인 관계를 맺는 것을 피하려는 경향도 있다.

이들은 모임을 주선하면서 커피나 다과를 마련하여 참석한 사람들이 자연스럽게 대화를 할 수 있는 분위기를 조성한다. 또 자신의 친구들이나 자기가 잘 알고 있는 내용으로 대화의 주제를 잡는다. 하지만 한꺼번에 여러 가지 대화를 하느라 주제를 놓치기도 한다.

이들은 집단에 소속되지 못하는 것에 대한 두려움이 있다. 이들은 관계를 맺느냐의 여부, 어떻게 관계를 형성하느냐에 관심이 많다. 건강한 상태에서는 공동체에 유익한 역할을 헌신적으로 수행하려고 하기 때문에, 불의에 맞서고 조직을 개혁하는 투사가 되려고 한다. 불건강한 상태에서는 사람들을 싫어하고 사회를 향해 분노하는 반사회적 성향이 있고, 극단적 정치적 관점, 종교적 신념을 가진다. 사회적 본능이 약할 때는 인간관계나 사회문제에 관심이 없다.

3. 성격의 27가지 부속유형의 종류

* <u>1유형</u>은 ① 자기보존 본능 1유형(SP1), ② 개인적 본능 2유형(SE1),
  ③ 사회적 본능 3유형(SO1)으로 나뉜다.

* <u>2유형</u>은 ① 자기보존 본능 2유형(SP2), ② 개인적 본능 2유형(SE2),
  ③ 사회적 본능 2유형(SO2)으로 나뉜다.

* <u>3유형</u>은 ① 자기보존 본능 3유형(SP3), ② 개인적 본능 3유형(SE3),
  ③ 사회적 본능 3유형(SO3)으로 나뉜다.

* <u>4유형</u>은 ① 자기보존 본능 4유형(SP4), ② 개인적 본능 4유형(SE4),
  ③ 사회적 본능 3유형(SO4)으로 나뉜다.

* <u>5유형</u>은 ① 자기보존 본능 5유형(SP5), ② 개인적 본능 5유형(SE5),
  ③ 사회적 본능 5유형(SO5)으로 나뉜다.

* <u>6유형</u>은 ① 자기보존 본능 6유형(SP6), ② 개인적 본능 6유형(SE6),
  ③ 사회적 본능 6유형(SO6)으로 나뉜다.

* <u>7유형</u>은 ① 자기보존 본능 7유형(SP7), ② 개인적 본능 7유형(SE7),
  ③ 사회적 본능 7유형(SO7)으로 나뉜다.

- <u>8유형</u>은 ① 자기보존 본능 8유형(SP8), ② 개인적 본능 8유형(SE8),
  ③ 사회적 본능 8유형(SO8)으로 나뉜다.

- <u>9유형</u>은 ① 자기보존 본능 9유형(SP9), ② 개인적 본능 9유형(SE9),
  ③ 사회적 본능 9유형(SO9)으로 나뉜다.

상기와 같은 인간 성격의 27가지 부속유형에 따라 27명의 조선 왕들의 성격유형을 분석해 보고자 한다.

[표 3] 9가지 성격유형의 부속유형 비교표(*작성: 조성민(2021.1.7.))

1유형의 부속유형		
유형	1유형(완전주의자)	
격정	분노	
부속유형 명칭	자기보존 1유형 (SP1)	개인적 1유형 (SE1)	사회적 1유형 (SO1)
특질	• 자신이 완벽하려고 함 • 진정한 완전주의자	• 타인을 개선시켜 완벽하게 함 • 개혁주의자	• 자신의 완벽을 보이는 데 완벽함 • 올바른 역할모델
성향	불안	열의	부적응
특징	두려움이 많음	개혁적 사고	완고함
	책임감이 강함	자신의 기준을 타인에게도 적용	타인을 비판함
	단호함	상대방을 통제함	강한 신념을 가짐
	따뜻하고 친근함	열정이 넘치고 대의명분에 헌신함	준비성 있고 지적임
(분노) 표출 방법	• 분노를 억압함 • 열심히 일함	• 노골적으로 화냄 • 자신의 옳은 방식을 따르지 않으면 화냄 • 늘 화가 난 것처럼 보일 수 있음	• 완벽한 모델이 됨으로써 분노 표현 • 옳은 방식을 알고 타인에게 맞추지 않는 방식으로 분노 표현
불건강 상태	신체적 욕구에 대한 집착 (쇼핑 중독, 결벽증 등)	주의가 산만해짐	반사회적 성향을 띰
혼동유형	• 자기보존 6유형 – 유사점: 불만과 걱정이 있음 – 차이점: 6유형은 불안과 두려움을 떨쳐내지 못함 (1유형은 자신감 있음)	• 자기보존 8유형 – 유사점: 원하는 것을 얻을 자격이 있다고 생각함 – 차이점: 8유형은 원하는 것을 얻기 위해 규칙을 깸 (1유형은 객관적인 기준을 고수함)	• 자기보존 5유형 – 유사점: 지적이며 그룹으로부터 자신을 구별함 – 차이점: 5유형은 우월의식이 강함(1유형은 올바른 방식에 초점을 맞춤)
비고	—	• 역유형 충동과 분노를 겉으로 드러냄	—

2유형의 부속유형		
유형	2유형(협조주의자)		
격정	교만		
부속유형 명칭	자기보존 2유형 (SP2)	개인적 2유형 (SE2)	사회적 2유형 (SO2)
특질	• 보살핌을 받고 싶어 함 • 어린애처럼 상대를 유혹	• 필요를 충족시켜 줄 사람을 찾음 • 베푸는 것으로 특정인을 유혹	• 보호자가 되고 싶어 함 • 능력으로 집단을 유혹
성향	특권의식	유혹/공격	야망
특징	특권을 바람	집착함	과시욕이 강함
	타인을 조종함	열정적임	중요인물이 되고 싶어함
	의존욕구가 있음	추진력 있음	타산적인
	쾌활하고 유머러스함	매력적이고 특별함	영향력 있고 유능함
(교만) 표출 방법	거의 없음	특정인을 유혹함	청중을 장악함
불건강 상태	자만심에 빠짐	인간관계: 난삽	필요한 사람을 묶어둠
혼동유형	• 자기보존 4유형 －유사점: 감정적이고 상처를 쉽게 받음 －차이점: 4유형은 자신의 감정에 초점을 맞춤(2유형은 타인의 감정과 필요에 초점을 맞춤) • 자기보존 6유형 －유사점: 두려움이 많음 －차이점: 6유형은 안전하다는 느낌을 갖는 것에 관계의 초점을 둠(2유형은 거부당하지 않는 것에 관계의 초점을 둠)	• 개인적 4유형 －유사점: 타인의 마음을 얻기 위해 매력적인 사람이 되고자 함 －차이점: 4유형은 자기주장이 강함(2유형은 자기주장이 덜하고 타인의 기분을 맞춤)	• 사회적 3유형 －유사점: 성취욕이 강해 일중독에 빠짐 －차이점: 3유형은 성취욕이 강함(2유형은 생산성보다 봉사에 관심) • 사회적 8유형 －유사점: 타인을 도움 －차이점: 8유형은 힘을 과시함(2유형은 타인의 관심을 얻기 위해 연약함을 보임)
비고	• 역유형 타인과 연결되는 것을 두려워하고 교만을 찾기 힘듦	―	―

3유형의 부속유형		
유형	3유형(성취주의자)		
격정	허영		
부속유형 명칭	자기보존 3유형 (SP3)	개인적 3유형 (SE3)	사회적 3유형 (SO3)
특질	• 자신과 경쟁함 • 좋게 보이는 것을 느끼기 위해 타인보다 더 나아 보이려고 하지 않음	• 타인과 경쟁보다 관계를 형성함 • 이기는 것보다 타인을 위한 치어리더가 됨	이기기 위해 타인과 경쟁함
성향	안전	매력	명예
특징	일 중독에 빠짐	수줍음을 탐	두각을 나타내려 함
	좋은 사람이 되려 함	매력적임	경쟁심이 강함
	자립적임	타인을 도움	이미지 메이킹
	타산적임	꾀가 많음	능력을 중시함
(허영) 표출 방법	허영을 부정함	매력으로 보이게 함	영향력을 행사함
불건강 상태	일을 위해 인간관계를 희생시킴	인간관계: 피상적, 공격적	인정받기 위해 성취나 배경을 속임
혼동유형	• 자기보존 1유형 －유사점: 열심히 일하며 도덕적임 －차이점: 1유형은 도덕적 우 수함이 내적 기준임(3유형은 좋은 모습이 외적 기준임)	• 개인적 2유형 －유사점: 인간관계에 초점을 맞춤 －차이점: 자신이 타인에게 필 요한 사람이라는 자부심이 있 음(3유형은 그렇지 못함) • 개인적 7유형 －유사점: 타인을 응원하는 치 어리더 －차이점: 7유형은 자기가 기 준이 되는 자기 참조임(3유형 은 타인 참조임)	• 사회적 8유형 －유사점: 공격적이고 큰일을 추진함 －차이점: 8유형은 타인을 의 식하지 않음(3유형은 타인을 의식함)
비고	• 역유형 일 잘하는 좋은 사람이 노력함으로써 허영을 부인함	—	—

4유형의 부속유형		
유형	4유형(감정주의자)		
격정	시기		
부속유형 명칭	자기보존 4유형 (SP4)	개인적 4유형 (SE4)	사회적 4유형 (SO4)
특질	스스로 고통을 견딤	타인을 고통스럽게 함	고통을 드러내어 괴로워함
성향	불굴	경쟁	수치
특징	내향적임	낭만적임	독특함을 추구함
	극기심이 강함	시기심이 강함	수치심이 많음
	충동적임	변덕스러움	열등감
	—	예술적 감각 뛰어남	낭만적임
(시기) 표출 방법	물질적 만족	경쟁심	타인과 비교
불건강 상태	약물중독에 빠짐	대인공포증	—
혼동유형	• 자기보존 1유형 – 유사점: 스스로에게 엄격함 – 차이점: 관계에 초점을 맞춤 • 자기보존 3유형 – 유사점: 열심히 일하고 감정을 억누름 – 차이점: 내면의 결핍감에 집중함	• 개인적 2유형 – 유사점: 감정적이고 극적임 – 차이점: 자기 주장이 강하고 화를 잘 냄 • 개인적 8유형 – 유사점: 분노를 편안하게 표현함 – 차이점: 이미지 지향적임	• 사회적 6유형 – 유사점: 진위를 의심하고 순응하지 않음 – 차이점: 두려움에 의한 동기가 적음
비고	• 역유형 좌절감과 타협하고 고통을 참음	—	—

5유형의 부속유형		
유형	5유형(분석주의자)		
격정	탐욕		
부속유형 명칭	자기보존 5유형 (SP5)	개인적 5유형 (SE5)	사회적 5유형 (SO5)
특질	타인에게 관심을 두지 않음	타인과 감정을 공유하고 싶어함	감정보다 지식을 통해 관계를 맺고자 함
성향	은둔	자신감	토템
특징	고독을 즐김	상상력이 풍부함	(필요한 존재) 지식 사용
	에너지를 비축함	상대방과 신뢰 구축	전문가 집단의 일원이 되고자 함
	욕구를 줄임	민감함	비범함을 추구함
	사적 공간을 갖기를 원함	특정인들과의 교류를 선호함	지적 관심사에 초점을 맞춤
(탐욕) 표출 방법	경계를 만듦	예술적 창작물로 표현	공동적 관심사를 지적으로 연결
불건강 상태	사회적 접촉 회피	성도착증에 빠짐	반사회적 성향
혼동유형	다른 유형과 혼동될 가능성 적음	• 개인적 4유형 –유사점: 욕구와 괴로움이 많음 – 차이점: 극복하는 힘이 강함	• 사회적 7유형 –유사점: 관심사가 같은 사람과 정보를 공유함 – 차이점: 7유형은 침묵을 잘 견디지 못함
비고	—	• 역유형 탐욕을 표출함	—

6유형의 부속유형		
유형	6유형(수호주의자)		
격정	두려움		
부속유형 명칭	자기보존 6유형 (SP6)	개인적 6유형 (SE6)	사회적 6유형 (SO6)

특질	• 위험을 두려워함
	• 자신을 보호해 줄 사람을
	  찾음
	• 공포순응형
		• 두려움에 맞섬
		• 강력한 방식으로 대처함
		• 공포대항형
			• 두려움을 해결하기 위해
			  일처리 기준을 찾음
			• 기준에 따라 행동하면
			  편안해짐
			• 권위자에게 순종함

성향	온화 (따뜻함 — 다정함)	강함/아름다움 (뜨거움 — 공격적)	의무 (차가움 — 충실함)
특징	의존성이 강함	도발적임	규범을 준수함
	관계에 집중함	육체적 매력 개발	공동체에 충실함
	안전을 추구함	자신의 능력에서 확실성을 찾음	지원군을 만듦
	자타를 의심해 결정이 애매모호함	자신의 능력에서 확실성을 찾음	권위자에게서 확실성을 찾음
(두려움) 표출 방법	불안정적으로 표현	최선의 방어는 최선의 공격	확실성과 정확성에 초점을 맞춤
불건강 상태	지나친 의존성	우울하고 변덕스러움	맹신에 빠짐
혼동유형	• 자기보존 1유형 – 유사점: 걱정이 많음 – 차이점: 1유형은 자신의 완 벽한 기준에 대해 자신감이 있음(6유형은 그렇지 못함) • 자기보존 2유형 – 유사점: 자신을 지지하도 록 타인의 기분을 맞춤 – 차이점: 2유형은 특정인의 반감을 두려워함(6유형의 두려움은 보편적임)	• 개인적 8유형 – 유사점: 위협을 느낄 때 공 격적임 – 차이점: 8유형은 두려움이 없음(6유형은 두려움이 많음)	• 사회적 1유형 – 유사점: 규율을 지킴 – 차이점: 1유형은 정의감이 내면에서 나옴(6유형은 외부 전위에서 나옴) • 자기보존 3유형 – 유사점: 불안에 대처하기 위해 열심히 일함 – 차이점: 3유형은 물질적 안 정을 둘러싼 두려움임(6유 형의 두려움은 일반적임)
비고	—	• 역유형 강인함으로 위험에 맞섬	—

7유형의 부속유형		
유형	7유형(만능주의자)		
격정	탐닉		
부속유형 명칭	자기보존 7유형 (SP7)	개인적 7유형 (SE7)	사회적 7유형 (SO7)
특질	• 탐닉을 위해 쾌락을 추구함 • 실용주의자	• 이상적 추구로 탐닉함 • 이상주의자	• 희생함으로써 반탐닉을 나타냄 • 지원주의자
성향	방어	피암시	희생
특징	네트워크를 조직함	이상향을 추구함	금욕적임
	즐거움을 추구함	낙관적임	선하게 보이기를 원함
	사교적임	호기심 많음	역할에 충실함
	물질적 안전을 중시함	재미없는 현실로부터 도피	자기 이익을 취하지 않음
(탐닉) 표출 방법	필요한 것을 얻음	낙천적인 삶	타인을 지원함
불건강 상태	거칠고 무력해짐	스릴 좋다 탈진함	—
혼동유형	• 자기보존 3유형 – 유사점: 열심히 일해 목표를 성취함 – 차이점: 3유형은 타인에게 맞추는 일에 관심이 많음(7유형은 그렇지 않음)	• 개인적 5유형 – 유사점: 상상력이 풍부함 – 차이점: 7유형은 5유형보다 열정적이고 말이 많음 • 개인적 9유형 – 유사점: 갈등을 회피함 – 차이점: 9유형은 타인 참조임(7유형은 자기 참조)	• 사회적 2유형 – 유사점: 타인에 대한 지지와 도움 – 차이점: 2유형은 타인이 원하는 것에 초점을 맞춤(7유형은 자신이 원하는 것에 조율함)
비고	—	—	• 역유형 자신의 욕구를 뒤로 미룸

8유형의 부속유형		
유형	8유형(주장주의자)	
격정	욕망	
부속유형 명칭	자기보존 8유형 (SP8)	개인적 8유형 (SE8)	사회적 8유형 (SO8)
특질	욕정적 방식으로 필요한 것을 추구	도발적 방식으로 관습에 맞섬	불의에 맞서고 타인을 보호함
성향	만족	소유	우정
특징	생존을 위해 축재에 몰두함	관심의 중심에 서고자 함	관계 맺기를 좋아함
	생존법을 연마함	상대를 지배하려 함	약자를 보호함
	사회성이 부족함	반항적임	친절함
	피아를 구별함	상황 장악력이 뛰어남	강자에게 강함
(욕망) 표출 방법	물질적 안전 추구	욕구와 반항을 통해 표현	강자에게 강함
불건강 상태	이기적으로 행동함	독점욕이 강함	반사회적 성향 강함
혼동유형	• 개인적 1유형 −유사점: 공격적임 −차이점: 1유형은 도덕성에 관심을 가짐(8유형은 사회적 규범에 거스르는 것을 두려워하지 않음)	• 개인적 4유형 −유사점: 열정적이고 분노를 쉽게 표현함 −차이점: 4유형의 분노는 시기나 경쟁심에 뿌리를 둠(8유형의 분노는 통제와 힘에 근거함)	• 사회적 2유형 −유사점: 관계지향적이고 공격성이 적음 −차이점: 8유형은 자기 주장이 확실하고 저항적임
비고	—	—	• 역유형 타인을 지원하는 일에 초점을 맞춤

9유형의 부속유형		
유형	9유형(평화주의자)		
격정	나태		
부속유형 명칭	자기보존 9유형 (SP9)	개인적 9유형 (SE9)	사회적 9유형 (SO9)
특질	• 안락함에 융합 • 공허감이 주는 고통을 회피함	• 가까운 친지들과 융합 • 내면에서 찾을 수 없는 존재감을 얻으려 함	• 집단과 융합 • 갈등을 피하기 위해 타인에게 맞춤
성향	식욕	융합	참여
특징	느긋함	거만함	중재 역할을 함
	활력이 없음	배우자에게 집착함	이타적임
	고집이 셈	공격성 없음	자신을 드러내지 않음
	타성에 젖음	자기주장이 강하지 않음	상냥함
(나태) 표출 방법	먹는 것으로 표현	타인에게 동화됨	부여받은 책무를 다함
불건강 상태	무기력하고 냉담해짐	타인과 어울리지 못해 힘들어 함	갑자기 분노를 터뜨림
혼동유형	• 자기보존 8유형 – 유사점: 강력한 존재감	• 개인적 4유형 – 유사점: 측근들과 융합됨 – 차이점: 4유형은 감정 기복이 심함(9유형은 감정적 폭이 덜함)	• 사회적 2유형 – 유사점: 타인을 지원함 – 차이점: 2유형은 베풂에 대한 욕구가 강함(9유형은 그렇지 않음) • 사회적 3유형 – 유사점: 열심히 일함 – 차이점: 9유형은 성공적으로 보이기 위해 이미지를 만들지 않음
비고	—	—	• 역유형 부여받은 책무를 다함

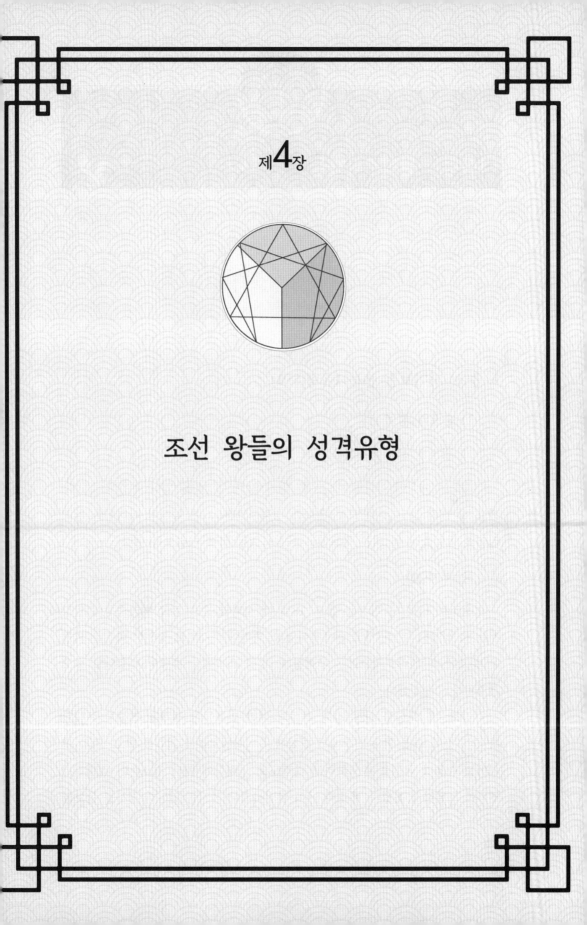

제4장

조선 왕들의 성격유형

1. 순조: 자기보존 본능 1유형(SP1)

1) 순조의 성격

가. 말수가 적고 온화함

순조는 예식이 아니면 비단옷을 입지 않고 무명옷을 입어 매우 검소했다. 화를 잘 내지 않고 말이 드문 온화한 성격이었다. 그는 농사의 어려움을 알고 떨어진 밥알을 주워 먹을 정도였고 음식도 간소하게 차리도록 했다.

나. 부지런함

순조는 15세 때 친정을 했고, 18세 때 시파와 손을 잡고 벽파숙청에 앞장서는 등 상당히 부지런하고 의욕적이었다. 벽파에서 시파로 정권이 바뀌는 과정은 순조에 의해 주도적으로 이루어졌다. 친정 초기에는 총명하고 수완도 좋고 부지런하고 성실했다.

김조순을 포함한 안동 김씨 가문의 여러 인물들이 권력을 집중시켜 나갔다. 김조순이 권력 획득 과정에서 연합했던 인사들로부터 견제를 받고, 즉위 초기에는 순조가 국정을 주도하려고 다각도로 노력함에 따라 김조순이 절대적인 권력에 도달하지 못했다. 홍경래 난이 발발하기 전까지는 열심히 정사를 돌보았지만, 순조의 국정주도 노력이 기근과 홍경래의 난으로 실패했다.

그 후 김조순(순조의 장인)이 확고한 정치주도력을 행사함으로써, 순조 때는 안동 김씨가 실권을 장악했다. 이에 따라 순조를 도와 경주 김씨를 숙청한 안동 김씨의 세력도 견제할 필요가 있었으므로, 순조는 효명세자빈을 풍양 조씨 가문에서 맞았다. 이때부터 정치적으로 안동 김씨와 풍양 조씨가 대립하기 시작했다.

순조의 맏아들 효명세자는 숙종 이후 오랜만에 나타난 정식왕비의 소생이다. 효명세자는 능력이 뛰어났고 순조는 세도정치를 막기 위해, 효명세자에게 대리청정을 시켰다. 효명세자는 실학자 박지원의 손자이자 개화파의 선구자라 할 수 있는 박규수를 등용하여 무너져가는 조선을 다시 한번 일으키고자 했다. 효명세자는 부왕 순조의 명령을 받아 대리청정하면서 권력의 새로운 기반을 조성하려 했으나 대리청정 3년 만인 22세에 요절했다. 순조 이후 헌종이 즉위하면서 풍양 조씨가 권력을 장악했다. 헌종이 후사 없이 죽자 다시 안동 김씨가 권력을 잡아 철종을 재위에 앉혔다.

다. 무기력함

순조는 건강이 좋지 않아 자주 병에 시달렸다. 청년기를 지나면서 어린 시절의 총기와 큰 뜻을 상실함으로써, 나약하고 무기력한 모습으로 신하들에게 권력을 위임했다. 그는 영조 → 정조로 이어지는 중흥군주들의 뒤를 이어가는 수성군주로서, 그가 가지는 무기력함과 무능함의 부정적 의미는 매우 컸다. 수성군주로서의 왕 노릇이 쉬운 건 아니지만, 자신이 병약해지며 권력투쟁을 싫어하게 되어 정무에 손을 놓고 신하 관리에도 손을 놓으며 통제 없이 무분별해진 조정은 권력암투와 비리가 만연한 막장이 되었다.

어린 나이에 왕이 된 순조는 수렴청정을 받았다. 때문에 부왕 정조가 아꼈던 신하들이 모두 죽거나 귀양 가는 것을 보면서 노론이라는 거대 당파와 싸우기보다는 하는 대로 내버려 두는 방임정치를 할 수밖에 없었다. 세도정치가 시작된 데는 순조의 방임이 한몫을 했다. 세도정치의 주체는 왕가와 혼인관계로 이어진 척신가문으로서 세도정치의 조짐은 영조시대로 거슬러 올라간다. 영조·정조 때 홍봉한·김귀주·홍국영 등의 척신이 권력을 잡기는 했으나, 이때의 척신들은 영조나 정조의 카리스마에 눌렸다.

순조 이후의 세도정치는 벽파나 시파의 당파적 색채가 소멸되었다는 점에서 영·정조 시대와 성격이 다르다. 순조는 장인인 김조순과 안동 김씨 가문의 영향력에서 벗어나려 했으나, 안동 김씨들이 폐지된 장용영의 군사력까지 흡수해 군권까지 장악하고 있어 실패했다. 순조는 전국에 암행어사를 파견해 지방수령들의 잘못된 병폐를 바로 잡으려 했으나 안동 김씨들의 저항에 부딪혔다. 순조가 신하들을 관리하는 것에 느슨해지자 왕에게 집중되어 있던 권한들을 모두 세도가문이 차지했다.

재위 기간 중 정순왕후의 수렴청정 → 안동 김씨의 세도정치 → 효명세자의 대리청정 → 풍양 조씨의 세도정치로 이어지는 대리정치체제가 지속되었다. 이는 순조 자신의 의지에 따른 주도적인 정국 운영보다는 타인과의 융합을 통한 간접적인 왕권행사를 마다하지 않은 그의 성격 때문이다. 특히 순조는 홍경래 난 때에 충격을 받아 무기력해졌는데, 그의 무기력을 틈타 탕평의 가치는 세도정치에 제압당하고 나라는 민란과 외세의 혼란 속으로 빠져들었다.

라. 전략적 구상이 없음

순조는 미래에 대한 구상이 없어 어떤 문제가 생기면 길게 들어가서 해결하려고 하지 않았다. 집권 후반기에는 경연도 하지 않고 신하들을 잘 만나지도 않았다. 그는 영조·정조처럼 각 당의 주장을 조정하며 탕평의 길을 갈 자신이 없었으므로, 꼭 이루고 싶은 목표도 없었다.

그에게는 시대요청에 부응한 전략적 비전이 없었다. 뚜렷한 정치적 목표가 없었으므로 정치적 책임도 지기 싫어해, 중요한 정치적 판단과 결정은 비변사에게 맡김으로써 국정을 주도하고 결정하는 책무를 기피했다. 전략적 구상이 없는 순조는 부친 정조의 유훈인 사도제자의 추존을 추진하지 못했다. 시파가 벽파를 몰아냈지만 벽파가 완전히 사라진 것은 아니었으므로, 벽파의 역공을 피하는 게 급선무였기 때문이다. 조선 쇠망의 시발은 전략적 구상이 없는 순조의 성격으로부터 시작되었다고 볼 수 있다.

2) 자기보존 본능 1유형(SP1)의 성향과 특징

가. 성향 — 불안(Anxiety)

SP1은 기본적인 욕구를 충족시킬 때도 불안이 잔뜩 따른다. 이들에게는 자기욕구를 충족시킬 만큼 자신이 충분히 착하고 올바르지 못하다는 잠재적인 믿음이 있기 때문이다. 따라서 이들은 무언가 잘못되고 자신의 생존이 위험에 처할 거라 예상하는데, 이는 스스로 성취되는 예언처럼 작용하여 이들로 하여금 불안 때문에 선제 조치를 취하게 하거나 일을 망칠 수도 있다. 이들의 불안은 미래로 투사된 분노이다.

나. 특징

① 두려움이 많음

SP1은 먹고 사는 것을 두려워하고 돈 쓰는 것을 부담스러워하는 생존의 두려움이 있어 자신의 재정과 건강에 대해 염려한다. 이들은 자신에 대해 걱정거리가 있을 때, 타인에게도 그 문제에 대해 잘 대처하라고 강권한다. 이들은 자신이 돈과 관련된 문제가 있다면 타인에게 저축하라고 훈계하고, 자신의 건강이 걱정되면 다른 사람에게도 건강에 유념하라고 한다.

이들은 새로운 사람이나 일을 만나는 것을 두려워한다. 또 실수하는 것을 두려워하는데 자신의 그릇된 행위가 인생 전부를 망칠 것이라고 느끼기 때문이다. 이들은 속마음을 잘 숨기고 도전과 안전 중에서 안전을 택한다. 자기 집을 떠나면 안절부절못하는 집돌이와 집순이들이 많아 소파에서 TV 보는 것을 좋아한다.

② 책임감이 강함

SP1은 어릴 때 가정의 안정을 제공해야 했던 경우가 있었기 때문에, 책임과 의무로 산다는 자세를 견지해 심각해 보이거나 게으른 것에 대해 자책을 한다. 이들은 제안을 먼저 하지 않으며 제안을 받으면 '난 별로 상관없으니 되는 대로 하겠다'라는 방관적인 태도를 취한다.

③ 단호함

SP1은 결심이나 태도가 과단성 있고 매우 단호한 편이고 거절을 잘하며 호불호(好不好)가 심하다. 환경에 대해서도 까다로워 깔끔한 것, 질서정연한 것, 아름다운 것을 가치 있게 여긴다. 첫 인상은 무뚝뚝하게 보이나 마음은 따뜻하다. 조용한 편이고 말수가 적으며 점잖고 예의가 바르다.

④ 분노 표출 방법

SP1은 속으로 분노를 표출하고 겉으로는 분노를 억압한다. 이들은 완벽하기 위해서 열심히 일하는 것을 통해 분노를 표현한다. 그런데 누군가 자기생존을 위협하면 분노가 폭발한다. 이는 완벽하지 못해 생존할 가치가 없는 자기 자신을 향한 더 깊은 분노가 반영된 것이다.

2. 예종: 개인적 본능 1유형(SE1)

1) 예종의 성격

가. 총명하고 독서를 좋아함

이황(예종)은 부왕인 세조에게 큰 관심을 받으며 장차 왕이 되기 위한 학문과 자질을 갖추어 나갔다. 날씨가 춥거나 덥더라도 책 읽기를 게을리하지 않아, "세자가 육예(다방면의 학문)에 이미 통하지 아니하는 바가 없다"며 세조가 기뻐했다.

총명했던 세자 예종을 위해 세조가 '훈사10조'를 내려주었다. ① 늘 변함없이 한결같은 덕을 가질 것이다. ② 신을 공경하여 섬길 것이다. ③ 간언을 받아들일 것이다. ④ 참소를 막을 것이다. ⑤ 사람을 쓰는 데는 마땅히 그 마음을 취하고, 재주에서 취하지 말 것이다. ⑥ 사치하지 말 것이다. ⑦ 환관이 명령을 전하는 것은 불가하다. 또 명령을 전하는 자는 마땅히 바꾸어서 맡겨야 한다. ⑧ 형벌을 삼가야 할 것이다. ⑨ 학문을 일으키고 무예를 익힐 것이다. ⑩ 부모의 뜻을 좇을 것이다. 세자는 부친이 내려준 훈사10조를 항시 마음속에 간직하고 생활했다.

예종은 왕이 된 이후에도 경연을 게을리하지 않았고 학문을 가까이했다.

나. 효성이 지극함

예종은 부왕에게 병환이 생기면 약을 먼저 맛보고 밤낮으로 세조의 곁을 지켰고 수라상을 친히 보살폈다. 세조가 승하하자 슬픔이 남다르게 커서 한 모금의 물도 마시지 못해 건강을 해치게 되어, 재위 14개월 만에 20세로 세상을 떠났다. 예종이 일찍 승하한 것은 수면 부족으로 인한 후유증 탓이다. 부왕의 병간호를 하느라 여러 달 자신의 몸을 살피지 않았기 때문이다.

다. 소통에 힘씀

예종이 즉위 후 처음 하교한 내용을 보면, 언로를 널리 개방하여 민생에 대한 정보를 얻는 것을 왕의 중요한 책무라고 인식했음을 알 수 있다. 왕이 손수 쓴 편지로 구언하였고, 허심탄회하게 간쟁을 받아들인 것이다. 예종은 재주와 덕을 갖추고도 초야에 묻혀 있을까 염려하여 각 도 관찰사에게 교서를 내려 널리 인재를 찾도록 했다. 그리고 효자와 열녀들을 찾아내어 기리도록 했다.

라. 규칙과 기준을 지킴

예종은 법치주의에 입각해 신하들을 엄격히 다스리고 관리들이 권세가의 집을 방문하여 청탁하고 세력을 이루는 분경을 금지했다. 분경금지대상은 왕의 종친과 재상들까지 확대했다. 분경을 행한 자들을 잡아들여 직접 문초하고 형을 내렸고, 왕의 금지명령에도 이를 감찰하지 않은 관리들도 처벌했다.

2) 개인적 본능 1유형(SE1)의 성향과 특징

가. 성향 — 열의(Eagerness)

SE1은 자신이 하는 일에 열의를 보인다. 이 열의는 동기부여를 위한 분노이다. 따라서 이들은 타인을 완벽하게 만들고자 하는 열의가 있다. 이들은 더 많이 알고 높은 도덕적 규범이 있으며 일을 향상시킬 수 있는 법을 터득하고 있다고 생각하기 때문에, 타인이 어떻게 살아야 하는지 간섭해도 된다고 생각한다.

나. 특징

① 개혁적 사고방식

SE1은 타인을 완벽하게 하는 데 초점을 맞추는 개혁가이다. 이들은 어떻게 하면 더 잘할 수 있는지를 안다고 느끼므로, 타인에게 자기 뜻을 주장할 자격이 있다고 생각한다. 이들은 분노로 부채질된 욕망이 강렬한데 이 욕망은 타인을 개선시키고자 하는 동기를 부여한다. 또 자기가 바라는 것을 얻고 타인에게 업무 처리의 지침을 내릴 수 있는 위치에 있다고 생각한다. 이들의 올바른 방식에 대한 생각은 높은 도덕적 규범과 연결되어 있다는 내적 감각으로부터 온다.

② 자신의 기준을 타인에게도 적용함

SE1은 이상적인 상대와 완벽한 관계를 맺기를 바라므로, 삶, 상호 간의 관계, 사랑에 관한 자기의 기준을 상대방에게 강요한다. 이들은 자신의 삶을 안정시켜줄 완벽한 배우자를 갈망한다. 이들은 상대방이 기대에 못 미쳐서 관계의 조화가 깨지는 것을 원치 않으므로, 사랑하는 사람도 자신의 기준에 부합하도록 밀어붙인다.

③ 상대방을 통제함

SE1은 버려지는 것에 대한 두려움과 상대방에 대한 높은 기대가 혼합되어 배우자를 통제하려고 한다. 또 자신이 버려질까 봐 두려워 억제와 비평을 통해 상대방의 자신감을 깎아내린다.

④ 분노 표출 방법

SE1은 드러내놓고 분노를 표출한다. 원하는 것을 얻고 다른 사람을 개선하려는 강렬한 욕망을 통해서 분노를 표현한다. 이들은 노골적으로 화를 내는데, 분노는 세상을 철두철미하게 만들고자 하는 욕구에서 분출하는 열정이라고 생각하기 때문이다. 이들은 참을성이 없고 주제넘게 나서며 원하는 것을 향해 나아가는데, 사회를 변화시킬 권리를 가지고 있다고 믿기 때문이다. 이들은 상대방을 몹시 힘들게 하는데, 이는 상대에 대한 두려움으로 의심을 떨쳐버릴 수 없기 때문이다.

SE1은 참을성이 없어 충동과 분노를 억압하지 않고 겉으로 화를 내기 때문에 '역유형'이다.

3. 정조: 사회적 본능 1유형(SO1)

1) 정조의 성격

가. 개혁의지가 강함

영조가 탕평책을 펴기는 했지만 붕당정치를 극복하지 못하고 노론에 의존한 면이 컸다. 정조는 왕위에 오르기까지 명분상 죄인의 아들이라는 굴레와 함께 지속적인 견제에 시달려야 했다. 정조는 즉위 1년 전 조부인 영조의 지시에 의한 대리청정이 노론의 결사반대에 부딪혔고, 심지어 영조의 계비 정순왕후를 비롯한 반대파들이 즉위를 방해하고 나섰다. 어렵게 왕위에 오른 정조는 노론세력을 눌러 왕의 힘을 키우고 조선 사회를 바꿀 여러 가지 계획을 세웠는데, 부친(사도세자)이 억울하게 죽은 것이 붕당정치의 폐단이라고 생각했기 때문이다.

정조는 조부인 영조와 마찬가지로 붕당과는 상관없이 능력 있는 사람들을 관리로 뽑기로 다짐했다. 그는 왕실 도서관인 규장각을 만들어 참신하고 능력 있는 인재들을 모아 놓고 마음껏 연구하도록 하여, 그들과 함께 새로운 조선을 만들고 싶어 했다. 정조는 서자인 박제가, 유득공 등을 관리로 뽑아, 타고난 신분 때문에 능력을 펼칠 수 없었던 서얼들에게도 벼슬할 수 있는 기회를 열어주었다.

정조는 올바른 삶의 역할 모델이 되고자 하며, 타인의 잘못을 시정하도록 요구하고 비판적으로 우월함을 과시하며 분노를 표출했다. 또 주변을 개선하고자 하며 개혁의 결과를 상상하고 쾌감과 열정을 느꼈다. 그는 붕당과 파벌을 넘어 탕평을 꿈꾸는 혁신적인 조선 최고의 개혁군주였다. 아버지의 억울한 죽음이라는 크나 큰 고통을 아름답게 승화시킴으로써 힘차게 사회개혁을 추진했다. 정조가 의도한 개혁은 그의 죽음과 함께 동력이 끊기고, 조선 사회에 새로운 패러다임을 구축할 절호의 기회도 사라지고 말았다.

나. 결단력이 강함

정조는 결단력이 강한 군주이다. 그는 경희궁에서 치루어진 즉위식 말미에 "오호라! 과인은 사도세자의 아들이다"라고 했다. 이는 사도세자 문제에 대한 일체의 언급을 금한 선왕(영조)의 유훈이 있는 상황에서 충격적인 사건이었다. 이 말은 사안의 옳고 그름에 대해 비판적으로 분노를 표출한 것이다.

정조는 세간에 떠도는 말이 많더라도 하는 일이 도덕성과 타당성을 갖춘 것이라면 흔들리지 않고, 곧장 앞으로 나아가 마땅히 해야 할 일을 해야 하고, 떠도는 말은 저절로 사라질 것이라고 말했다. 장용영이나 규장각을 신설할 때도 "일을 할 때 열에 일곱 여덟이 좋으면 해야 하고, 나머지 한두 가지 다 좋기를 바랄 필요는 없다. 다 좋기를 바란다면 용감하게 결단하는 때가 드물다"고 말했다.

정조는 문무를 겸비한 군주이다. 그는 시간만 나면 무예를 익혔는데, 활쏘기의 묘미는 정신을 집중하는 데 있고, 표적이 작을수록 정신이 더 집중되어 그는 실제로 아주 작은 과녁을 즐겨 썼다.

다. 자기관리가 철저함

정조는 어렸을 때 매일 아침부터 저녁때까지 꿇어앉아 있어서 버선 끝과 바지의 무릎이 모두 해졌다. 그는 밤이 되어 잠자리에 들기 전에는 두건을 벗은 적이 없었다. 정조는 '공경함으로써 안을 바르게 하고 옳음으로써 밖을 올곧게 한다'는 것을 생활신조로 삼았다.

그는 자신의 지저분하고 흐트러진 모습을 보이는 것을 극도로 경계했다. 11세 어린 나이에 부친인 사도세자의 죽는 모습을 목격하고도 끝내 밝고 명랑함을 잃지 않았다. 아버지의 죽음으로 정조는 인생에 커다란 슬픔이 드리우나 그 죽음은 불굴의 의지로 정의의 길을 질주하게 만들었다. 그가 하루도 마음 편치 않은 환경에서도 잘 견딘 이유는 안정된 정서와 뛰어난 감정 통제, 인내심이 있었기 때문이다.

라. 다혈질이고 직설적임

정조는 흥분을 잘하고 직설적이며 스스로 태양증이 있다고 표현할 정도로 다혈질이고 조급했다. 그 때문에 화병도 자주 나고 가슴에 심한 통증도 발생했다. 어느 날 정조가 "나는 태양증이 있어 부딪히면 바로 폭발한다"고 노론 벽파의 수장인 심환지에게 말했다. "경은 이제 머리 허연 늙은이가 되었네 그려. 조정에서는 높은 지위에 있고 나의 신임도 두텁지. 그런데 매번 그 입을 촉새처럼 놀려서 문젯거리를 만드니, 그대는 정말 생각 없는 골통 늙은이구려"라고 심환지에게 편지를 보내기도 했다. 심환지에게 보낸 편지에는 신뢰하던 측근 서용보에게 호로자식이란 표현을 썼다.

정조는 옳지 못한 것을 보면 바로 화가 치밀어 얼굴과 말에 나타나며, 아무리 억누르려 애를 써도 태양증 기질을 고치기 어렵다고 김조순(훗날 아들 순조의 장인)에게 말하기도 했다. 한 나라의 임금이 신하들에게 대하는 태도나 언행은 국정 운영에 큰 영향을 미치게 마련이다.

정조는 세손 시절부터 그저 공부만하고 책만 읽을 정도로 소외돼 있었다. 이런 성장과정이 자기중심적인 성격을 만들어냈다. 자의식의 과잉을 낳았고 자기 자신에 대한 과도한 자신감으로 발전했다. 그는 자신이 대학자라고 자부했고, 주변 학자들을 무시하고 군사부일체라는 말을 확대해석해 자기가 임금인 동시에 모든 신하와 백성의 스승이라고 자처했다. 이런 자기중심적 자신감은 태양증으로 표현되는 성격과 함께 상대를 깎아내리고 무시하는 언행으로 표출된다.

2) 사회적 본능 1유형(SO1)의 성향과 특징

가. 성향 — 경직(Rigidity)

SO1은 환경에 잘 적응하지 못하고 서투름과 불안을 경직성으로 표현한다. 경직은 자신이 안 바뀌는 것이고, 사람들이 다른 방식으로 일할 때 자신의 방식이 올바르다고 강하게 고수하는 성향을 말한다. 이들에게는 우월함의 욕구가 있기 때문에 자기 자신이 바뀌지 않는다.

따라서 사회생활에서 상황이 일어나는 흐름대로 따라가기보다 자기가 생각하는 대로 일어나야 하는 상황을 강요하려고 한다. 이들은 자신의 관점에만 주의가 고정되어 있어서, 타인이 자기 의견에 동의해 주기를 바라므로 생각과 행동이 경직되기 쉽다.

나. 특징

① 완고함

SO1은 융통성이 없고 올곧고 고집이 세다. 이들은 자신과 타인들이 사회적으로 어떻게 행동하는지에 관해 완고한 기준을 가지고 있기 때문이다. 또한 이들은 자신들이 무의식적으로 완벽하다고 생각하므로, 그것이 지켜지지 않을 때 분노의 열정이 일어난다. 이들은 자연스럽게 행동하는 것을 불편해한다. 이것은 자신이나 다른 사람들이 무언가 나쁘거나 부적절한 행동을 할 것이라는 잠재적인 두려움이 반영된 것이다.

이들은 정치, 시사 문제에 관심이 많다. 타인들에게 자신의 가치와 믿음에 대해 끊임없이 설득하거나 토론하기를 선호한다. 객관적 가치관이나 사회적 규범을 대변한다고 믿으며 불의에 맞서고 조직을 개혁하는 투사가 되고자 한다. 이들은 자신에게도 가장 엄격하게 원칙을 적용하므로, 자신의 믿음과 견해에 모순이 있는 것은 아닌가 불안해한다.

② 타인을 비판함

SO1은 스스로 사회생활의 준칙이 되는 규범이나 보편적인 가치관을 대변한다고 생각한다. 이들은 비판적이 되어 자신의 사회적 기준을 따르지 않는다는 이유로 다른 사람들을 틀렸다고 몰아세운다. 이는 자기 자신이 사회에 충분히 적응하지 못한다는 내면의 느낌에 대한 반동형성이다.

이들은 교사와 같은 사고방식을 가지고 있으므로 가르치는 것, 훈계하는 것, 윤리적인 규범에 관해 이야기하는 것을 좋아한다. 또 올바른 방식의 완벽한 모델이 되는 데 초점을 맞춘다. 이들은 자신의 방식이 옳다고 주장하는데, 자신이 객관적 가치관이나 사회규범을 대표한다고 믿기 때문이다.

③ 강한 신념을 가짐

SO1은 자기가 옳다고 생각하는 가치관에 관해 토론하기를 마다하지 않지만, 타인에게서 이런 자질을 발견하면 그것을 높이 평가한다. 이들은 다른 사람들을 재활용에 참여시키는 일을 시키는 등 자신이 필요하다고 생각되는 개혁을 위해 끈기 있게 노력한다.

④ 분노 표출 방법

SO1은 분노의 열기를 차갑게 변형시킨다. 분노를 표현하지 말아야 할 감정으로 여기기 때문이다. 따라서 이들은 분노의 50%를 숨겨놓고 분노를 다른 형태로 표현한다. 즉, 분노를 지식의 우월감으로 표현하든가 타인들보다 더 많이 아는 것처럼 행세한다.

2유형 ─ 협조주의자들

1. 철종: 자기보존 본능 2유형(SP2)

1) 철종의 성격

가. 겁이 많고 연약함

철종은 사도세자의 증손자이며 정조의 이복동생 은언군의 손자이다. 철종의 할아버지 은언군은 정조 때 홍국영과 모반 사건을 일으켰다는 이유로 강화로 유배됐다가 그의 부인과 며느리가 천주교 신자라는 죄로 순조 때 처형을 당했다. 철종의 아버지인 전계대원군은 큰아들인 이원경마저 '민진용의 안옥' 사건으로 사형을 당하자, 자식들을 데리고 한양을 떠나 강화도에서 피신하고 있었으나 그 역시 천주교 신자라는 이유로 죽임을 당했다.

강화도령 원범(철종)은 주위에 아무도 없는 외톨이이고 겁이 많고 연약했다. 이원범은 서자의 서자의 서자 출신에 배운 것도 아는 것도 없었다. 그의 아버지와 형이 역모사건에 연루돼 사사를 당한 뒤, 그가 13세가 되던 해 그의 가족은 모두 강화도로 유배를 가 왕족 아닌 평민으로 살았다. 이원범은 강화도에서 5년 동안 허드렛일을 하면서 술 취한 이가 욕지거리를 해도 참아야 하는 역적의 후손으로 살아가야 했다.

이런 환경하의 원범은 성장하면서 주눅이 들 수밖에 없었다. 조선의 왕위 승계는 반란 등 급변상황이 아닌 경우에 장자상속에 의하고, 부득이한 경우 제사 문제가 있어 아랫사람에게 승계하거나 형제간에 상속했다. 순원왕후와 안동 김씨 세족들은 자신들의 뜻에 맞는 인물을 선택하다보니, 헌종의 아저씨뻘 되는 원범(철종)을 왕위에 지명했다. 순원왕후는 영상인 정원용을 시켜서 강화도에 있는 원범을 모셔오게 했다. 정원용이 내려오는 것을 본 원범은 멀리서 행렬이 자신의 집으로 오는 것을 보고 두려워서 산속으로 들어가 숨어버렸다.

정원용은 이웃 노인을 찾아서 전계군 집의 식구를 찾아오게 했는데, 다른 사람은 왔는데도 원범은 한동안 찾지 못했다. 3일 동안 기다린 끝에 나뭇짐을 진 더벅머리 총각(원범)이 산에서 내려오다 군졸을 보자 당황해 어찌할 줄 모르다 살려달라고 했다. 정원용이 원범에게 자초지정을 설명하고 설득시켜 한양으로 왔다.

이처럼 이원범은 가족과 함께 강화도에 유배되어 농사일을 하다가 갑자기 왕의 자리에 올랐다. 그는 제왕의 수업을 받은 적이 없기 때문에 학문적 수준은 떨어지고 주변에 아무런 지지기반도 없었으므로, 3년간 수렴청정 기간을 거치고 친정을 수행했지만, 안동 김씨 세도의 정치 환경에서 그의 운신 폭은 매우 좁을 수밖에 없었다.

나. 베풀기를 좋아함

철종은 따스한 마음으로 늘 타인을 배려하고 주변에 온정적인 활기를 불어넣으며 타인의 필요에 맞추기 위해 애쓰기도 했다. 이것은 사람들이 좋아하는 이미지를 만들어 내고 전략적으로 적응함으로써, 타인을 통해 자신의 욕구를 간접적으로 충족시키고자 하는 것일 수도 있다. 그는 어려운 처지에서도 백성들에게 무엇인가 베풂으로써 좋은 임금이라는 평가를 듣고 싶어했다.

어느 날 수라간에서 임금이 쓰는 은그릇이 없어지자, 철종은 가벼운 일을 갖고 관련자들을 처벌할 필요는 없다고 했고, 이런 사건이 재발하자 다시 만들면 그만이라며 너그럽게 무마시켰다. 관서지방에 기근이 들자 그 대책으로 선혜청·사역원 등의 기금을 백성들에게 내주어 구활토록 했다. 진주 민란이 발발하자 철종은 '삼정이정청'이라는 임시특별기구를 설치하여 민란의 원인이 된 삼정의 폐해를 바로잡기 위한 정책을 시행했다.

다. 자괴감에 빠짐

순원왕후는 철종이 즉위한 뒤 3년간 수렴청정을 했는데, 수렴청정이 끝난 뒤에도 철종은 스스로 뭘 해볼 수가 없었다. 그는 궁중의 억압된 생활을 힘들어했는데, 외척인 안동 김씨 세력이 모든 힘을 쥐고 있었기 때문이다. 철종은 '내가 이러려고 왕이 됐나' 하고 자괴감이 들었다.

철종은 나름대로 애민정치를 하려고 노력했지만, 실권과 세력이 없는 그는 순원왕후의 안동 김씨와 그녀의 며느리인 익종비 풍양 조씨의 세력다툼의 틈바구니에서 어찌할 바를 몰랐다. 더구나 전정, 군정, 환곡의 삼정문란이 극에 달해 백성들의 생활은 도탄에 빠졌다. 세도정치가 지배하는 당시의 정치 환경은 그의 야심에 걸림돌이 되어 상실감이 컸다.

세도정치에 대항할 방법이 없던 철종은 국사를 등한히 하고 술과 궁녀를 가까이해 건강을 해쳤다. 안동 김씨 일족은 철종이 주색에 탐닉하고 자기네들끼리 정치하기를 바랐다. 결국 그는 정사를 멀리하고 주색에 빠졌다.

라. 외로움에 시달림

철종은 궁중에서 마음 붙일 곳이 없었다. 그가 강화도에 살 때 사랑하던 '양순'이란 하층계급의 여인이 있었는데, 왕이 되고 나서도 그 여인 생각이 간절했다. 생소한 궁중 생활에 적응하기 힘든 만큼 자유롭게 강화도 시절에 대한 향수에다 연인에 대한 상사병이 생겼다. 대왕대비에게 연인을 궁중으로 데려오면 안 되겠느냐고 해보았지만, 궁중법도가 상민을 받아들일 수 없다고 했다. 연인에 대한 상사병으로 괴로워하는 철종을 보다 못한 왕실은 몰래 사람을 보내 그녀를 독살해 버렸다. 나중에 이를 안 철종은 비탄에 잠겨 국사도 멀리한 채 황음의 나날을 보냈다.

2) 자기보존 본능 2유형(SP2)의 성향과 특징

가. 성향 ─ 특권(me first: 나 먼저)

특권은 타인에게 무엇을 제공하느냐가 아니라 존재 자체로 사랑받고 우선시 되고 싶은 욕구를 반영한다. 2유형의 본능은 특권의식으로 나타나는데, 이들은 무의식적으로 다른 사람들이 자신의 욕구를 해결해 주기를 바라며 타인이 자신을 돌보아야 한다고 생각한다. 이들은 방치 당하고 자신의 필요가 충족되지 않을까 봐 두려워하므로, 생존에 대한 불안 때문에 타인을 돌봄으로써 타인이 자신을 돌보도록 한다.

나. 특징

① 아이처럼 유혹함

SP2는 어른 앞에 있는 아이처럼 유혹한다. 보살핌을 받고 싶은 무의식적 욕구와, 어린아이는 사랑스러워 당연히 사랑받을 가치가 있다는 식으로 표현한다. 이들은 어린애 같은 우선순위를 주장하며 타인이 자신의 욕구를 해결해 주기를 바란다. 어린애는 베풀기 때문이 아니라 그 존재 자체로 사랑받기를 원하고, 어린애는 아무것도 하지 않아도 관심의 중심이 되어야 한다고 생각한다. 어린 시절에는 특권을 바라는 것도 당연하지만, 어린이 단계를 지나 나이가 들어서도 특별대우를 받기 위해 귀여운 상태로 머물기 때문에 성인처럼 보이지 않는다.

② 타인을 조종함

SP2는 자기희생적인 면모가 있지만 타인이 자신의 봉사에 대해 빚을 졌다고 생각한다. 이들은 유태인 어머니처럼 타인을 먼저 생각하고 타인을 자기보다 우선순위에 두는 것처럼 보인다. 그런데 사실은 타인이 자신을 위하게끔 조종하는 것이고, 자만(自慢)의 열정은 숨겨진 특권의식이 자신의 봉사에 대한 보상으로 타인이 자기를 돌봐야 한다고 생각한다. 또한 자신이 빅을 음식으로 세일 맛있는 부분을 떼어놓을 자격이 있다는 신념으로 나타난다.

③ 의존욕구가 있음

SP2는 타인의 필요를 채워주는 데 열중하고 자신의 욕구를 억누른다. 이들은 남들의 식사를 챙겨주느라 자신은 잘 챙겨 먹지 못한다. 타인을 즐겁게 해주는 것을 즐기지만, 자신이 주관하는 행사를 즐기지 못한다. 그런데 이들은 타인을 위해 봉사와 희생을 충분히 했기 때문에 자신이 필요한 것을 누릴 자격이 있다고 생각하므로, 무의식적으로 자신의 욕구를 타인이 충족시켜 주기를 원한다. 그러나 이들은 직접 그것을 요청하는 일은 없으며 보상심리로 무절제한 행동을 한다.

④ 교만 표출 방법

SP2는 타인과 연결되는 것을 두려워하는 양가감정이 있어서 교만을 표출하지 못한다. SE2나 SO2는 타인을 향해 적극적으로 다가가지만, SP2는 타인에 대해 방어적이다.

2. 숙종: 개인적 본능 2유형(SE2)

1) 숙종의 성격

가. 추진력이 강함

숙종은 조선왕조에서 7명밖에 되지 않은 적장자 상속으로 왕위에 올랐다. 당당한 혈통의 정통성으로 14세의 어린 나이에 군주가 되었지만, 신하들을 제압하고 권력을 행사하여 강력한 왕권을 행사했다. 숙종은 나이가 어렸지만 대비가 수렴청정을 하지 않았고 대신들이 원상정치를 하지도 않았다. 숙종의 막강한 왕권은 왕위에 오를 때, 어떤 누구의 도움도 받지 않고 스스로 가지고 있던 완벽한 정통성에서 나오는 것이다.

숙종은 막강한 추진력과 두둑한 배짱으로 신하들을 무섭게 호령했다. 또 왕권강화를 위해 붕당정치를 교묘히 이용하고 신하들에게 무서운 군주로 군림했다. 숙종은 인조·효종·현종 등 내리 3대를 모신 조선 주자학의 거두 송시열을 상대하는 데도 거침이 없었다. 숙종이 30세가 되기 전에 선왕들도 함부로 건

드릴 수 없었던 송시열에게 사약을 내린 불도저 같은 성격 때문이다. 숙종은 왜란과 호란으로 땅에 떨어진 왕실의 권위를 살리기 위해 유림의 거두 송시열을 제거해 강력한 정치를 펼쳤다.

또한 숙종은 붕당정치의 본질인 왕권과 신권의 대립 구도를 타파했다. 붕당간의 싸움을 내각교체의 수준으로 격하시켰고, 그 싸움의 해결사로서 군왕의 위치를 격상시켰다. 그는 왕권을 강화하고 확고한 왕권을 통해 백성의 삶과 나라의 미래를 좀 더 풍요롭게 만들려고 했다.

나. 계산적이고 이해타산에 밝음

숙종은 왕권을 강화하기 위해 신하들을 갈아치우는 환국정치를 활용했다.

현종까지 이어지던 붕당 간의 균형이 숙종이 즉위하고 난 이후부터는 한 당파에 의해 권력이 독점되었다가, 다시 환국이 일어나고 다른 당파가 권력을 잡는 일이 지속적으로 발생했다. 숙종이 남인을 선택하면 서인들이 숙청당했으며 서인을 선택하면 남인들이 숙청당했다. 이로 인해 자연스럽게 환국이 일어날 때마다 보복성 숙청으로 조정에 피바람이 불게 되었다. 이처럼 숙종은 이해타산에 밝은 계산적인 성격이었다.

다. 고약하고 분노 조절을 못함

숙종은 어릴 적부터 몸은 병약했으나 성격만큼은 상당히 고약했다. 세자 시절 머리를 빗거나 옷을 갈아입는 것조차 싫어해서 모후인 명성왕후가 직접 했다. 숙종이 이조차 견디기 힘들어 하면 명성왕후가 숙종의 머리를 빗등으로 때려가면서 계속했다. 이러한 성미 때문에 숙종은 평생을 산증으로 고생해야 했는데, 산증이란 화병과 비슷한 아랫배가 아픈 증상이다.

"세자는 내 배로 낳았지만 그 성질이 아침에 다르고 점심에 다르고 저녁에 다르니 나로서는 감당할 수가 없다"고 모친인 명성왕후가 말했다. 숙종은 "나의 화증이 뿌리내린 지 오래고 나이도 쇠해 날이 갈수록 깊은 고질이 되어간다. 무릇 사람의 일시적 질환은 고치기 쉽지만 가장 치료하기 어려운 것은 화증이다. 오랜 시간 동안 일을 하면 화염이 위로 올라 비록 한겨울이라도 손에서 부채를 놓을 수가 없다"고 했다.

숙종이 장희빈에게서 아들을 낳아 갓난아기를 원자에 봉하고 인현왕후의 폐위교지를 내리자 온 나라가 뒤흔들렸다. 대간들과 유생들의 상소가 쏟아지는 중에 필화사건이 터졌고, 박태보·이세화·오두인 등 전직 관리 88인이 상소를 올렸다. 상소 내용은 효도하는 마음으로 이혼하지 말고, 처첩은 본시 투기하는 법이니 적당히 이해해야 한다는 것이었다.

숙종이 밤중에 상소를 읽다가 분노가 폭발하여 승지들을 불러 국문할 형구를 갖추라고 했다. 승지들이 만류했지만 허사였다. 숙종이 삼정승들에게 죄목을 작성하라고 하는데 죄가 성립하지 않아 쓸 것이 없었다. 주동자들이 끌려왔는데 주동자 중 박태보는 매를 맞으면서도 끝내 사리를 밝혔다. 이 모습에서 숙종은 더욱 화가 치밀었다. 삼정승들이 숙종을 진정시키려 했지만, 숙종의 모질고 치졸하며 삐뚤어진 성격만 드러났다. 숙종은 형벌을 내리는데도 박태보가 자백하지 않는 것에 더욱 분기탱천했다. 활화산처럼 터지는 분노는 일단 피해가야 한다. 꼿꼿한 모습은 숙종의 자존심에 더 큰 상처를 주기 때문이다. 때리면 아파하고 끝끝내 잘못했다고 빌어야 한다.

박태보는 귀양길에 고문 후유증으로 사망했다. 뒷날 후회한 숙종은 박태보를 영의정으로 추증했다(6품에서 1품으로 승진함). 5년 후에 '갑술환국'으로 인현왕후는 복위되었고, 장옥정은 희빈으로 밀려났다. 이때 남인은 서인으로 교체되었다. 박태보사건 당시의 영의정인 권대인을 파직하고 위리안치 시켰는데, 인현왕후 폐출을 목숨 걸고 막지 않았다는 이유였다.

라. 감정기복이 심함

숙종은 어린 시절부터 감수성이 섬세하고 예민한 성격이었기 때문에 감정기복이 심했다. 이처럼 섬세하고 감정에 충실한 숙종은 사랑 때문에 왕비인 인현왕후를 폐위하고 궁녀인 장옥정을 왕비로 비상하게 했다. 그 후 인현왕후를 복위하면서 수많은 사람이 희생되었고 끝내는 두 여인도 지키지 못했다. 지나친 사랑의 폐단을 인식한 숙종은 다시는 후궁이 계비 자리에 오를 수 없게 하라고 명했다.

숙종은 상당히 냉정하기도 했는데 정치적인 목적을 달성하기 위해서는 왕비를 이용하는 일도 서슴지 않으며 송시열이 사망하고 난 뒤에는 인현왕후를 폐서인하고 장희빈을 중전으로 삼았으며, 이후 장희빈의 이용가치가 사라지자 다시 폐하여 인현왕후를 중전으로 삼았다. 인현왕후는 폐서인 되었을 당시 얻은 병이 악화되어 복위된 지 7년 만에 사망했다. 이에 숙종은 장희빈의 저주를 근거로 끝내 사사했다.

2) 개인적 본능 2유형(SE2)의 성향과 특징

가. 성향 — 유혹(Seduction)

유혹은 상대방의 헌신과 갈망을 얻어내는 방법으로서 감정을 통해 일어나며, 유혹 뒤에 숨겨진 목적은 삶의 모든 문제와 필요를 해결하는 방법이다. 이들은 자신이 매력 있는가에 대한 불안 때문에 성별에 따라 상대방이 자신과 사귀도록 유혹하거나 강요한다. 일단 이들이 교제하게 되면 성별에 따라 상대방이 자기가 의도한 대로 하든가 꾀며 밀어붙인다. SE2는 가장 유혹적인 사람이다.

나. 특징

① 집착함

SE2인 여성은 자신이 욕망의 대상이 되고 싶다는 욕구에 집착하고, 남성은 결합을 위해서 모든 장애물을 극복하는 것에 집착한다. 남녀 모두 사랑을 통해 자신의 가치를 찾으려고 하고 친밀한 관계를 원하며 마음이 끌리는 사람에게는 적극적으로 다가간다. 이들은 상대방이 자기에게 무관심한 경우에 더 매달린다. 여러 사람들과 친교를 맺기보다는 누군가와 가장 친한 사람이 되고 싶어 하므로, 친구에게도 애인처럼 구는 경향이 있다. 이들은 독점욕이 강해 자신의 친구들 사이도 서로 떼어 놓고 싶어 한다.

② 열정적임

SE2는 상대방에게 적극적으로 구애하거나 쫓는 것을 두려워하지 않는다. 이들은 누군가로부터 열정적인 애착을 받고 싶어 하고, 여러 사람들이 자기에게 관심을 갖도록 하는 기술을 익히려고 노력한다. 자만의 열정은 타인이 자신을 원하는가의 여부에 대한 극단적 민감함으로 나타난다. 때로는 성적인 정복의 횟수에 대한 우쭐함으로 나타나고 야성미가 있다. 요부나 바람둥이 기질이 넘친다.

③ 추진력이 있음

SE2는 어떤 일에 일단 몰입하면 결론을 도출할 때까지 파고든다. 자기가 좋아하는 것에 빠지면 에너지와 추진력이 나타난다. 자신이 매력 있는가에 대한 불안으로 상대방이 자신과 사귀도록 유혹하고, 일단 사귀게 되면 상대방이 자기가 원하는 방식대로 하도록 밀어붙인다.

④ 교만 표출 방법

SE2는 자신의 교만을 만족시키고 욕구를 충족하는 방식으로 특정인을 유혹한다. 자신의 욕구를 채워줄 수 있고 바라는 모든 것을 채워줄 능력이 있는 파트너를 매력적으로 유혹한다.

3. 현종: 사회적 본능 2유형(SO2)

1) 현종의 성격

가. 따스함

어린 시절 현종이 불장난하는 것을 본 한 상궁이, "할아버지가 불로써 나라를 얻은 것을 배우려는가"라고 중얼거렸다. 이 말은 인조반정 때 궁궐이 불에 탄 것을 빗대 인조의 집권을 비아냥댄 것이다. 뒷날 왕위에 오른 현종은 그 상궁을 불러서 "내가 부왕께 일러바칠 수도 있었지만, 그대가 나를 양육한 공이 있었기에 차마 중한 벌을 받게 할 수 없어서 참고 있었다"며 궁에서 내쫓았으나 계속 식량을 대주었다. 이는 대역죄로 죽임을 당할 수도 있는 일이었으나 현종의 따스함을 보여주는 사례이다.

좋은 임금으로 평가받고 싶었던 그는 따스한 마음으로 도탄에 빠진 백성을 배려하는 정책에 부심했으며, 때로는 공격적으로 자신의 의지를 관철하는 모습을 보이기도 했다. 현종의 성격 특성은 자만과 야심이라는 격정으로 규정된다. 이들은 존경받고 영향력 있는 좋은 사람이라는 이미지를 만드는 것으로 자신의 욕구를 충족시키려 하기 때문에 인간관계에서 매우 전략적이다. 그 방법 중 하나로 타인을 보호하고 그들이 필요로 하는 것을 준다. 이들이 무엇인가를 제공하는 것에는 대가를 얻기 위한 전략적 시각과 계획이 포함되어 있다. 그러나 이것은 무의식적으로 일어난다.

나. 지나치게 신중함

현종은 상당히 신중한 성격의 소유자로 결단력이 부족하고 과단성이 없었다. 오삼계가 난을 일으키자 윤휴가 북벌을 하자는 상소를 올렸으나, 청나라에 누설될 것이 염려되어 답을 하지 않았다. 현종의 성격이 지나치게 신중해서 결단력과 과단성이 없기 때문이다.

다. 어려운 일에 유연하게 대처함

현종이 즉위하자마자 효종의 국상에 자의대비(효종의 계모) 조씨가 상복을 입는 기간을 둘러싸고 집권 서인과 남인 세력 사이에 이른바 예송논쟁이 첨예화되면서, 당시 정국을 흔든 이슈에 현종은 유연한 대처로 불필요한 에너지 소모를 최소화시키는 정치력을 발휘했다. 현종은 서인과 남인의 틈바구니에 끼어서 한 번은 서인의 손을 들어주고, 한 번은 남인의 손을 들어주는 유연한 모습을 보였다. 현종은 1차 예송논쟁 때는 서인을 지지했고, 2차 예송 때는 남인을 지지했다.

1차 예송논쟁은 인조의 계비인 자의대비(장렬왕후)가 자신의 아들(효종)과 며느리(효종비)의 상에 상복을 얼마나 입느냐에 관한 문제였다. 당시의 현종은 내심 3년복을 주장하는 남인의 편을 들고 싶었지만, 현실적인 문제로 서인의 편을 들었다. 서인들이 고례(古禮)에 맏아들은 3년복, 둘째 아들은 1년복을 입었으므로 효종이 왕위를 이어받았지만 둘째 아들도 보아야 한다고 하여, 효종은 1년복으로 결정했다.

2차 예송논쟁 당시 현종의 태도는 1차 때와 크게 달라졌다. 2차 예송논쟁의 배경은 효종의 비이자 현종의 어머니인 인선왕후 장씨의 사망이다. 예조에서는 인선왕후에 대한 자의대비의 상복을 1년으로 정했다가, 9개월 복으로 바꿔서 현종에게 고했다. 서인들은 효종은 차자이기 때문에 아무리 대를 이어받았어도 3년복을 입을 수 없고, 효종비에 대해서도 1년복이 아니라 9개월 복을 입어야 한다고 주장했다. 이에 반해 남인들은 효종이 대를 이어받았으므로 효종비도 1년 복을 입어야 한다고 주장했다. 현종은 격분하며 왕의 직권으로 인선왕후에 대한 복제를 1년으로 바꾸어버렸다. 이렇게 태도를 완전히 바꿔 버린 것은 현종에게 전에는 없었던 지지세력과 경륜이 생겼기 때문이다.

이처럼 현종은 유연한 대처로 불필요한 에너지 소모를 최소화시켜 정치력을 발휘하는 성격이었다.

라. 여색을 탐하지 않음

현종 대 당시는 소빙하기로, 재해가 끊이지 않았던 때였다. 당시 대신들은 '천인감응설', 즉 왕의 덕이 부족해서 재해가 일어나니까 재해가 일어나면 근신해야 한다고 왕에게 요구했다. 현종 또한 성리학을 공부해서 왕이 된 사람이므로 그렇게 느꼈다. 왕 스스로도 근신의 필요를 느꼈고 천인감응설이 아니더라도 재해가 끊이지 않는 국가비상사태에 왕이 다른 쪽에 관심 갖는 것 자체가 무책임한 것임을 알았다. 현종은 몸이 약한 편이라 여색에 관심가질 상황도 아니었고 그럴 의지도 없었다. 현종은 후궁을 두지도 않았으며, 여색을 탐하지도 않는 성격이었다.

2) 사회적 본능 2유형(SO2)의 성향과 특징

가. 성향 ― 야망(Ambition)

SO2의 본능은 야망으로 나타나 사회적으로 출세하려고 노력하고 사회적 계층구조를 예민하게 감지한다. 이들은 소속되지 못했다는 느낌을 해결하기 위한 방법으로 상층부에 있는 사람에게 인정받고 어울리려고 애쓴다. 자신이 누구와 교제하며 그 사람들이 얼마나 중요한가 하는 것이 이들에게 높은 사회적 지위의 느낌을 준다. 이들은 맨 위에 존재하고자 하는 욕구를 반영하고 아주 높은 위치에 오름으로써 이익과 혜택을 취한다.

나. 특징

① 과시욕이 강함

SO2는 모임을 주관하거나 사람들을 소개해 주는 것을 즐기고, 성공한 사람들과 교분을 쌓아 영향력을 행사하고 싶어 한다. 이들은 남들에게 관심을 끌기 위해 남들 일에 조언을 해주고, 유명한 사람들과 친분이 있는 것처럼 이야기한다. 또 타인의 삶에 영향을 주는 것을 좋아하므로, 자만의 열정이 자신이 좇던 사회적 위치와 신분을 달성했을 때 일어나는 스스로 가치 있는 기분으로 나타난다. 이들은 나이에 비해 조숙해 보인다.

② 중요인물이 되고 싶어 함

SO2는 사회적으로 출세하고 싶어 하므로, 지도자가 되거나 영향력 있는 사람의 측근이 되기를 원한다. 이들은 사회적 계층구조를 매우 예민하게 감지해 상층부에 있는 사람들에게 인정받고 어울리려고 애쓴다. 중요한 사람들과 교제하는 것이 이들에게는 높은 사회적 지위의 느낌을 주기 때문이다. SO2는 2유형 중 가장 교만한 인물이고 교만을 채우기 위해 중요한 인물이 되고 싶어 한다.

③ 타산적임

SO2는 'Give and Take'가 철저해서 최대한으로 얻어내기 위해 준다. 따라서 이들은 남에게 줄 때 무언가를 얻기 위한 전략적 시각과 계획을 갖고 있다. 이는 무의식적 수준에서 일어난다. 이들이 관대함을 보일 때는 언제나 전략적 시각을 가지고 있다.

④ 교만 표출 방법

SO2는 청중을 장악하는 데서 오는 만족감으로 교만을 드러낸다. 자만의 열정이 자기입증과 자신이 좇던 사회적 위치와 신분을 달성했을 때 일어나는 스스로 가치 있는 기분으로 나타난다. 이들은 자신이 일원이 되거나 연결되고 싶다고 동경하는 집단 내에서 특별하고 화려하게 보이고 싶어 한다.

제3절

3유형 — 성취주의자들

1. 효종: 자기보존 본능 3유형(SP3)

1) 효종의 성격

가. 복수심이 강함

효종은 부왕 인조가 삼전도에서 청태종(홍타아지)에게 삼배구고두례를 행하는 치욕적인 모습을 보았고, 볼모시절 명·청의 격전지를 따라다니며 전쟁의 아픔을 겪으며 청에 대한 복수심을 불태웠다. 효종은 북별계획을 다짐하기 위해 매일 체력 단련을 했고 기마와 궁술, 무도 연마에 시간을 투자하기도 했다. 청나라 심양에서 소현세자와 함께 인질 생활을 했던 효종은 재위 기간 내내 복수설치, 즉 청에게 당한 치욕을 되갚기 위한 정책기조를 유지했다.

효종은 승지와 사관도 물린 채 송시열과 담판을 벌였는데, 송시열은 이를 『악대설화』라는 기록으로 남겼다. "오랑캐의 일은 내가 잘 알고 있다. 정예화한 포병 10만을 자식처럼 사랑하고 위무하여 모두 결사적으로 싸우는 용감한 병사로 만든 다음 기회를 봐서 오랑캐가 예기치 못할 때에 관으로 쳐들어 갈 계획이다. 그러면 중원의 의사 호걸 중에 어찌 호응하는 자가 없겠는가"라고 하여 즉위의 정당성을 북별, 즉 청에 대한 복수에서 찾고자 했다.

나. 타인의 시선을 의식함

효종은 어려서부터 책을 좋아하고 개구쟁이처럼 장난치거나 노는 것을 좋아하지 않았다. 매사에 신중하고 속마음을 잘 드러내지 않는 냉정한 성격이다. 그는 인성이 훌륭하고 효심이 지극하여 주위의 사랑과 기대를 많이 받았다. 효종은 타인의 시선을 의식하는 성격이었다.

다. 나르시시스트임

효종은 신장이 크고 어깨도 벌어졌으며 덩치도 큰 미남이라 자기애적 성격이 강했다. 무예에 능했으며 거울을 보고 본인 얼굴에 감탄하며 자기 자신을 사랑하는 나르시시즘에 빠졌다.

2) 자기보존 본능 3유형(SP3)의 성향과 특징

가. 성향 — 안전(Security)

SP3는 경제적 안정을 무엇보다 중요시하고 좋은 건강 상태를 유지하기 위해 애쓰며 인정과 삶의 의미 속에서 안전을 찾고자 한다.

나. 특징

① 일중독에 빠짐

SP3는 열심히 일하고 효율적이고 좋은 사람이 되려고 한다. 이들은 효율성에 대한 강한 집착으로 일중독에 빠지기 쉬우며, 목표 성취를 위해 새로운 기술을 배우고 자신이 일하는 분야의 최신 정보를 놓치지 않으려고 애쓴다. 이들은 일을 놓고 쉬는 적이 없고 휴가를 갈 때도 일을 가져갈 때가 많다.

② 좋은 사람이 되려고 함

SP3는 단지 좋게 보이는 것에 만족하지 않고 좋은 사람이 되려고 분투한다. 좋은 사람이 되고 어떻게 살아야 하는지에 대한 완벽한 모델이 되고자 한다. 이들은 타인들과 협력해서 일을 잘하고 타인들과 잘 지내고 갈등을 피하려고 노력한다. 어떻게 살아야 하는지에 대한 완벽한 모델과 일치하도록 좋은 사람이 되려고 하고, 완벽한 모델이 되는 것은 미덕을 갖추는 것이며 미덕은 허영이 없는 것이라고 생각한다.

③ 자립적임

SP3는 자신을 돌보는 데 적극적이고 뛰어나며 매사에 책임감을 느낀다. 이들에게 성공의 의미는 리더가 되거나 관심의 중심이 되는 것이다. 이들이 경쟁상대로 여기고 만족시키려고 노력하는 대상은 자신이다. 이들은 경제적인 안정을 중시하고 재산을 통해 자신의 가치를 인정받으려고 한다. 인정과 삶의 의미 속에서 안전을 찾으며 건강 상태를 유지하기 위해 노력한다.

④ 허영 표출 방법

SP3는 허영이 없다는 것을 표출한다. 즉, 이들은 허영을 가지고 있지 않다는 허영을 가지고 있다. 이들은 사람들이 자신을 매력적이고 성공적으로 봐주길 바란다. 하지만 그렇게 바란다는 것을 아무도 알아차리지 않기를 원하므로 자신의 긍정적인 특성들을 적극적으로 광고하지 않는다.

2. 인종: 개인적 본능 3유형(SE3)

1) 인종의 성격

가. 총명함

중종의 원자 호(인종)가 3살이었을 때 나이답지 않게 영민한 모습을 보였다. 어린 나이에 『천자문』과 『유합(한자를 수량·방위 등으로 유별하여 새김과 독음을 붙여 만든 한자입문서)』을 환하게 익히고 있었기 때문이다. 중종이 원자 호의 총명함에 놀라서 책을 들고 질문을 하자, 한 글자도 틀리지 않고 줄줄 외었다. 그러자 중종이 크게 기뻐하며 원자를 칭찬했다.

중종은 다음과 같이 원자에게 훈계를 지어주었다.

"① 일찍 일어나고 밤이 되면 잠을 자되 학문에 힘쓰기를 게을리하지 말라. ② 스승을 존대하고 도를 즐기며, 선을 좋아하고 인에 힘쓰라. ③ 성색을 가까이 하지 말고 재물을 늘리려 하지 말라. ④ 예가 아닌 것은 보지 말고, 듣지도 말며, 예가 아닌 말을 하지 말고 예가 아닌 행동을 하지 말라. ⑤ 소인의 무리와 가깝게 지내지 말고, 난잡한 놀이를 좋아하지 말라. ⑥ 뜻을 고상하고 원대하게 세우되 금석처럼 굳게 하라. ⑦ 임금에게 충성하고 어버이에게 효도하며 형제 간에 우애하되, 날마다 문안하고 수시로 음식을 보살피라. ⑧ 사벽한 행동을 버리기에 힘쓰고 이단을 숭상하지 말라. ⑨ 사사로운 욕심에 가리지 말고 착하고 공정한 마음을 보존하라. ⑩ 환관들의 말을 듣지 말고 행동의 처음과 끝을 조심하라."

인종은 금욕적인 생활로 전형적인 면모를 갖추었으며, 부왕 중종의 가르침에 따라 여색을 탐하지 않았다. 그는 3세 때부터 글을 읽기 시작했고, 두뇌가 명석하여 관례를 행하고 8살에 성균관에 들어가 매일 세 차례씩 글을 읽었다. 세자 인종이 성균관에 입학했을 때, 일상의 행동이 예도에 맞고 부지런히 학문에 전념했다. 삼복더위나 엄동설한에도 종일 바로 앉아 배운 것을 익혔다.

나. 어질고 착함

인종은 어질고 착해서 부왕인 중종이 각별히 아끼고 사랑했다. 중종의 다른 부인들 사이에서 태어난 왕자들이 신하들과 연합해 왕자계승전을 벌여 세자 인종이 죽을 뻔한 사건도 있었지만, 그는 어진 마음을 잃지 않으려고 노력했다. 인종은 침착하고 말이 적으며 공손하고 검소했으며 일체의 여자를 가까이하지 않았다. 또 도가적인 생활을 추구하여 동궁으로 있을 때는 궐내에서 화려한 옷을 입은 궁녀들을 모두 내쫓는 등 금욕적이고 검소한 생활을 했다.

인종은 덕이 많은 성군이었다. 그런데 그의 조용하고 어질고 착하며 효성이 깊은 성품이 오히려 계모 문정왕후의 표독하고 사악한 성격을 방치하는 요소가 되었을 뿐만 아니라 자신의 생명을 단축시키는 결과를 초래했다.

다. 고지식하고 미덕에 가치를 둠

생모 장경왕후 윤씨가 인종을 낳고 7일 만에 사망했기 때문에 그는 계모 문정왕후 손에서 자랐다. 인종은 계모인 문정왕후를 친모 이상으로 대하고 지극 정성을 다해 효도를 했다. 하지만 문정왕후는 성질이 고약하고 시기심이 많아 정실부인의 아들인 인종을 무척이나 괴롭혔다. 계모 문정왕후는 몇 번이나 인종을 죽이려고 했다.

인종이 세자였을 무렵, 그와 빈궁이 잠들어 있을 때 동궁이 불에 타고 있었다. 세자는 자기를 미워한 문정왕후의 소행임을 알았지만, 불타 죽는 것이 계모의 소원을 들어주는 자식의 도리라고 생각하고 동궁전에 그대로 있었다. 위급한 처지에 있을 때 밖에서 세자를 애타게 부르는 중종의 목소리가 들렸다. 세자빈이 "이런 행동이 문정왕후에게는 효가 될지 모르지만, 부왕에게는 불효와 불충이 된다"고 하며 왕세자의 손을 잡고 밖으로 몸을 피하여 목숨을 건졌다.

라. 효심이 깊음

인종은 어렸을 때부터 『소학』이란 책을 가까이 해오면서 사람이 살면서 가장 중요한 것은 효성이라고 생각했다. 그는 살면서 아버지 중종, 계모 문정왕후에게 극진하게 효도를 했고 예의가 발랐다. 동궁전에 불을 지른 사람이 누군지 아느냐는 질문에 끝까지 함구하여 문정왕후를 보호했다. 그럼에도 문정왕후는 인종을 극도로 싫어하였는데, 늦은 나이에 아들인 경원대군(명종)을 낳자 그 정도가 더욱 심해졌다. 문정왕후는 경원대군이 태어나고 난 뒤 그를 왕위에 올리기 위해 사전 작업을 하기 시작했다. 당시 조정을 장악하고 있던 외척가문이 소윤과 대윤으로 나뉘어 대윤은 세자를 지지하고 소윤은 경원대군을 지지하였으므로, 자연스레 문정왕후는 대윤을 집중적으로 공격하여 세력을 약화시키는 데 앞장섰다.

문정왕후의 방해에도 불구하고 인종은 왕위에 즉위했다. 즉위 이후에도 인종은 문정왕후에게 보복하지 않았으며 이전과 같이 정성스레 모셨다. 이에 반해 문정왕후의 인종에 대한 미움은 그의 배려도 무색하게 날로 커져 심지어 문안인사를 하러 온 인종에게 자신과 경원대군은 언제쯤 죽일 거냐는 등의 심한 독설을 퍼붓기까지 했다. 그럼에도 인종은 그녀를 원망하기는커녕 자신의 효성이 부족함을 책망하기 바빴다.

인종은 아버지 중종에게도 효심을 다했다. 중종이 깊은 병에 들자 잠을 편히 자지 못할 정도로 병시중을 들고 아버지가 먹는 약은 반드시 먼저 맛을 보아 이상이 없는지 살폈다. 중종이 쾌차하길 기원하며 한겨울 저녁부터 새벽까지 하늘에 기도하기도 했다. 왕위에 오른 후에도 그의 효심은 변함이 없었다. 효성이 지극한 인종이 위독한 상황의 중종을 간병하고 중종이 죽은 후에는 6일 동안 식음을 전폐했으며, 이후에도 5개월간 매일 곡을 하고 죽을 제외한 어떤 음식도 먹지 않아 극도로 몸이 쇠약해졌다. 어느 날 인종이 조선을 찾은 명나라 사신과 중종이 거처하던 곳을 지나다 아버지를 떠올리며 눈물을 흘렸다. 명나라 사신이 인종이 눈물을 흘린 이유와 인종의 효심을 전해 듣고서는 '하늘이 낸 효자'라며 감탄했다.

2) 개인적 본능 3유형(SE3)의 성향과 특징

가. 성향 ― 매력(Attraction)

SE3의 성향은 매력으로 남성성과 여성성(Masculinity/Femininity)이다. 이들은 금전이나 명예보다 성적 매력이나 아름다움에 목표를 둔다.

나. 특징

① 수줍음을 탐

SE3는 내향적이다. 이들은 자신의 이야기를 하는 것을 쑥스러워하므로 자기가 돕고 싶은 다른 사람들에게 초점을 맞추고 타인을 만족시킨다.

② 매력적임

SE3는 개인적 매력을 통해 성취하는 것에 초점을 맞춘다. 이들은 좋은 사람보다 성적 혹은 남성적·여성적 매력이라는 관점에 초점을 맞춘다. 카리스마, 성공, 성적 매력, 힘으로 상대방에게 강한 인상을 주려고 애쓴다. 자신을 매력적으로 보이게 하기 위한 재주가 많고 옷차림에도 신경을 쓴다. 이들은 멋있는 사람과 특별한 관계를 맺는 것을 사람들이 부러워하게 한다. 설득하기에 실패할 것 같은 사람은 아예 설득하려고 늘시 않는다.

이들은 사람들이 자신을 정말로 알게 되면 자신을 받아들이지 않을지도 모른다는 우려를 한다. 인기를 끄는 것으로 자신의 가치를 인정받으려고 하므로 이상적인 남성상·여성상을 연출하고 연기한다. 하지만 자신이 연출하는 이미지를 유지하지 못할까 봐 불안해한다. 친밀한 관계를 원하면서도 3유형의 특성상 그것을 두려워한다. 타인을 유혹하기는 잘하지만, 친분관계를 끊임없이 유지하는 데는 능숙하지 못하다.

③ 타인을 도움

SE3는 지위와 성취에 관심을 두지 않고 사회적 가면을 쓰지 않고 자신의 감정을 표현한다. 또 타인을 돕는 것에 집중하고 타인을 기쁘게 하는 데 에너지를 쏟는다. 이들은 타인의 노력을 지지하는 일에서 훌륭한 치어리더가 될 수 있다.

④ 허영 표출 방법

허영을 부인하지도 않고 나타내지도 않으면서 은근히 허영을 표출한다.

3. 세종: 사회적 본능 3유형(SO3)

1) 세종의 성격

가. 경쟁의식이 강함

세종은 형제간 우애가 깊었으나 경쟁의식 또한 강했다. 세종은 "임금의 아들이라면 누군들 임금이 되지 못하겠습니까?"라고 주위 사람들에게 말했다. 이는 다소 위험한 발언으로 자신이 태종의 아들이라는 존재감을 드러내는 것이다.

나. 꼼꼼함

세종은 작은 법규 하나를 만들 때도 서적을 통해 관련 자료들을 모두 확인한 후에 각각의 장단점을 분석하고 사회실정에 잘 맞는 제도를 만들고자 했다.

다. 일벌레임

세종은 자신의 시간의 상당 부분을 일에 투입하여 거의 기계 수준으로 일했다. 그는 재위 32년 동안 날마다 새벽 2~3시에 일어나 하루 평균 20시간씩

격무에 시달리는 일벌레였다. 세종은 선대왕이 이룩해 놓은 왕권의 안정을 바탕으로 정치·경제·문화·사회 전반에 걸쳐 기틀을 확립하였다. 그는 백성을 위한 것은 어떠한 희생을 감수하더라도 실행하려 했고 필요한 추진력을 발휘했다. 이는 일중독으로 나타났고 수반되는 스트레스도 잘 내색하지 않았다. 유교정치에 대한 깊은 소양, 학문적 호기심과 성취, 역사·문화에 대한 통찰력, 중국문화에 대한 주체성 등도 그의 성격 특성의 격정인 참여에서 비롯된 것이었다. 그는 자신의 몸을 돌보지 않고 엄청난 인내력으로 자신이 믿는 정책을 밀어붙였다. 그는 해결해야 할 문제 앞에서 물러서지 않았다.

일벌레인 세종은 책을 100번씩 반복해서 읽었다. 『좌전』과 『초사』 같은 책들은 200번 읽었다. 몸이 아파도 마찬가지였으므로, 보다 못한 아버지(태종)가 환관을 시켜 책을 다 거두어갔다. 그런데 『구소수간(구양수와 소식의 편지모음집)』 책 한 권이 병풍 사이에 남아 있었다. 세종은 이 책을 1,100번이나 읽었다.

라. 실용주의자임

세종은 명분보다 실리를 앞세웠다. 세종의 이러한 원칙은 정치, 경제, 외교, 국방 등 국정 전반에 걸쳐 일관되게 적용되었다. 한글을 창제한 가장 큰 이유도 백성을 위한 쓸모 때문이었다. 외래어인 한자를 읽지 못해 소송에서 억울한 피해를 당하고 있던 백성들이 더 이상 그런 피해를 보지 않도록 하려는 실용주의적 관점에서 한글을 창제했다.

즉위 초반 강원도에 큰 기근이 들자 세종은 굶주린 백성들의 조세를 면제하라고 지시했다. 이때 의정부 참찬으로 있던 변계량이 이의를 제기했다. 변계량은 기근이 들었다고 세금을 면제해주는 선례를 남기면 국가 재정이 고갈될 것이라며 반대했다. 하지만 세종은 고통받는 백성들을 위해 나라의 곳간을 열지 않으면 국가의 재정이란 게 무슨 소용이 있느냐며 그대로 시행하라고 말했다.

외교에서도 나라를 이롭게 하는 것이 세종의 가장 큰 원칙이었다. 그래서 세종은 철저하게 실용주의적 관점에서 외교정책을 폈다. 이념적인 시각에서 삐뚤게 보면 비겁한 사대주의자라는 비난을 받을 수 있을 정도로 세종은 실리를 추구했다.

명나라는 조선에 파견한 외교 사신들을 통해 많은 조공을 요구했다. 이러한 명의 요구는 세종 재위 32년 내내 이어졌으며 외교 사신들의 뇌물수수도 계속되었다. 세종은 비굴하다고 할 정도로 고분고분 명의 요구에 응했다. 하지만 조선이 일방적으로 명나라에 조공을 바친 것은 아니었다. 조선의 조공에 대해 명나라도 정례적으로 답례품을 보냈기 때문이다.

따라서 일부 학자들이 사대라고 비판하는 세종시대의 조공은 일종의 국가 간 무역으로 보는 것이 타당하다. 명나라에 대해 철저하게 사대로 일관한 세종의 외교정책 덕분에 세종 재위 시에 명과의 외교적 마찰은 거의 없었으며 영토 문제에서는 상당한 실리를 챙겼다. 변방을 자주 침탈하는 여진족을 정벌하기 위해 명나라 황제에게 공문을 보내 조선군사가 공식적으로 중국의 국경을 넘을 수 있는 권한을 부여받았으며, 김종서를 파견해 4군6진을 개척했다.

2) 사회적 본능 3유형(SO3)의 성향과 특징

가. 성향 — 명예(Prestige)

SO3는 타이틀, 학위 등을 중요하게 생각한다. 이름 없는 사람이 된다는 점을 무엇보다 치욕스럽게 생각하고, 자신이 활동하고 있는 그룹에서 선봉에 서기를 원한다. 이들은 사회적 안정의 증거가 되는 좋은 직업·이력·자격증·상장 등에 집착하고 박수받기를 원한다.

나. 특징

① 두각을 나타내고자 함

SO3는 눈에 띄고 싶어 하고 타인들에게 영향력을 행사하고 싶어 하고, 무대 위에 서는 것을 좋아하며 조명받는 것을 좋아한다. 자신이 매사에 선봉에 서야 하고 모든 사람들이 자기를 따르기를 원한다. 이들은 열정이 많고 효율적이며 결단력 있는 지도자이다.

② 경쟁심이 강함

SO3는 경쟁과 승리에 관심이 높아 지위가 높은 사람들과 친분관계를 갖고 있는 것에 자부심을 가진다. 성공을 위해 좋은 기회를 부여하는 단체에 속하기를 원하며, 폭넓은 대인관계가 능력이라고 평가하여 사람을 사귀는데 많은 시간을 투자한다. 이들은 대화하는 법과 사회계층의 사다리를 오르는 법을 알고 있다. 또 최대 이익을 얻기 위해 신중하게 말을 해야 한다고 생각하는데, 올바른 인상을 주고 자신이 원하는 것을 얻어서 목표에 도달하려고 하기 때문이다.

③ 이미지 메이킹에 능숙함

SO3는 자신이 홍보하기를 원하는 제품이 무엇이든 판매하고 마케팅 할 수 있는 능력이 있다. 올바른 이미지를 잘 만들기 때문에 이들에게서 결함을 찾기 어렵고, 상황에 따라 태도를 바꿈으로써 다양한 그룹에 맞추고자 한다. 이들은 사람들이 가까이 다가오지 못하게 하려는 성향이 있다. 너무나 긍정적으로 보이기를 원해서 사람들이 자신의 이미지를 꿰뚫어 볼지도 모른다는 두려움이 있기 때문이다. 이들은 좋게 보이고 일이 완수되도록 성취하는 것에 초점을 맞추고 좋은 인상을 주는 일에 가치를 두므로, 비판은 이들에게 치명적이다. 3유형 중 가장 경쟁적이고 공격적이다.

④ 허영 표출 방법

SO3는 타인에게 주목받고 영향을 행사하고자 하는 욕구를 통해 허영을 보여준다. 사람들이 일 잘하고 문제해결방안을 찾도록 동기를 부여한다. 이들은 이름 없는 사람으로 남는 것을 무엇보다 수치스럽게 생각한다.

제4절

4유형 — 감정주의자들

1. 헌종: 자기보존 본능 4유형(SP4)

1) 헌종의 성격 분석

가. 개혁적임

헌종 대에는 그의 조부인 순조 때부터 이어진 안동 김씨와 풍양 조씨 가문 간의 세력 다툼이 더욱 치열해졌다. 한성판윤과 예조·이조·공조판서를 지낸 조병구가 권세를 휘두르자, 헌종이 "외삼촌의 목에는 칼이 안 들어가는가?"라고 할 정도로 열정적이었다.

헌종의 성격은 개혁적이다. 그의 성격 특성은 분노와 열의라는 격정으로 규정된다. 이들은 자신이 원하는 것을 얻기 위해 타인에게 행동 방식을 지시하는 경향이 있다. 자신의 일에 열의를 보이며 타인을 완벽하게 만들고자 한다. 세상의 불완전함에 대한 분노는 변화와 개혁에 집중하도록 동기를 부여한다.

헌종은 김좌근(안동 김씨 수장)을 유배 보내고, 이조판서 겸 총위대장과 5영의 훈련대장을 외척이 아닌 사람들로 채워 넣고 병조판서를 독자적으로 임명했다. 이렇게 군권을 장악하면서 왕권강화정책을 펼쳤다. 암행어사도 활발하게 전국으로 파견했고, 안동 김씨의 조병헌 사사 요구를 거부하면서 삼사를 모조리 파직하기도 했다.

나. 과단성이 있음

조선 사회에서 붕당정치가 나름대로 왕권을 축으로 정파 간의 권력이동의 특징을 보였다면, 세도정치는 왕조국가의 정치체제를 극도로 왜곡시키는 권력 구조였다. 이런 상황에서 왕권강화를 위한 조치는 위험성이 컸고 과단성을 요구 하는 정치행위였다. 비정상의 정상화. 개혁적 성격유형인 헌종에게는 선택의 여 지가 없었다.

그러나 이미 깊어진 세도정치의 뿌리는 그에게 버겁기만 했다. 재위 기간 중 사회적 모순을 바로잡고 민생안정을 도모하고자 했으나, 권력투쟁에 매몰된 관료들에게는 관심 밖의 일이었다. 두 차례의 허접한 역모가 발생할 정도로 왕 권은 권위가 떨어져 있었다. 외세의 침입과 사회 문제에 대한 정책이 부재한 조 선 사회는 서서히 붕괴의 조짐을 보이기 시작할 뿐이었다. 과단성 있는 헌종은 붕괴되어 가는 사회질서를 바로 잡기 위해 노력했으나, 조정의 분위기가 뒷받침 이 안 되어 뜻을 이루지 못했다.

다. 서화와 전각을 좋아함

어릴 적부터 예술·서예에 남다른 관심을 가졌던 헌종은 예술·서예 분야에 서 업적을 남겼다. 어린 나이에 재위해 여러 정치적 시련을 겪으며 문예적 취미 로 시름을 잊었던 것으로 보인다. 그는 서화와 전각 애호가였다. 전각은 나무, 돌, 옥 등에 전서체(대표적 한자 서체 중 하나)를 새겨 인장을 만드는 것이다. 또 인장 수집을 좋아했는데, 이것은 조선의 임금이 탐닉할 만한 고상한 취미였다. 헌종은 본인을 나타내는 자호와 별호를 새긴 인장뿐 아니라 수장인(소장한 도서 나 서화에 찍는 인장), 감정인(서화 등의 감정과 관련된 인장), 서간인(봉투를 봉하고 찍 는 인장), 명구인(좋은 글귀를 새긴 인장) 등 각종 인장을 제작하고 모았으며, 수집 한 인상은 800개가 넘는 것으로 수성된다.

19세기 조선에서는 청 문화의 영향으로 고증학, 금석학과 전각에 대한 관 심이 높았다. 헌종은 여기에 대단한 열정을 가지고 있었다. 헌종은 추사 김정희의 스승으로 유명한 청의 서예가 옹방강의 팬이었다. 옹방강의 당호인 '보소당' 편액을 창덕궁 낙선재에 걸어 놓고 자신의 당호로 썼고, 수집한 인장의 카탈로그를 편찬하면서 그 제목도 『보소당인존』이라고 붙일 정도였다.

'보소당인존장'은 인장에 각별한 애정을 가지고 있던 헌종이 자신의 인장들을 보관했던 장이다. 이것은 두 개의 장이 짝을 이루는 형태인데 장의 문을 열면 5개씩 10개의 서랍이 놓여있다. 각 서랍마다 종이로 인장들의 순서와 수량을 꼼꼼히 표시해 둬 마치 책을 입체화시켜 놓은 것처럼 인장이 일목요연하게 정리돼 있었다. 보소당인존장은 120cm 높이에 단정한 느낌의 외관을 가졌다.

헌종이 수집한 인장은 18~19세기에 들어서면서 글씨와 그림, 조각이 집약된 하나의 종합예술로 발전했다. 그의 인장은 인장의 예술성을 가장 잘 드러내는 것으로 꼽힌다.

라. 소박함을 좋아함

헌종은 한 나라의 임금이었으나 그가 추구한 행복은 부귀영화가 아니었다. 그의 인장에 새겨진 '좋은 붓과 벼루는 인생의 한 기쁨이다(筆硯精良人生一樂 – 필연정량인생일락)'라는 글귀에서 그의 소박한 즐거움을 엿볼 수 있다. 그는 그저 '글씨와 더불어 스스로 즐겼다(翰墨自娛 – 한묵자오)'고 했다.

낙선재는 창경궁 내에 있는 헌종의 처소로, 그는 이곳에서 편안한 마음으로 책을 읽고 서화도 감상하면서 즐겁게 머물렀다. 낙선재(樂善齋)란 '착한 일을 즐겨 하는 집'이라는 뜻이다. 헌종은 이곳에서 서화를 사랑하고 고금 명가의 유필을 벗 삼아 지내기를 좋아했다.

2) 자기보존 본능 4유형(SP4)의 성향과 특징

가. 성향 — 불굴(Dauntlessness)

불굴은 미래에 대한 이들의 꿈을 키우는 원동력이다. 이들은 주변 환경에 제한받지 않고 원하는 것을 가져야 한다는 생각을 무모하게 하므로, 자신의 환경을 어렵게 한다. 경제적으로 어려움에도 불구하고 어떤 물건 없이는 못 견딜 것 같아 이를 무리하게 사들여 빚더미에 빠지게 된다.

나. 특징

① 내향적임

SP4는 사람들과 떨어져 홀로 지내기를 좋아하므로 혼자서 지내는 시간이 편하고 즐겁기를 바란다. 자신의 주변 환경에 까다롭고 강박적이므로 은은한 벽지, 격조 있는 조명, 쾌적한 실내온도를 선호한다.

② 극기심이 강함

SP4는 자신을 증명하고 사랑을 얻는 수단으로 열심히 일함으로써 자신의 괴로움을 느끼지 않거나 억누른다. 인내하고자 하는 강한 충동이 있으므로 스스로 견딜 수 있는 능력을 키운다. 이들은 힘든 상황 속으로 자신을 몰아넣어 자신을 시험하고 고통을 견디지만 타인과 괴로움을 공유하지 않는다.

③ 충동적임

SP4는 지루한 생활의 속박을 견딜 수 없어 신중함을 던져버리는데, 순간적인 충동으로 해외여행을 떠나는 비행기 표를 사기도 한다. 이들은 분에 넘치는 여가생활을 하다가 재정적 난관에 봉착하기도 한다.

④ 시기 표출 방법

SP4는 시기심으로 살아가는 대신에 자신에게는 부족하고 타인이 가지고 있는 것을 얻기 위해 열심히 일하며 시기를 표출한다. 이들은 자신에게 많은 것을 요구하며 참으려는 욕구와 노력하는 열정을 가지고 있다.

2. 연산군: 개인적 본능 4유형(SE4)

1) 연산군의 성격 분석

가. 열등감이 많음

성종은 첫째 부인인 공혜왕후가 사망하자 후궁 윤씨(연산군의 어머니)를 중전으로 간택했다. 성종은 윤씨가 맘에 들었고 인수대비(성종의 모친)도 후궁 윤씨의 검소하고 겸손한 모습을 마음에 들어 했다. 성종과 윤씨는 처음에는 잘 지내며 연산군을 낳았다. 그런데 연산군을 출산한 지 4개월 만에 시어머니 인수대비와 갈등이 시작되었다. 윤씨가 생각했던 것과 달리 질투가 심해 성종의 얼굴을 할퀴어 상처를 냈기 때문이다. 정상적이라면 연산군은 왕실의 여러 할머니들과 부모의 사랑을 듬뿍 받으며 왕이 될 준비를 순조롭게 수행하는 어린 시절을 보냈을 테지만, 안타깝게도 그럴 수 없었다.

어머니 윤씨에게 닥친 불행은 연산군의 인생을 크게 흔들었다. 중전 윤씨는 성종의 후궁들을 투기하여 그들을 저주하고자 굿하는 방법을 적어놓은 책과 비상을 몰래 숨겨놓았다가 발각되어 성종의 노여움을 샀다. 성종은 중전의 행동이 국모의 자격을 잃은 행동이라며 빈으로 강등하여 별궁으로 내쳤다. 이후에도 윤씨는 잘못을 뉘우치지 않고 갖가지 패행을 저질렀고, 왕을 독살한 뒤에 직접 정치를 하려는 음모를 꾸미고 있다는 이유로 2년 뒤 성종은 윤씨를 폐서인 시키고 출궁시켰다. 그럼에도 윤씨에 대한 성종의 분노가 풀리지 않아, 그녀의 궁박한 생활형편이 여의치 않아 도움을 주어야 한다는 건의에도 일절 관심을 보이지 않았다.

성종은 정현왕후(윤호의 딸)를 왕비로 간택한 뒤 윤씨를 사사했다. 성종은 폐비 윤씨(제헌왕후로 추존)에 대한 일을 세자(연산군)에게 비밀에 부치라는 명을 내렸다. 연산군은 정현왕후의 아들로 자라게 되었다. 연산군은 세자 시절 내내 모친에 대한 궁금증이 있었으므로, 어머니의 따뜻한 품이 아니라 여기저기를 떠돌며 유년기를 보냈다. 마마보이인 아버지 성종이나 과부였던 대비들은 연산군에게 건강한 영향을 주지 못했다. 또한 끊임없이 살해의 위협을 당했던 연산군은 사람과 세상에 대한 신뢰감을 형성할 수 없어 그의 운명을 비극적으로 만들었다.

연산군은 어머니란 존재를 모르고 성장했으므로 생애 초기에 안정된 양육을 받지 못했다. 그는 생모가 죽을 당시 너무 어려 궁중에서 자라면서도 생모의 비참한 죽음을 몰랐다(연산군이 4세 때 어머니가 폐위되고 7세 때 어머니가 죽음). 모친에 대한 의존성이 강했던 성종이 인수대비(연산군의 할머니)의 사주를 받아 아내 윤씨를 폐비로 격하시킨 뒤 사사시켰기 때문이다. 연산군은 왕이 되기까지 생존의 위협에 시달렸으므로, 세상에 대한 불신감과 열등감이 많았다.

나. 포악함

연산군은 정현왕후(성종의 계비－이복동생 중종의 어머니)를 친모로 알고 자랐는데, 정현왕후는 친자가 아닌 연산군에게 모정을 주지 못했다. 연산군은 정현왕후의 이중적 행동에 어떻게 행동할지 몰라 혼란에 빠지기도 했다. 정현왕후는 사소한 일로 연산군을 가혹하게 대하다가 죄책감으로 필요 이상으로 연산군을 감쌌기 때문이다. 연산군은 자신이 어미 없이 태어난 자식이라고 생각하고, 항상 젖내 나는 어머니 품을 가슴 깊이 그리워하며 자랐다.

이런 환경에서 자란 연산군이 나중에 모친의 억울한 죽음에 대한 비밀을 알게 되었다. 연산군은 생모를 죽음으로 몰아넣은 사건의 전말을 들은 후부터 병적 성격이 극단적인 광기와 잔인성으로 폭발했다. 어머니에 대한 비밀을 알게 된 연산군은 광폭한 살육과 학정 등의 광기어린 행동을 통해 내면의 갈등을 해소하려 했다. 연산군은 선왕인 성종에 대해 감정이 있었으므로, 즉위한 후 얼마 되지 않아 부왕이 궁궐 정원에서 기르던 사슴을 활로 쏘아 죽였다. 연산군은 즉위 초부터 자신의 견해에 이의를 제기하는 언관들의 행태를 무시하고 싫어했으며, 자신의 잘못된 행동을 지적하는 신하들의 간언을 참지 못했다. 연산군은 무오사화·갑자사화로 신료들에게 강력한 경고를 보냄으로써, 표면상으로는 강력하고 전제적인 왕권을 행사할 수 있었다.

다. 엽기적인 향락을 추구함

연산군은 예술적인 감각이 뛰어난 자유로운 영혼의 소유자로 이성보다는 감성이 풍부했다. 그는 예인들을 우대했고 음악 담당기관인 장악원과 흥청·운평·광희에 대해 큰 관심을 보였다.

그는 또한 궁궐 내 기녀·내관·궁인·관노들에 대한 복장 점검을 수시로 하여 복장이 불량하거나 꾸미지 않으면 처벌했으며, 궁중 악사들에게도 깔끔하고 화려한 악기 및 복장을 요구했다. 그는 궁궐에서 많은 연회를 열기 위해 장악원(궁궐에서 연주되는 음악 및 무용에 관한 일을 맡았던 관청) 내 악사와 기생의 수를 몇 배 이상 늘렸다. 연산군은 장악원 내 악사를 '광희'라 부르고, 기생을 '흥청'과 '운평'으로 부르게 했다. 흥청 및 운평의 선발기준은 음악적 재능과 미모를 겸비한 여성으로 1,000명을 뽑았다. 흥청과 운평을 선발하는 관리가 '채홍사'다. 연산군은 흥청·운평과 놀기 위해 경복궁에 '경회루'를 설치했다. 그는 감정이나 언어표현이 풍부하고 감정기복이 심해 잔치판이 벌어지면 스스로 북을 치며 노래하고 춤을 추었다.

연산군이 여색을 탐하고 연회를 자주 열어 물자를 낭비했기 때문에, 잔치에 동원되는 흥청들의 꾸밈비용과 진귀한 음식을 마련하느라 내수사의 재정이 소진되어 '흥청망청'이라는 말이 여기에서 생겼다. 연산군은 자신이 총애하는 흥청에게 자주 포상을 내리고, 그녀들이 죽으면 거창하게 장례를 치러주었다. 또 그는 흥청들이 지방의 본가를 방문할 경우에는 관리를 보내 후하게 대하도록 했고, 흥청의 가족들에게는 세금을 면제해 주거나 집과 토지를 하사하기도 했다. 이런 영향으로 흥청의 가족들이 한양에 올라와서 남의 집을 함부로 뺏는 등 횡포를 부리기도 했다.

연산군은 사냥을 너무 좋아해 매번 인원을 동원하고 장소를 물색했다. 이로 인해 관원들이 애를 먹었을 뿐만 아니라, 사냥터를 위해 민가를 철거하게 하여 백성들의 원망이 자자했다. 당시에 가뭄과 수해 등 자연재해가 심하게 들어 민생이 도탄에 빠졌는데도 해결하려는 의지는 없었고, 도리어 자신의 놀이비용 마련에 골몰했다. 그럼에도 불구하고 갑자사화 이후 극도로 위축된 신료들이 아무도 연산군의 행동을 제어하거나 간언하지 못했다.

라. 예술적 감각이 뛰어남

연산군은 자유로운 영혼의 소유자로서 노래와 춤, 시와 그림 등 예술적 감각이 뛰어나고 감수성이 풍부했다. 연산군은 조선 임금들 중 유일하게 시집을 낼 정도로 예술가적인 기질이 많았으며, 『연산군일기』에는 그가 남긴 125편의 시가 있다. 연산군은 재위 시절 자신이 쓴 시문들을 시집으로 엮어두라고 했으나, 중종반정 이후 시집들은 모두 불태워졌다.

　연산군은 집권 말기에 가장 많은 시를 썼다. 이 시기에 연산군은 군왕으로서의 자제력과 자신감을 거의 상실했는데, 시 쓰기는 자신의 울적함을 해소하거나 그의 광기의 이면에 감추어진 정서적 불안감을 달래는 자기표현의 한 방법이었다. 시의 내용은 산수자연을 노래한 시, 신하들을 비판하고 경계한 시, 자신의 허물을 탓한 시, 취흥과 풍류를 즐긴 시, 자식을 향한 아버지의 슬픈 감정 등 다양했다.

　즉위 6년째 고생하는 승정원의 신하들을 위로하는 시, 「사계화(四季花)」는 다음과 같다. "이슬 젖은 아리따운 붉은 꽃 푸른 잎 속에 만발하여/ 향기 풍기는 누각은 남풍에 취해/ 구경만 하라고 은대(승정원)에 주는 것이 아니라/ 심심할 때 보며 천지의 조화를 생각게 하는 것이네."

　감성적인 연산군은 학자풍의 외모를 가졌고 왕위에서 쫓겨난 후에 4명의 아들을 잃었다. 아들들의 죽음을 안 아버지의 처연한 심정이 다음의 시에 담겨 있다. "종묘사직 영혼이 내 지성을 생각지 않아/ 어찌 이다지도 내 마음이 상하는지/ 해를 이어 네 아들이 꿈같이 떠나가니/ 슬픈 눈물 줄줄 흘러 갓끈을 적시네."

2) 개인적 본능 4유형(SE4)의 성향과 특징

가. 성향 — 경쟁(Competition)

　SE4는 자신보다 더 행복하고 매력적인 사람을 부러워한다. 특히 그들이 이들과 비슷한 처지에 있을 때 더 그러하다. 이들은 사랑을 찾기 위해 경쟁자들과 치열하게 경쟁한다. 사랑이란 싸워서 쟁취해야 된다고 생각하기 때문이다.

나. 특징

① 낭만적임

　SE4는 낭만주의자로 자신의 삶을 풍요롭게 해줄 구원자가 나타나기를 갈구한다. 따라서 이들은 관계를 돈독하고 낭만적인 분위기를 조성해 줄 수 있는 사람을 물색한다. 이들은 먼 곳에 있고 자기 손에 잡히지 않는 것을 그리워한다. 이들은 영혼의 동반자나 왕자나 공주가 와서 평범한 생활에서 구원해 주기를 갈망하지만, 특유의 질투심과 경쟁심 때문에 관계를 망쳐버린다.

② 시기심이 강함

SE4는 자신이 원하는 달란트의 소유자와 로맨틱한 관계형성을 원하면서도 상대방이 그런 달란트를 가졌다는 이유로 상대방을 미워하고 샘을 낸다. 이러한 시기심과 미움 때문에 관계가 깨져버린다. 이들은 상대방을 이상화 했다가 작은 결점 때문에 거부하기도 하며, 사랑의 경쟁자뿐만 아니라 사랑하는 상대방에게도 질투심을 가지고 경쟁하려 한다. 이들은 경쟁자들과 애정대상에게 자기가 그들보다 낫다고 확신시키려고 애쓴다.

이들은 가까운 사람과 문제가 생기면 화가 나기보다 우울해진다. 친밀한 관계에서 밀고 당기는 과정을 반복함으로써 극적인 상황과 고통을 만들어 내는데, 어느 정도의 거리를 유지하며 주도권을 쥐고 있다는 생각을 한다. 이들은 때때로 자기 자신은 타인으로부터 진정한 사랑을 받을 수 있는 특별한 사람이 아니라고 생각한다.

③ 변덕스러움

SE4는 타인에 대한 감정이 급격히 변화하는 경향이 있다. 이들은 때때로 연인이나 보호자에 대해서도 변덕스러운 태도를 보인다. 나아가 자신의 감정적인 욕구를 좌절시켰다고 여기는 사람에게는 공격적인 행동을 취하기도 한다. 이들은 자신과 경쟁을 하고 있는 사람을 파멸시키거나 자신을 실망시킨 사람에게 상처를 주는 것은 당연한 일이라 생각한다.

④ 시기 표출 방법

최고가 되기를 원하는 이들은 경쟁으로 시기를 표현한다. 이들의 내면결핍의 고통은 무의식적으로 원하는 것에 대한 시기로 나타난다.

3. 순종: 사회적 본능 4유형(SO4)

1) 순종의 성격 분석

가. 기억력이 뛰어남

순종은 독서광으로 다른 가문의 족보를 달달 외울 정도로 기억력이 뛰어났다. 그는 보학에 밝아서 자신과 마주 앉은 사람의 본관과 이름만 듣고도 상대의 항렬을 알아내 몇 대손인지 맞히고 그 사람의 직계 조상들까지 줄줄 읊었다.

나. 정서적으로 불안정함

을미사변 때 모친인 명성황후가 경복궁에서 일본 낭인들에게 시해당하고 자신은 그의 부친(고종)과 함께 감금되는 참상과 치욕을 겪었다. 이후 넋이 나간 듯 어머니를 부르며 혼절하는 일이 많았다. 김홍륙은 고종의 러시아어 통역이었으나 거액을 착복한 사실이 드러나 유배형을 받았다.

이에 원한을 품은 김홍륙은 고종과 황태자(순종)에게 해를 가할 목적으로 어전에서 음식을 담당하던 김종화를 매수해 고종이 마시는 커피에 다량의 아편을 넣었다. 고종은 커피의 맛이 이상함을 알고 곧바로 뱉었으나, 황태자는 이를 알아차리지 못하고 복용하여 치아가 모두 망실되고 복통과 어지럼증으로 쓰러졌다. 이후 그의 성격은 정서적으로 더욱 불안정해졌다.

다. 충의지사의 기질이 있음

일본은 병합조약만은 정식조약의 요건을 다 갖추려고 했다. 준비위원회는 대한제국 측의 이름으로 낼 문건들도 모두 준비했다. 데라우치는 총리대신 이완용에게 사전에 협조를 당부한 뒤, 위임장부터 내놓고 이것을 순종 황제에게 가져가서 서명과 날인을 받아오라고 했다. 황제(순종)는 이완용 외에 친일 분자 윤덕영, 민병석 등이 지켜보는 가운데 두 시간 이상 버텼다. 그것은 침묵 시위였다. 창덕궁 낙선재에 갇힌 몸이 된 그에게는 이미 저항할 아무런 수단이 없었다. 그가 동의하지 않자, 8월 22일 총리대신이었던 이완용이 한일합병조약에 대신 서명하였다.

이완용은 이를 가지고 남산 아래 통감 관저로 달려갔다. 데라우치는 다시 각서 하나를 내놓았다. 병합의 사실을 알리는 양국 황제의 조칙을 언제든지 발표할 수 있도록 준비한다는 내용이었다. 이 조약은 체결과 동시에 한 나라가 없어지는 것이라 비준절차를 밟을 시간이 없으므로, 병합을 알리는 조칙의 공포로 대신하기 위한 것이었다.

양국 황제들의 조칙은 1910년 8월 29일에 반포되었다. 그런데 한국 황제의 조칙은 '칙유'로 이름이 바뀌고, 위임장과는 달리 국새가 아니라 '칙명지보(勅命之寶)'라고 새겨진 어새가 찍혔다. 그 위에는 반드시 있어야 하는 황제의 이름과 서명도 없다. 이 어새는 황제의 행정결재용으로서 통감부가 고종 황제를 강제 퇴위시킬 때 빼앗아간 것이었다. 따라서 이 날인은 순종 황제의 의사와는 무관한 것이었다.

순종 황제는 운명하기 직전에 곁을 지키고 있던 조정구에게 유언을 구술로 남겼다. 자신은 나라를 내주는 조약의 조칙에 서명을 하지 않았다는 내용이었다. 이 구술 유언조칙은 멀리 샌프란시스코 교민들이 발행하던 신한민보에 실렸다. 샌프란시스코에서 발행된 신한민보에 실린(1926.7.18) 순종 황제의 유조에서, "병합 인준은 일본이 제멋대로 한 것이요 내가 한 바가 아니다"라고 밝히고 "여러분들이여 노력해 광복하라. 짐의 혼백이 명명한 가운데 여러분을 도우리라"라고 끝맺었다.

'한일병합조약'은 정식조약의 구비조건을 다 갖추려 했던 일본 측의 계획과는 달리 비준서를 대신할 한국 황제의 조칙은 발부되지 않은 것이 되었다. 순종은 이처럼 충의지사의 기질이 있었다.

라. 적개심이 강함

어느 날 궁녀가 순종에게 여러 이야기를 읽어주다 망국의 이야기가 실린 대목을 읽자 궁녀의 뺨을 치며 자신을 능멸하지 말라며 분노했다. 그의 성격 특성은 시기와 경쟁이라는 격정으로 규정된다. 그는 자신의 가치와 우월함을 증명하기 위하여 경쟁적인 방식을 취하며, 인정받지 못하면 시기에서 비롯된 분노를 나타낸다. 고통을 느끼면 외부로 투사하고 타인을 통한 욕구 충족으로 부정적인 감정에서 빠져나오고자 한다.

그가 왕세자가 된 후 즉위하기 전까지의 대한제국은 쇠퇴기를 지나 노골화된 일본의 야욕 앞에 풍전등화와 같은 형국이었다. 그의 삶도 여기에서 벗어나기 어려웠다. 그는 대한제국이 일본제국에 합병되면서 왕조의 끝을 지켜보아야 했던 비운의 군주였다. 심지어 이왕으로 격하된 후에 도쿄를 방문해 일본 왕을 알현하도록 압박받았고 이를 이행할 수밖에 없었다.

그에게 자신의 대에서 벌어진 왕조의 멸망은 엄청난 고통이었을 것이다. 그러나 그는 제위에 있을 때나 퇴위 후 거의 자연인으로서의 삶을 살아가는 과정에서 이런 고통을 외부로 표출하지 않고 내재화할 수밖에 없었다.

하지만 고종의 장례식 때는 양복을 입은 문상객이 오면 아예 등을 돌리고 절을 받지 않아 좌중을 경악하게 만들었고, 일본인 고관들까지 한복을 구해 입고 문상을 와야만 했다.

2) 사회적 본능 4유형(SO4)의 성향과 특징

가. 성향 ─ 수치(Shame)

SO4는 사람들이 따라야 하는 어떤 올바른 방식이 있다는 생각을 가지지만, 자신은 그런 방식이 아니라고 생각하므로 끊임없이 수치심을 느낀다. 수치심은 당혹스러움, 치욕, 자신감의 부족을 의미한다. 이들은 자신의 실수를 절대로 용납하지 못한다. 또 사회적인 기술이 없다고 느낄 때가 있으므로 자신의 매력이나 자신감을 내세우기도 한다.

나. 특징

① 독특함을 추구함

SO4는 자신이 독특한 사람이라는 생각을 가지고 있다. 이들은 자신의 독특함을 타인에게 줄 수 있는 선물인 동시에 짐으로 여긴다. 특별함에 대한 선망이 있으며 남들과 비슷한 것을 싫어하고 평범한 것을 꺼린다. 이들은 타인들로부터 특별나다는 평가를 받기 원한다.

② 수치심이 많음

SO4는 자신의 욕구와 바람을 드러내지 못하고 성과 분노를 부끄러워하며 자신의 욕구와 필요에 강한 수치심을 느낀다. 또 자신의 이상에 도달하지 못한 것에 부끄러움을 느끼며 자기비하를 한다. 타인과 자신을 비교하고 자신이 가장 못났다고 결론을 내린다. 자신을 타인과 비교하며 자신의 부족한 모습을 찾기 때문에 타인과 경쟁하지 않는다. 오히려 부족한 자신을 보여주는 것이 타인에게서 자기가 필요한 것을 끌어낼 수 있다고 생각한다.

이들은 수치심 때문에 평범한 사람들처럼 살아가는 방법을 모른다고 느끼며, 자신이 잘 적응하지 못한다는 느낌에 대한 보상으로 성공에 집착한다. 이들은 자신을 방어하기 위해 사람들과 멀리 떨어져 있지만, 사람들이 자기에게 관심을 가져주기 바란다.

③ 열등감에 사로잡힘

SO4는 자기비하의 욕구가 있어 타인과 자신을 비교하고 자신이 가장 못났다고 생각한다. 이들은 형식에 사로잡히고 경직된 경향이 있어서 몸가짐에 주의를 기울인다. 타인과 비교하며 자신의 부족한 모습을 찾으므로 경쟁심이 없다. 이들은 적절한 예법으로 행동하는 것이 매우 중요하다고 생각하지만, 그렇게 행동하지 못한다는 자격지심에 내면 깊은 곳의 느낌을 감추고자 한다. 이들은 괴로워하고 우울을 느끼는 데서 편안함을 느낀다.

④ 시기 표출 방법

시기는 자신의 열등감에 초점을 맞추고, 희생자 역할을 선택하고 많은 한탄을 표현한다. 이들은 타인과 경쟁하지 않는 대신에 자신과 타인을 비교하고 자신의 결핍을 찾는다.

5유형 — 분석주의자들

1. 명종: 자기보존 본능 5유형(SP5)

1) 명종의 성격 분석

가. 마마보이임

명종은 어머니 문정왕후의 손에서 벗어나지 못했던 왕이다. 문정왕후는 중종의 왕비가 된 후 연이어 딸 넷을 낳은 후, 서른네 살에 가까스로 이환(명종)을 얻었다. 그녀는 환을 왕위에 앉히기 위해 갖은 노력을 하였고 기어코 그를 왕으로 만들었다. 환이 왕이 되었을 땐 열두 살이었으므로 문정왕후가 섭정했는데, 그녀는 무려 8년 동안 여왕처럼 군림했다. 그녀는 성격이 강하여 아들을 쥐 잡듯이 다루곤 했는데, 환은 성정이 순하고 착하여 문정왕후에게 꼼짝도 하지 못했다.

문정왕후는 스스로 명종을 세운 공이 있다 하여 때로 주상에게 함부로 말하기도 했다. "너는 내가 아니면 어떻게 이 자리를 소유할 수 있었으랴" 하고, 조금만 여의치 않으면 곧 꾸짖고 호통을 쳐서 마치 민가의 어머니가 어린 아들을 대하듯 힘이 있었다. 명종의 친성이 지극히 효성스러워서 어김없이 받들었으나 때로 후원의 외진 곳에서 눈물을 흘렸고 더욱더 목 놓아 울기까지 하였으니, 명종이 심열증(화병)을 얻은 것 또한 이 때문이었다.

이처럼 문정왕후의 간섭이 심하였으며, 심지어 회초리로 종아리를 맞는 일까지 있었다. 또 명종의 행동을 궁녀로 하여금 감시하게 하여, 조금이라도 자신을 욕하는 말을 하면 곧바로 불러 야단을 쳤다. 심지어 궁궐 내부에 자그마한 시설 하나도 모두 모후의 허락을 받고 만들 정도였다. 더구나 명종은 사생활에서도 늘 모후 문정왕후의 눈치를 보며 살아야 했다. 그 바람에 사랑도 제대로 못하고 눌려 지냈고, 그 압박감 때문에 자식도 제대로 낳지 못했다. 명종은 평생 혹독한 어머니 밑에서 기를 펴지 못한 탓인지 왕비와 후궁들 모두에서 단 1명의 아들만을 보았는데(순회세자), 그 아들마저 열세 살의 나이로 죽어 후사도 끊겼다.

나. 간언에 귀 기울이지 않음

명종은 문정왕후의 기세에 눌려 아무 것도 하지 못했는데, 그녀의 수렴첨정 기간이 끝나도 마찬가지였다. 문정왕후는 수렴을 끝낸 후, 자신의 집안과 관련된 것이나 자신이 신봉한 불교에 관한 문제를 제외하고는 국정에 크게 개입하지 않았다. 명종이 중전의 외숙부 이량을 총애하고 중용하자 조정의 무게추가 윤원형에서 이량으로 옮겨갔다.

명종에게는 자신의 정치를 펼칠 수 있는 힘이 있었고 여건이 마련되어 있었다. 그럼에도 명종은 재상들이 아닌 이량·심통원 등 외척들에게 연이어 힘을 실어줘 조정의 공적인 의사결정 체계를 무너뜨렸고, 재상들이 외척의 눈치를 보도록 만들어버렸다. 더욱이 명종은 평소 재상의 간언에 그다지 귀를 기울이지도 않았다. 자신의 마음에 들지 않는 말을 하면 화를 내거나 배척한 것은 아니었지만, 그렇다고 반성하고 달라지는 모습을 보여주지도 않았다. 그저 알았다고 말하거나 완곡하게 거절하는 모습을 보였다. 그러다 보니 재상들도 현상을 유지할 뿐 무언가를 해보고 싶은 마음이 들지 않았다.

다. 눈물이 많음

명종은 23년 동안 재위했으나 문정왕후의 수렴청정과 을사사화·임꺽정의 난·을묘왜변 등 국가적 혼란을 겪으며 성군이 되지는 못했다. 모후 문정왕후의 극악스러움에 눌려 명종은 평생 눈물로 왕위를 지켜야 했다. 외삼촌 윤원형의 권세가 크다보니 노비출신으로 정경부인이 된 그의 애첩 정난정의 위세가 대단했다. 정난정은 윤원형의 권세를 배경으로 상권을 장악하여 전매행위로 부를 축적했다. 윤원형의 집에는 뇌물이 폭주하여 한성 내에 집이 15채나 됐고 생사여탈이 그의 손에 달릴 지경이었다.

문정왕후가 사망하자 명종은 윤원형 세력을 견제하기 위해 인순왕후의 친인척을 가까이 두었으나, 그들 역시 사리사욕을 채우는 데 급급해 부정축재를 일삼고 자기세력을 키워 조정은 권신들의 횡포로 정치적 혼란이 극심했다.

라. 감정표현을 절제함

명종이 대군 시절 자신과 세자(인종)를 둘러싸고 벌어지는 권력투쟁 속에서 언행을 조심하고 감정표현을 절제하는 것이 습관화되었다. 명종이 12세에 왕위에 오르자 모후 문정왕후가 8년간 수렴청정을 했고 그 밑에서 여전히 조심하고 절제하는 모습을 보였다. 문정왕후가 정사에 함께 한 날에는 입을 닫은 채 한 마디도 하지 않을 때가 대부분이었다.

문정왕후의 수렴청정이 끝나고 명종이 친정을 하게 되었으나, 막강한 권력을 형성하고 있는 척신세력과 청산유수 같은 대간들 사이에서 실권을 가지지 못한 명종의 태도는 한동안 달라지지 않았다. 문정왕후 사후에 척신세력은 급격히 약화되었으나 새로운 세력으로 떠오른 사림파를 제어할 만한 능력이 없었다. 명종은 왕위에 있는 동안 자신만의 정치를 제대로 펴보지 못했다.

2) 자기보존 본능 5유형(SP5)의 성향과 특징

가. 성향 — 은둔(Castle)

SP5는 스스로 움츠러들어 물러나 타인들로부터 자신을 분리시킬 수 있는 편안한 거처를 물색함으로써 자신의 삶을 보호하려고 한다. 이를 위해 은신처를 찾아내고 이른 지켜내는 데에 몰두한다. 자신이 공간과 사생활은 보호하고 자신을 돌보는 방법으로 타인과 세상으로부터 뒤로 물러서서 은거한다.

이들의 탐욕의 열정은 은신처로 피신하고 재산을 축적하는 데로 향한다.

이들은 벽 뒤에 숨어 있으며 벽 안에 삶을 유지하는 데 필요한 수단이 구비되어 있다는 사실을 알고 있다.

나. 특징

① 고독을 즐김

SP5는 고독을 사랑하고 사회적인 접촉을 피하고, 세상과 타인들로부터 자신을 보호하기 위해 두꺼운 벽을 쌓아 올린다. 이들은 자신에게 필요한 것을 최소화시킴으로써 타인으로부터의 독립성과 분리를 얻으려고 노력한다. 또 독립성과 프라이버시를 침해당하는 것을 싫어하므로 사람들과 함께 있으면 쉽게 지쳐버린다. 이들이 다른 사람들과 친해지려면 많은 시간이 걸리며, 재충전을 위해 집에 혼자 있는 시간이 필요하다.

이들은 세상 밖으로 나갈 필요가 없도록 벽안에 모든 것을 갖추어 놓으려 한다. 타인과의 사이에 경계선을 두며, 자신의 경계선에 대해 통제권을 가지는 것을 중요하게 여기고, 외부의 침입으로부터 자신을 보호하고 자신의 경계를 통제하기를 원한다.

② 에너지를 비축함

SP5는 타인의 도움을 필요로 하는 것을 피하기 위해 자신의 에너지와 자원을 아끼므로, 자신이 처한 여건하에서 최소한의 물자를 취하려고 힘쓴다. 이들은 집과 직장을 철저히 지키며 물자를 절약하고 요란한 생활을 지양하고 조용히 지내려고 한다. 또 생계와 취미생활, 가족이나 가까운 사람의 안위에 관심이 많다.

③ 욕구를 줄임

SP5는 독립성과 타인으로부터 분리를 꾀하기 위해 과다한 필요와 욕구를 포기하고 최소한의 자원으로 살아간다. 따라서 이들은 욕구와 필요를 제한하여 타인에게 의존하는 것을 회피한다. 이들은 자기에게 필요한 것을 최소화시키기 때문에 적은 돈을 쓰면서도 살 수 있다. 이들과는 의사소통이 어렵다.

④ 탐욕 표출 방법

경계를 고수함으로써 탐욕을 표출한다.

2. 광해군: 개인적 본능 5유형(SE5)

1) 광해군의 성격 분석

가. 예민하고 조심스러움

광해군의 성격형성에 영향을 줄 만한 요소는 그가 서자 출신인 동시에 장남이 아니었다는 점이다. 광해군은 적자나 장남이 아니라는 이유로 차별을 받았으므로, 능력도 제대로 평가받지 못했다. 광해군은 어려서부터 유능했지만 적장자가 없는 상황에서도 임진왜란 직전까지 아버지 선조에게 세자책봉을 받지 못했다. 만약 임진왜란이라는 돌발 변수가 발생하지 않았다면, 부왕인 선조가 거의 전적으로 능력만을 근거로 광해군을 세자에 책봉하는 일은 없었을 것이다.

이렇게 적장자가 아니라는 이유로 차별을 받았다면, 이로 인한 콤플렉스가 광해군의 성격 속에 형성되었을 가능성이 있다. 광해군은 존경받을 만한 군주였지만, 그 역시 콤플렉스로 인한 성격상의 문제가 있었을 가능성이 많다. 이 점은 그가 자신에게 콤플렉스를 안겨준 사람들에게 공격을 가한 사실에서 잘 드러난다. 광해군의 친형이자 선조의 장남인 임해군은 차남인 광해군에게 콤플렉스를 안겨주었다. 두 사람은 동복형제였지만, 장남인 임해군의 존재는 광해군의 앞날에 먹구름이 되었다. 일반 가정과 달리 왕실에서는 아버지를 승계하지 못한 차남은 죽은 듯이 지내거나 실제로 죽어야 했다. 임해군이 왕이 될 경우, 광해군은 능력을 삭히면서 살거나 죽어야 했다. 선조의 정실부인이자 광해군의 젊은 새엄마인 인목왕후(훗날 인목대비)는 후궁의 아들인 광해군에게 콤플렉스를 안겨주었다.

이러한 콤플렉스의 영향으로 평생 동안 광해군을 괴롭힌 질병 가운데서 대표적인 것은 화증(화를 잘 내는 증세)이다. 인목왕후의 등장은 적장자 탄생의 가능성을 예고하는 것으로, 이것은 광해군의 목숨을 위협하는 것이었다. 인목왕후가 낳은 영창대군은 서자인 광해군에게 콤플렉스를 안겨주었다. 영창대군이 탄생하자 선조는 세자를 교체할 징후까지 보였다. 만약 영창대군이 현대의 유치원에 들어갈 때까지 만이라도 선조가 살았다면 선조의 후계자가 달라졌을 수도 있었다.

이처럼 적자도 장자도 아니었던 광해군은 원래 왕이 될 수 없는 인물이었으나, 임진왜란이라는 비상한 상황에 힘입어 세자 자리에 올라 분조를 이끌었다. 그러나 그나마도 제대로 된 권한을 부여받지 못한 채 신조의 질시와 의심에 시달려야만 했다. 상국인 명나라는 자국의 정치사정 때문에 세자책봉을 다섯 차례나 거부했다. 16년에 이르는 세자 시절 동안 온갖 풍파에 시달린 결과, 광해군은 예민하고 조심스러운 성격의 소유자로 거듭났고 무엇보다 임금으로서 절대적 권위에 집착했다.

나. 슬기로움

광해군은 명나라가 점점 쇠퇴하고 북방 여진족이 강성해지고 있는 정세의 변화를 파악하고, 외교적으로 신중하고 슬기롭게 대처했다. 여진족은 조선과 명에 눌려서 통일을 이루지 못하다가 왜란으로 인해 조선과 명의 힘이 약화되자, 후금을 세우고 명의 변경을 위협했다. 명은 이를 방어하기 위해 조선에 출병을 요구했다. 왜란 때 명의 도움을 받았던 조선으로서는 명의 요구를 거절하기 어려웠다.

광해군은 새로운 강국으로 등장한 후금과 적대관계를 가지는 것이 현명하지 못하다고 판단하여, 강홍립으로 하여금 출병하게 한 후 정세에 따라 슬기롭게 대처하도록 했다. 광해군은 임진왜란을 겪으면서 전쟁위협에 대한 상황에 예민했으므로, 국제 정세를 실리차원에서 바라보고 '중립외교정책'을 폄으로써 외침을 피할 수 있었다. 광해군이 명·청 교체기에 선택한 대외정책은 그의 명철한 통찰력을 바탕으로 주변국의 정세를 정확히 파악하고 불필요한 국력 소모를 최소화하고자 한 것이다.

그러나 의리와 명분을 중시하는 사람은 명분보다 실리를 택한 행위를 명나라에 대한 배신행위로 간주했다. 이를 명분으로 내세워 사대부들은 광해군을 몰아낼 결심을 굳힌다.

다. 경청에 약하고 측근에게 엄격하지 못함

광해군은 내치에는 실패하고 외교에는 성공한 군주였다. 광해군은 경연을 거의 열지 않았다. 경연은 왕과 신료들이 함께 모여 경전을 읽고 내용을 토론하는 자리이다. 왕은 그 자리에서 통치와 관련된 과거의 사례를 배울 수 있고, 신료들은 평소 품고 있던 생각이나 시정의 여론을 전달할 수 있었다. 하지만 광해군은 경연을 비롯한 신료들과의 대면을 귀찮아했다.

자연히 여론과 민심을 제대로 읽지 못했고, 반정을 주도했던 세력들은 그런 약점을 파고들었다. 소통을 위한 노력을 제대로 기울이지 않은 바로 거기에서 광해군의 비극이 싹텄다. 이이첨과 김개시의 존재는 광해군이 의지할 수 있는 든든한 버팀목이었지만, 그들의 권력에 대한 탐욕으로 인해 백성의 소리, 사대부의 소리를 직접 들을 수가 없었다. 광해군은 대북파에게 권력을 주었고, 대북파는 광해군의 왕권을 강화하는 친위대로서 악역을 담당했다.

라. 포용력이 없음

용상에 오른 광해군이 가장 먼저 착수한 일은 자신의 잠재적 경쟁자들을 제거하는 것이었다. 광해군은 왕이 된 뒤 세 사람에게 공격을 했다. 광해군은 임해군(동복형)이 죽도록 만들었고, 영창대군(이복동생)이 죽도록 만들었으며, 계모인 인목대비를 서궁(덕수궁)에 유폐시켰다. 이는 자기를 대신할 누군가의 존재를 이겨내지 못하는 성격의 발로로서 왕권강화의 명목으로 형과 동생을 죽인 것이다.

광해군이 형인 임해군을 유배 보내고, 그의 죽음을 사실상 사주한 일에 대해서는 신하들도 이해를 했다. 하지만 이복동생 영창대군과 그의 어머니 인목대비를 공격한 일에 대해서는 모자가 연루됐다는 역모혐의가 워낙 어처구니없었던 데다, 인목대비는 계모일지언정 광해군의 어머니였기 때문에 많은 정치세력이 등을 돌렸다. 효로써 섬겨야 할 어머니를 임금인 아들이 불충한 사건을 두고, 유교국가인 조선은 충과 효를 둘러싼 격렬한 논쟁에 휘말렸다. 이러한 이복형제의 제거와 계모에 대한 폐서인 조처는 성리학이 지배하던 조선 사회에서 패륜행위로 공분을 일으켰고 정적에게 쿠데타(인조반정)의 빌미를 제공했다.

2) 개인적 본능 5유형(SE5)의 성향과 특징

가. 성향—자신감(Confidence)

SE5는 자기매력과 연애능력, 성적인 능력에 대한 자신감이 결여되어 스스로 능력이 없고 멋이 없다는 생각에 대한 보상으로 가식된 자신감을 나타낸다. 하지만 호감이 가는 사람에게 다가가는 것이 어렵다. 따라서 이들에게는 자신의 억압을 극복하기 위해 함께 있으면 안전하다고 느낄 수 있는 의지할 사람이 필요하다. 탐욕의 열정은 거부당할까 봐 두려워서 애정을 거두어들이지만, 일단 목표로 삼으면 애정의 대상을 꽉 붙잡고 놓지 않는다.

나. 특징

① 상상력이 풍부함

SE5는 열정과 지성이 결합하여 상상력이 풍부하다. 타인과 친밀감을 원하면서도 5유형의 특성상 그것을 회피하기도 한다. 이들은 이상적인 파트너와 환상적인 만남을 상상하므로 현실에 절망하기도 한다.

② 상대방과 신뢰 구축

SE5는 인간관계에서 신비스러운 결합을 추구하므로 상대방에 대한 신뢰와 욕구가 크다. 이들은 이상적인 신뢰를 구축하여 파트너십을 형성하고자 한다.

③ 민감함

SE5는 감정적으로 민감하고 고통을 받으며 욕구를 더 많이 표현한다. 예술적인 창작물을 통한 활기찬 내면의 삶을 가진다.

④ 탐욕 표출 방법

예술적 창작물을 통해 탐욕을 표현한다.

3. 성종: 사회적 본능 5유형(SO5)

1) 성종의 성격 분석

가. 공부벌레임

성종은 할머니 정희왕후가 수렴청정을 하는 동안 공부에 매진했다. 모범생으로 경연(유능한 신하들과 함께 공부함)에 매일 참석했는데, 어린 나이임에도 아침, 점심, 저녁으로 하루 세 번 경연을 어기지 않았다. 하루에 네 번 경연을 하는 생활도 6년간 계속했으며, 25년 재위 기간 동안 9,229회 경연에 참석했다. 성종은 연평균 369회의 경연에 참석한 엄청난 공부벌레였다.

그는 위민과 애민, 왕권과 신권의 조화를 꿈꾸며 열심히 공부했다.

나. 균형감각이 있음

성종은 신·구세력의 공존과 협력을 원했다. 그는 어린 나이에 옥좌에 올랐고, 그때 조정은 기득권층인 훈구파로 가득했다. 성종은 그들을 견제하려고 개혁을 바라는 신진사류를 조금씩 끌어들였다. 세월이 흐르자 조정 안에는 신진사류의 숫자가 늘어났고, 그들의 정치적 영향력도 커졌다. 김종직과 같은 신진사류는 성리학의 이념에 충실한 선비들이었는데, 왕은 그들을 언관으로 삼아 조정의 잘잘못을 따지게 했다.

이러한 정책은 효과가 있었다. 언관들은 훈구세력의 부정부패를 파헤쳐 낱낱이 고발하고, 그들을 호되게 비판했다. 이는 성종이 신진사류가 훈구세력을 적절히 견제하는 상황을 만들었기 때문이다. 신진사류의 정치적 지위가 강화되자 벼슬이 없는 유생들까지도 한층 고무되어, 국정 현안에 관하여 그들이 목소리를 내기 시작했다. 성균관 생원들이 조정 대신들을 강도 높게 비판했는데, 그들은 훈구파 대신들이 불교에 대한 통제를 소홀히 하고 있다고 주장했다(1492.12).

그런데 유생들의 논조는 과격하기 짝이 없었고, 또한 과격한 상소문이 선달되자 성종은 잔뜩 긴장했다. 왕은 무엇보다도 국가의 기강이 흔들릴까 봐 염려했다. 그리하여 성종은 신진과 훈구세력으로 구성된 조정대신들의 적절한 조화와 균형을 이루고자 노력했다.

다. 줏대가 없음

성종은 지극한 효자였지만 비정한 남편이었다. 성종시대에 궁궐 밖은 평화롭고 안정적이었지만 궁궐 내부는 그렇지 않았다. 아들을 독점하고자 하는 시어머니와 남편을 독점하고자 하는 며느리 사이의 알력 때문이었다. 성종은 좋은 임금이자 아들이었지만 남편으로서는 이기적이고 비정한 지아비였다. 성종의 지아비로서의 부족한 성품을 대비들(정희왕후·인수대비)은 못 본척하거나 부추김으로써, 눈치 빠른 후궁들은 막강한 시댁의 비위를 맞추며 안위를 모색했다.

왕위에 오르게 해준 정희왕후(할머니-세조 비), 인수대비(어머니-의경세자 비)에게 성종은 하늘이 내려준 효자였다. 두 여인(조모와 모친)은 성종을 며느리와 공유하려 하지 않음으로써 며느리(폐비 윤씨)가 가장 큰 피해자가 됐다.

성종의 첫 번째 부인인 공혜왕후는 자식을 못 낳고 세상을 떴다. 성종은 두 번째 궁녀 출신 후궁 숙의윤씨(성종보다 12세 연상)를 총애해 그녀를 두 번째 왕비로 들여 연산군을 낳았다.

아들을 낳은 숙의 윤씨는 원자의 어머니이자 왕비로 내부의 기강을 잡으려 했다. 그러자 대비들은 며느리에게 성종도 권력도 넘겨주고 싶지 않아, 대비들은 윤씨를 미워하고 후궁들도 윤씨를 무시했다. 이런 상황하에서 의지가 되어야 할 성종은 왕비보다 대비들이 우선이었으므로, 비빈들의 험담과 대비들의 미음 속에서 윤씨는 폐비로 처해져 가고 있었다.

라. 호색한임

성종은 어릴 적부터 총명하기로 소문났지만 낮과 밤이 달라, 신하들은 성종을 '주요순(晝堯舜) 야걸주(夜桀紂)'라 비아냥거렸다. 낮에는 요순과 같은 성군이요, 밤에는 호색한이라는 것이다. 중국 하나라 걸왕은 말희에게 마음을 빼앗겼고, 은나라 주왕은 달기에게 빠져 중국 3천 년 역사 속에서 나라를 멸망시킨 군주로 불렸기 때문이다.

성종은 색욕이 강해 기생을 궁궐로 끌어들였다. 성종은 호문호색(好文好色)

의 군주답게 모두 12명의 부인을 두었다. 이 중 왕비는 공혜왕후 한씨와 정현왕후 윤씨, 그리고 폐비가 된 윤씨 세 명이었다. 공혜왕후 한씨는 후사가 없이 사망하였고, 폐비 윤씨는 훗날 연산군이 된 세자 융을 낳았다. 정현왕후 윤씨는 중종을 낳았고 더불어 신숙공주를 낳았는데 신숙공주는 7세의 어린 나이로 요절하였다. 또 성종은 아홉 명의 후궁들에게서 14명의 아들과 11명의 딸을 두었다.

2) 사회적 본능 5유형(SO5)의 성향과 특징

가. 성향 ― 토템(Totem)

SO5는 자신이 따를 이상적 인물을 갖고 있고 사회적 계급구조를 민감하게 알아차린다. 토템은 공동체 내에서의 숭배 대상으로 가족이나 사회집단을 나타내는 상징이나 표상이다. 토템이라는 말이 음미하듯이 받드는 물건이나 동물이 그려진 형상들 중에 원하는 것의 그늘 아래서 살고 또한 그것이 되고 싶어 한다. 이들은 잘 알고 있는 사회적 원형을 구현하고 싶어 하므로 어떤 모델이나 지식의 샘이 되기도 한다.

나. 특징

① 필요한 존재가 되기 위해 지식과 지혜를 사용

SO5는 리더가 되고자 하는 포부가 커서 전문인이나 지식인 그룹의 구성원이 되고자 한다. 이론적으로 복잡한 주제나 깊이 있는 주제를 다루는 것을 선호하지만, 평범한 대화나 일상의 대화 그리고 의례적인 대화는 피하려고 한다. 이들은 특수하고 특정한 분야에 관해 전문지식을 쌓기를 원한다. 이들의 탐욕의 열정은 이들에게 명예와 부를 쥐게 하는 것이라면 어떤 것이든 수중에 넣는 습성으로 나타난다.

② 전문가 집단의 일원이 되고자 함

이들은 지식축적이 많고 풍부한 연구활동을 쌓은 경험을 바탕으로 리더가 되기 위해 전문가 집단의 구성원이 되기를 바란다.

③ 비범함을 추구함

SO5는 삶의 정수와 비범함을 찾는 데 집중한 나머지 일상의 삶에 흥미를 잃을 수 있다. 따라서 평범한 자신은 아무 의미가 없다고 생각한다.

④ 탐욕 표출 방법

감정적 유대보다는 가치를 공유하고 지식을 통해서 타인과 공통적 관심사를 연결시킴으로써 초이상의 필요를 통해 탐욕을 표출한다. 이들의 탐욕은 지식과 연결되며 인간관계의 지속에 대한 필요는 정보에 대한 목마름으로 대체된다.

1. 선조: 자기보존 본능 6유형(SP6)

1) 선조의 성격 분석

가. 의심이 많음

학구적이고 온화한 성격인 선조는 즉위 초기에는 검소한 성격에 정치를 잘
했고 성군의 자질을 보였으나, 왕실의 적통이 아닌 방계에서 왕이 되었다는 열
등감에서 벗어나지 못해 언젠가 자신의 권좌를 잃을까 봐 의심병이 생기게 되
었다. 선조는 또한 서자 출신이라는 트라우마로 인해 질투심이 많고 다혈질이며
조급한 성격이었다. 정여립을 역모로 몰아 그와 관련된 수많은 사람들을 해치고
왕권을 강화하는 히스테릭한 모습을 보기도 했다. 동인 출신인 정여립은 관직에
서 물러나 고향에서 사교모임인 대동계를 조직했다. 하지만 대동계는 역모의 누
명을 뒤집어쓰고, 이를 계기로 많은 동인들이 서인에 의해 축출되었다. 이후에
동인이 남인과 북인으로 나뉘는 등 조정내부의 붕당은 점전 심화되었다. '정여
립의 난'은 왕권강화를 위해 신조기 꾸민 지직극이었다.

선조는 임진왜란이 발발한 후에 백성들을 제대로 지키지 못했을 뿐만 아니
라, 질투심으로 왜란 중 광해군의 활약이 커질수록 그 존재감이 부담스러워 세

자를 견제하고 경계했다. 전란 후에는 자신의 왕권상실을 우려하여 수많은 의병장들을 제거했다. 특히 이순신장군이 막강한 군대를 갖게 되자 역모를 꾸밀 거라는 피해망상증을 갖게 되어 집요하게 그를 제거하려고 했다.

나. 두려움이 많음

한 국가의 최고 리더인 왕이라면 늘 비상시를 대비하고, 백성의 안녕을 위해서 국부증진과 국방력 유지를 우선적으로 고려해야 함은 당연한 일이다. 하물며 선조 재위 시에 발발한 '임진왜란'은 조선조 개국 이래 초유의 국가 간 전면전쟁 상황이었으므로 비상한 리더십이 절실하게 요구되었다.

그러나 그의 성격유형의 격정에서 비롯된 두려움은 그의 리더십의 단면을 적나라하게 보여주었다. 전 국토가 유린당하고 백성의 삶이 극도로 피폐해진 상황에서도 그의 주된 관심사는 오로지 자신의 안위에 관한 것이었다. 전쟁이 발발하자 백성과 종묘를 버리고 의주로 도망가고 명나라로 망명하려 했다. 전란 발발 15일 만에 신립이 탄금대 전투에서 패하자 공황상태에 빠져, 도성을 비움과 동시에 명나라로 도주하자는 주장을 반복하는 모습은 그의 격정인 두려움이 표출된 극치이다.

선조는 전쟁 수행 결의와 필요한 조치의 이행보다는 공포를 이기지 못하고 도주를 먼저 고려했다. 그는 명나라를 자신을 보호해 줄 울타리로 꼽았다. 전란 중에 명과 왜가 강화조건으로 조선의 분할을 논하는데도 그의 관심은 자신의 권력을 유지하는 데만 집중되었다. 전란에 적극적으로 대응하기보다는 두려움으로 신하들에게 잘못을 투사하고, 주변에 대한 불신으로 수차례 선위파동을 일으키는 등 그로 인한 분란이 그치지 않았다. 어떤 측면에서는 그가 바로 비상시 국가운영의 장애가 되었다.

다. 인재를 아낌

선조는 공부를 가장 잘하는 우등생이었고 인재를 아껴 어느 시대보다 그의 치세에 문호·명유가 넘쳐났다. 선조시대는 유난히 인물이 많았는데, 퇴계 이황·율곡 이이·고봉 기대승·남명 조식·우계 성혼 등 헤아리기도 힘들다. 선조는 학자를 우대했다. 명나라에서 '동방문사'라는 칭호를 받았던 차천로는 과거시험에서의 부정행위로 함경도로 유배를 갔다. 선조는 신임 병마절도사에게 "차천로를 잘 대우하라"는 특명을 내렸다. 차천로가 날마다 융숭한 대접을 받자 연유를 물으니 병마절도사가 자초지종을 설명하며 "정승·판서의 부탁도 어기지 못하는데 이것이 어떤 명령인가"라고 했다. 이 말을 들은 차천로는 목 놓아 통곡했다.

경상 우도 사림의 스승 조식은 끝내 임금의 부름을 거부했지만, 선조는 그의 병이 깊어지자 어의와 약을 보내 간호토록 했고 조식이 세상을 뜨자 특별히 대사간에 추증했다. 중국에서 서성과 동급으로 대접받은 석봉 한호도 선조가 없었으면 존재하지 못했을 것이다. 한석봉은 과거에 급제하지 못했으나, 그의 재주를 높게 산 선조는 한가한 곳에서 서예에 매진하도록 특별히 가평군수에 임명했다. 그러면서 선조는 "게을리하지도, 급하게 하지도 말라"고 한석봉에게 당부했다. 명나라 장수 이여송이 한음 이덕형의 인품에 반해 "그대의 용모가 왕의 상"이라고 했다. 이 불경스러운 말이 선조의 귀에 들어갔으나, 선조는 불안해하는 이덕형을 불러 술자리를 갖고 "내 어찌 가슴에 담아 두겠는가"라며 안심시켰다.

라. 검소함

율곡은 만언봉사에서 선조에게 절약과 검소를 실천하고 사치풍조를 고쳐야 한다고 요구했다.

율곡은 백성들이 궁핍하여 생활이 어렵기 때문에 궁정의 지출비용을 줄여야 한다고 하면서, 그 당시의 심각한 상황을 사치하고 문란한 풍속이 심각하다고 하며 다음과 같이 말했다.

"음식은 배를 채우기 위한 것이 아니라 상다리가 부러지게 차려 놓고 서로 과시하기 위한 것이 되었고, 옷은 몸을 가리기 위한 것이 아니라 화려함과 아름다움을 서로 경쟁하기 위한 것이 되어버렸다. 음식 한 상 차리는 비용으로 굶주린 사람의 몇 개월 양식을 마련할 수 있고, 옷 한 벌의 비용으로 헐벗고 추위에 떠는 사람 열 명의 옷을 장만할 수 있다."

선조는 율곡의 말을 받아들여 이를 실천했다. 선조는 평생 비단옷을 입지 않았으며 수라상에 두 가지 이상 고기반찬을 올리지 못하도록 했다. 선조의 수라상에는 물에 만 밥 한 그릇과 마른 생선, 생강 조린 것, 김치와 간장이 전부였다. 전란 후 허리띠를 졸라매 밥알 하나라도 떨어뜨리면 선조의 불호령이 떨어졌다. 선조는 나인들이 불고기를 먹는 것을 보고 농사짓는 소를 어찌하여 함부로 잡느냐며 도살을 금했다.

2) 자기보존 본능 6유형(SP6)의 성향과 특징

가. 성향 — 온화(Warmth)

SP6는 따뜻하고 친절하며 붙임성이 있다. 이들에게 온화함은 사람들이 자신에게 우호적이고 화나지 않게 만들어서 자신이 공격받지 않게 하는 방법이다. 이들은 자신의 삶을 보호하고 영위하는 방안으로 타인이 자기 자신을 좋아하고 따르게 만든다.

나. 특징

① 의존성이 강함

SP6는 공포가 가장 강하다. 공포순응형은 타인에게 신용을 받으려하고 안전함을 추구하며, 타인에게 의존하는 것을 통해 공포감을 해소하고자 한다. 이들은 자기 자신을 충분히 신뢰하지 않으므로 외부의 지원 없이는 외로움과 무력함을 느낀다. 적대감 없이 따뜻하게 보호받을 수 있는 장소에서 가족으로서 받아들여지기를 바란다. 의존성은 타인의 공격성 앞에서 자신의 공격성을 약화시킨다.

② 관계에 집중함

SP6는 살면서 안전하다는 느낌을 갖기 위해서 관계에 집중한다. 이들은 자신을 지켜내는 열쇠로 타인의 애정의 대상이 되고자 한다. 이들은 타인을 자기 생존의 위협으로 인식하므로, 자신의 싹싹함을 활용하여 타인과 친분관계를 돈독히 함으로써 타인이 자신을 공격할 가능성을 상쇄시킨다. 두려움의 열정은 자기보호를 둘러싼 염려로 나타나 내 편이 될 수 있는 사람을 찾기 위해 온갖 정성을 쏟는다. 이들은 상냥하고 믿음직한 사람으로 보이기 위해 노력하고 보호적 동맹을 추구하므로 따뜻하며 친근하다.

③ 안전을 추구함

 SP6에게 안전함은 타인, 조직과의 연결로써 만들어지고 이들은 타인이 자신에게 관심을 가지는지에 신경을 쓴다.

④ 두려움 표출 방법

두려움은 불안정하다는 것으로 표현된다.

2. 단종: 개인적 본능 6유형(SE6)

1) 단종의 성격 분석

가. 측근들에게 의지함

어린 나이에 즉위한 단종에게는 확실한 정치적 후견인이 없었다. 단종은 우월한 정통성이라는 강점이 있었으나 이를 제대로 활용하기 어려웠다. 정치적 기반이 취약했던 단종은 잠재적 대권주자가 될 수 있는 대군들보단 아버지 문종이 신뢰했던 최측근들인 고명대신들에게 의지했다.

단종은 자신에 대한 위협을 예방하기 위해 숙부인 수양대군과 친근한 관계를 유지했다. 그렇다 보니 대신들의 합의체인 의정부가 국왕을 보필하고 정사를 협의하는 최고 정무기관으로서의 본래 임무를 넘어서는 듯한 모습도 나타났다. 이는 추후에 수양대군이 정변을 일으키는 명분으로 작용했지만, 고명대신들이 야심을 품고 권력을 넘보거나 국정을 농단하려 한 것은 아니었다. 단종의 신임을 받은 김종서 등 고명대신들은 특별히 혈기왕성한 수양대군을 경계했고, 수양대군 역시 고명대신들 및 안평대군의 세력화를 경계했다.

나. 두려움이 많음

계유정난 이후 든든한 우군들이 사라진 단종은 그야말로 사상누각과 같은 존재가 되었다. 수양대군 세력에 대한 공포감을 못이긴 단종은 즉위 2년 뒤 수양대군에게 선위하고 상왕으로 물러났다. 그렇지만 단종은 상왕 자리에서도 오래 머물러 있지 못했다. 집현전학사 출신의 대신들(사육신)과 일부 무인들을 중심으로 일어난 '단종 복위운동'이 실패로 돌아가자, 단종은 '노산군'으로 강봉된 후 강원도 영월로 유배를 떠났다.

단종이 거처했던 영월 청령포는 삼면이 강으로 둘러싸여 있고 육로는 험준한 절벽으로 막힌 곳이다. 유배를 보냈음에도 불구하고 세조에게 단종은 지속적인 눈엣가시나 다름없었다. 단종이 살아있는 한 정통성 시비는 끊임없이 불거질 가능성이 높았기 때문이다. 더욱이 단종 복위운동이 또다시 일어나면서 수양대군의 위기감은 높아져 갔다. 이에 수양대군은 강원도 영월에 사람을 보내 단종을 죽이라고 했다.

2) 개인적 본능 6유형(SE6)의 성향과 특징

가. 성향 ― 강함(Strenth) / 아름다움(Beauty)

SE6의 내면에는 사람들이 자신의 성적매력을 인정해주는지와 사람들이 진정으로 자신을 따르는지에 대한 의구심이 깔려있다. 이들은 다른 사람들로부터 사랑을 받지 못할 것에 대한 두려움을 가지고 있으므로, 사랑을 받기 위한 열정이 강하게 나타난다. 그런데 이러한 열정 때문에 오히려 상대방과의 긴밀한 유대관계를 맺는 것을 두려워한다. 따라서 강한 측면을 내세워 강인해 보이려고 애쓰거나, 아름다움을 과장해서 이러한 두려움을 숨기려고 한다. 또 자기매력을 한껏 발휘해서 자신의 유혹능력을 상대방과 결합하는 수단으로 이용하기도 한다.

나. 특징

① 도전적이고 도발적임

SE6는 강함으로 두려움에 맞선다. 두려울수록 공격이라는 최고의 방어 프로그램이 작동하여 이들은 자칫 사나워 보일 수 있다. 이들은 위험으로부터 숨거나 피하는 대신 직접 대면하는 데에서 안전을 느끼고 불안한 상태가 되면 권위에 도전한다. 또 안전치 못한 상태에 놓이거나 타인과의 연결이 끊어질 상황이면 폭발적인 감정반응을 보인다. 이들은 불안감에 대처하기 위해 암벽등반,

스카이다이빙, 스턴트 등 위험을 감내해야 하는 취미생활을 하거나 직장생활을 하기도 한다.

② 육체적 매력 개발

SE6는 체육관에서 시간을 보내기 좋아하는데, 이는 체력 단련의 목적이라기보다는 자신의 몸매와 매력을 과시하기 위한 것이다. 이들은 힘이 있을 뿐만 아니라 능력도 겸비한 사람들이 자신에게 다가오기를 바란다.

③ 에너지가 넘치고 경쟁적임

SE6는 목표를 이루기 위해 열심히 일한다.

④ 두려움 표출 방법

SE6는 두려움을 적극적으로 표현하고 두려움에 대항한다. 이들은 다른 사람보다 자신을 더 신뢰하며, 겁에 질릴 때는 최고의 방어가 최고의 공격이라는 내면의 프로그램을 가지고 있다.

3. 중종: 사회적 본능 6유형(SO6)

1) 중종의 성격 분석

가. 두려움이 많고 눈치를 봄

중종은 두려움을 많이 느끼며 타인에게 의존하는 성격이다. 중종이 태어났을 때 연산군은 13살로 세자에 책봉된 상태였고, 중종이 7살 때 연산군은 19살 나이로 왕위에 올랐다. 연산군은 자신의 생모인 폐비 윤씨의 묘를 찾아내 회묘라는 이름을 내렸다. 연산군이 생모의 존재를 알지 못해 자신을 친어머니로 안다고 여겼던 중종의 생모 정현왕후는 연산군이 왕위에 오른 지 불과 2년 만에 생모의 무덤을 찾아내 이름을 내리자 불안감에 시달렸다. 정현왕후는 시어머니인 인수대비(의경세자 비) 한씨와 시할머니인 정희왕후(세조비) 윤씨가 연산군의 생모를 내쫓은 덕분에 가장 큰 혜택을 누린 사람이었다. 이 때문에 누가 봐도 정현왕후가 폐비 윤씨를 내쫓는 일에 깊이 관여했을 것으로 여겨졌다. 정현왕후의 집안 어른인 윤필상은 폐비 윤씨를 내쫓는 일에 가장 적극적이었던 인물 중 한 명이었다. 머리 좋고 영악한 연산군이 그 사실을 모를 리 없었으므로, 정현왕후는 불안감에서 벗어날 수가 없었다. 연산군이 어머니의 죽음에 대한 복수극을 펼칠 경우, 그 화살이 자기 아들(중종)에게 미칠 것은 불 보듯 뻔한 일이었기 때문이다.

정현왕후 윤씨의 불안은 이미 연산군이 세자로 있을 때부터 시작되었다. 정현왕후는 여러 경로를 통해 연산군을 세자에서 내쫓을 생각을 했을지도 모를 일인데, 성종이 연산군을 폐세자 하는 문제를 놓고 고민한 것도 그녀와 같은 불안감 때문이었을 것이다. 하지만 연산군을 대신해 세자 자리에 앉힐 왕자는 중종 외에 다른 적자는 없었고, 당시 그는 너무 어렸다. 성종도 그런 현실 때문에 연산군을 세자에서 내쫓지 못했다.

중종은 그런 불안감을 안고 살아가는 어머니 밑에서 자랐다. 중종은 자연스럽게 어린 시절부터 이복형인 연산군에 대한 모종의 두려움을 갖고 있을 수밖에 없었는데, 그 두려움은 현실이 되었다. 연산군이 갑자사화를 일으켜 생모 윤씨에 대한 대대적인 복수전을 감행했다. 연산군의 분노가 극에 달했던 상황이라 중종의 두려움은 더욱 커질 수밖에 없었다. 연산군은 노골적으로 중종에게 칼을 휘두르지는 않았지만 그의 목숨을 위협했다.

박원종 등이 반정을 일으키던 날, 중종을 보호하기 위해 부하들을 보내 그의 사저를 지키게 했다. 하지만 중종은 연산군이 자신을 죽이기 위해 군사들을 보낸 줄 알고 자결하려 했다. 이는 중종이 얼마나 죽음의 공포에 시달리며 살았는지 알 수 있는 측면이다. 중종이 언제 마음이 바뀔지 모르는 이복형 연산군 밑에서 살아남는 길은 오직 몸을 한껏 낮추는 것밖에는 없었다.

강력한 힘 밑에서 보신에 급급했던 중종의 습성은 왕이 되어서도 마찬가지였다. 타인의 힘으로 왕위에 등극한 중종은 공신세력들의 눈치를 볼 수밖에 없었다. 임금이 정치 전반을 장악하지 못한 불안한 정국하에서 관직사회의 기강은 해이해질 수밖에 없다.

나. 우유부단하고 결단력이 부족함

중종은 자신을 온화한 사람으로 인식시켜 공격을 유발하지 않으려고 했다. 중종은 인자하고 유순했으나 결단성이 부족하여 비록 일할 뜻은 있었으나 일을 할 실상이 없었다. 중종은 좋아하고 싫어함이 분명하지 않고 어진 사람과 간사한 무리를 뒤섞어 등용했으므로, 재위하는 동안에 기강이 바로 서지 않아 혼란한 때가 많았다. 38년 왕위에 있는 동안 조정은 몹시 혼란스러웠고, 숱한 선비들이 목숨을 잃었으며 간신이 판을 쳤다.

이 모든 것이 중종의 우유부단한 성격 탓이었다. 그는 개혁의 속도를 조절하고 신진사림과 훈구파 사이에서 양자의 입지를 살피는 조정능력이 부족했다.

다. 이중적 성격

중종의 이중적인 면이 도드라진 사건이 있다. 가장 신뢰하던 조광조와 김안로를 죽일 때 중종은 우유부단과는 거리가 멀었다. 조광조의 죽음에 대해 당시 사관은 다음과 같이 기록했다. "대간이 조광조 무리를 논하되 마치 물이 더욱 깊어가듯이 아직 드러나지 않았던 일을 날마다 드러내어 사사하기에 이르렀다. 임금이 즉위한 뒤로는 대간이 사람의 죄를 논하여 혹 가혹하게 벌주려 해도 임금은 반드시 무난하고 평이하게 처리하여 임금의 뜻으로 죽인 자가 없었다. 이번에는 대간도 조광조를 더 벌주자는 청을 하지 않았는데 문득 죽이라는 명령을 했다. 전날에 좌우에서 가까이 모시고 하루에 세 번씩 뵈었으니 정이 부자처럼 아주 가까울 터인데, 하루아침에 변이 일어나자 용서 없이 엄하게 다스렸고 이제 죽인 것도 임금의 결단에서 나왔다."

조광조는 유배지 능주에서 사약을 받고 목숨을 잃었다. 권신이자 외척인 김안로 역시 과감하게 내쳤다. 김안로는 섬으로 유배된 뒤 며칠 되지 않아 조광조와 마찬가지로 사약을 받고 죽었다.

우유부단의 끝판 왕이었던 중종이 돌변한 이유는 무엇이었을까? 조광조와 김안로는 모두 임금의 최측근이자 당대 최고의 권신이라는 공통점이 있었다. 두 사람 모두 왕권을 위협한다는 고발이 이어졌는데, 이를 고발한 자들이 모두 외척이었다는 점도 같다. 이는 임금이 믿고 의지하는 자가 왕권을 노린다는 고발이 외척으로부터 나올 경우 인정사정 보지 않게 상대를 죽였다는 이야기가 된다. 그것도 단 한 번의 재고 없이 냉정하고 단호하게 결단을 내린 것이다.

중종이 이런 이중성을 가지게 된 것은 아마도 어린 시절부터 줄곧 시달렸던 죽음에 대한 공포 때문이었을 것이다. 연산군에게 언제 죽을지 모른다는 공포감이 방어기제가 되어 잠복해 있다가 누군가가 자기를 죽이고 왕위를 뺏을지도 모른다는 불안감이 들면 우유부단함이나 인자함은 사라지고 폭력적으로 변했던 것이다.

라. 나약하고 공포심이 많음

반정군들이 행동하던 날 먼저 군사를 보내 진성대군(중종)이 살던 집을 에워쌌다. 이것은 혹 해칠 자가 있을까 염려해서 호위하기 위해서인데, 반정군사들이 집을 포위하자 진성대군은 연산군이 보낸 군사들이라 지레 짐작하고 자결하려고 했고 그것을 부인 신씨가 막았다. 진성대군은 절박한 위기 상황에서 판단력을 상실한 반면, 부인 신씨는 침착하게 상황을 파악하고 대처했다.

진성대군이 자결하려 한 이유는 공포심 때문이다. 연산군은 사람들을 죽일 때 그냥 죽이는 것이 아니라 잔인한 고문을 가한 후에 죽였다. 집을 포위한 군사들을 본 진성대군은 죽음에 더해 이처럼 무시무시한 고문들을 떠올렸을 것이다. 고문을 받는다면 어차피 죽을 수밖에 없는데, 이왕 죽을 판인데 끔찍한 고문까지 받아야 한다면 차라리 자결하는 것이 훨씬 나을 것이다. 진성대군은 분명 공포에 질려 이런 상상을 하면서 차라리 자결하겠다고 했을 것이다. 진성대군은 절박한 상황에서는 냉정하고 과감하게 상황에 맞서기보다는 공포에 질려 도피하기에 급급하다. 이런 점은 그의 천성이기도 하고 19년간의 인생경험에서 양성된 것일 수도 있다.

중종의 생모는 성종의 세 번째 왕비인 정현왕후 윤씨이다. 정현왕후는 연산군의 생모인 폐비 윤씨가 사사된 이후에 왕비가 되었다. 당연히 거의 모든 면에서 정현왕후 윤씨와 폐비 윤씨는 대조적이다. 폐비 윤씨가 억세고 자기주장이 강한 반면, 정현왕후 윤씨는 부드럽고 순종적이다. 정현왕후 윤씨는 시할머니 정희왕후 윤씨와 시어머니 인수대비 한씨가 부녀자의 도리를 가르치면 그대로 받들어 순종하고 어기지 않았다. 이런 점 때문에 정현왕후 윤씨는 정희왕후 윤씨와 인수대비 한씨의 눈에 들어 왕비가 될 수 있었다.

정현왕후 윤씨와 마찬가지로 그의 아들 중종도 천성적으로 부드럽고 순종적인 면이 강했다. 10대 후반쯤 되면서 진성대군은 늘 이복형 연산군에게 죽임을 당할지도 모른다는 공포 속에 살았다. 그렇게 몇 년을 살아온 결과, 천성적으로 부드럽고 순종적인 중종은 공포심을 극복하지 못하고 도리어 공포심에 짓눌리게 되었다.

반정 3대장(박원종·성희안·유순정)에 의해 추대된 중종은 경복궁 근정전에서 갑자기 왕위에 즉위했고, 중종의 부인 신씨도 남편을 따라 입궁했다. 공식적으로 왕비책봉을 받지는 않았지만 신씨는 남편이 왕이 됐으므로 당연히 왕비가 될 상황이었다. 그런데 반정 3대장이 제동을 걸고 나섰는데, 신씨가 신수근의 딸이라는 점을 우려했기 때문이다. 신수근은 연산군의 처남이자 측근이었기에 반정 당일 척살되었다. 반정 3대장은 신씨가 왕비에 책봉된 후 친정아버지의 원수를 갚겠다고 나설까 두려워했다. 반정 3대장을 위시한 조정중신들은 신씨를 출궁할 것을 중종에게 요구했고, 그들의 강압에 의해 중종은 그날 밤으로 신씨를 출궁시켰다. 겉으로는 '종묘사직'이라는 대의명분을 내세웠지만 실제는 공포와 두려움에 굴복된 것이다.

중종은 명색이 왕이었지만 제 부인 하나도 지키지 못하는 형편이었던 셈이다. 이렇게 반정공신 때문에 강제 이혼당한 신씨는 사실상 왕비가 된 지 7일 만에 궁궐에서 쫓겨났다. 이후 신씨는 인왕산 아래에서 중종을 그리며 홀로 살았고 중종 역시 신씨를 잊지 못했다.

2) 사회적 본능 6유형(SO6)의 성향과 특징

ㄱ. 성향 ― 의무(Duty)

SO6는 사회적 책무라고 여기는 일을 원활하게 수행하는 것이 자기가 원하는 단체에 구성원이 될 수 있는 최선의 길이라고 생각한다. 이들은 정치지도자나 종교단체의 지도자에게 봉사하고 헌신하고 충직함으로써 자신의 사회적 문제를 해결하려고 한다. 이를 위해 이들은 각종 단체의 리더의 권위를 위해서 수행 될 일이라고 생각되면 어떠한 것이든 충직하고 헌신적으로 임한다. 심지어 비위를 맞추고 아첨하면서까지 수행한다.

나. 특징

① 규범을 준수함

SO6는 절차와 의무에 충실하다. 이들은 권위로부터 인정받지 못하는 것을 두려워하므로 안전한 길은 옳은 일을 하는 것이라고 믿는다. 옳은 일을 하는 방법은 명확한 규칙을 갖는 것이어서 의무, 약속을 통해서 안도감을 갖기를 원한다. 이들에게 두려움의 열정은 권위를 가진 사람의 뜻에 거슬리는 것을 두려워하고, 사회규범을 준수하지 못하고 사회적 의무를 다하지 못할까 봐 두려움에 휩싸이는 것으로 나타난다. 이들은 정확함을 사랑하고 모호함에 과민하며 권위로부터 인정받지 못하는 것을 두려워한다. 따라서 이들에게 안전한 길은 옳은 일을 하는 것이다.

② 공동체에 충실함

SO6는 자신이 소속된 단체가 자신보다 더 잘되기를 바라고, 자신이 속한 단체의 안전을 위해서 기꺼이 희생한다. 이들은 타인이나 소속된 그룹을 위해서는 많은 공을 들이지만, 스스로의 발전이나 성공을 위해서는 소극적이다. 동지애와 의리를 중시하고 이상주의적인 성향이다.

③ 지원군을 만들어 냄

SO6는 안정과 동의를 구하기 위해 친구를 찾으며 타인과 관계를 맺기 위해 노력한다. 이들은 불안감이 많으므로 어떤 일을 결정하거나 착수를 하기 전에 다른 사람의 의견을 듣고 동의를 얻어낸다.

④ 두려움 표출 방법

확실성과 정확성에 초점을 맞추어 두려움을 표출한다.

1. 세조: 자기보존 본능 7유형(SP7)

1) 세조의 성격 분석

가. 사치하지 않음

세조는 궁궐 내에서 종종 감색을 물들인 무명옷에 푸른 짚신을 신고 나무 갓끈에 대나무 지팡이를 짚고 다녔는데, 이는 자신의 검소함을 드러내기 위함이 었다. 그는 사치풍조를 없애고 궁궐의 문화까지 검소하게 만들었다. 세조는 능을 검소하게 쓰라고 유언으로 남김으로써, 기존 왕릉에 사용했던 석실과 12지신상 등을 새겼던 둘레석을 없애고 석벽을 사용하여 후대 왕릉의 모범이 되었다.

나. 강하고 야심만만함

세조는 어릴 때부터 자질이 영특하고 머리가 명석했으며, 학문에도 소질이 많았다. 그는 할아버지 태종을 많이 닮아 무예도 능하고 성격도 호방하고 괄괄하며 욕망이 많았던 인물이다. 특히 말타기나 활쏘기 등 무예에 어릴 적부터 뛰어난 면모를 보였다.

한번은 부왕 세종이 수양대군과 안평대군에게 규표(천문관측기구)를 들고 북한산 보현봉에 올라가 해가 지는 것을 관측하게 하였다. 북한산은 산세가 매우

험하고 바위가 많아 같이 간 사람들 모두 눈앞이 아찔하고 다리가 떨려 주춤거리고 엎어지며 산을 내려왔지만, 수양대군은 마치 평지를 걷는 것처럼 쉽게 내려왔다.

그는 어릴 때부터 다른 형제들에 비해 남다른 기상과 출중한 실력을 드러냈기 때문에 세종은 이를 자랑스러워했지만 한편으로는 걱정도 하였다. 수양대군 같은 왕자들을 비롯한 종친세력이 정치적 야망을 가질 경우, 자신이 몇 십 년간 기초를 다진 조선왕조의 정치적 안정과 국정 운영의 원칙이 무너질 수 있기 때문이었다. 그래서 평소에 세종은 수양대군에게 급하고 괄괄한 성격을 잘 제어하라는 뜻으로 품이 넓은 옷을 입으라고 권했다.

다. 우월의식이 강함

『필원잡기』에 세조가 신숙주와 구치관을 불러놓고 농담을 주고받는 장면이 나온다. 신숙주가 영의정일 때 구치관이 새로 우의정이 되었다.

세조가 두 정승을 내전으로 불러 이르기를 "내가 경들에게 물어 대답하지 못하면 벌주를 피하지 못할 것"이라고 하며, "신정승" 하고 불렀다. 신숙주가 "예, 전하"라고 대답하자, 세조는 "내가 새로된 신(新)정승을 불렀는데, 경이 대답을 했으니 잘못이네"하고 벌주를 내렸다. 또 세조가 "구정승"하고 부르자, 신숙주가 "예, 전하"라고 대답했다. 그러자 세조가 "난 성(姓)을 불렀는데 경이 대답을 잘못하는 구려"하고 벌주를 내렸다. 다시 세조가 "신정승"하고 부르자 신·구정승이 모두 대답하지 않았고, "구정승"하고 세조가 불렀지만 모두 대답하지 않았다. 세조가 "임금이 불렀어도 신하가 대답이 없음은 예가 아니다"라고 하여, 두 정승이 종일토록 벌주를 마셔 심히 취해 세조가 크게 웃었다.

세조의 이러한 행동은 외관상 구치관이 우의정이 된 것을 축하하는 것이었으나, 내면상으로는 세조의 다른 의도가 있었다. 즉, "너희들이 비록 정승이기는 하지만, 내 말 한마디면 꼼짝없이 벌을 받아야 하는 처지야"라는 경고였다. 따라서 관료들은 아무리 농담이라도 세조의 말을 허투루 들을 수 없었다.

라. 과시욕이 강하고 피아를 구별함

세조는 유학과 문학, 점술 등 각종 학문과 잡학에 밝았다. 또 손재주와 음악 실력이 남달랐으며 무예에도 능하고 병서에도 밝았고, 승마와 격구, 활쏘기 재주가 뛰어나 매사냥을 잘했다. 그는 항상 활과 화살을 지니고 다녔고, 사냥에 쓰이는 매 날리는 것을 좋아하여 매를 얻으면 손에서 놓지를 않았다.

그가 13세 때 봄철 무예 연습에서 사슴을 향해 활을 7번 쏘았는데 7발 모두 사슴의 목에 관통시켜 자신의 능력을 과시했다. 한겨울에도 얇은 옷을 입고 사냥을 하여 사람들을 놀라게 하고, 병든 말을 골라 타서 착지하는 묘기를 보여주었다. 세조는 과시욕이 강해 왕의 행동에 감탄하지 않는 신하는 자리보전을 할 수가 없었으므로, 신하들은 세조의 재주에 감탄하지 않으면 안 되었다. 세조가 법주사로 행차할 때 소나무 가지에 가마가 걸렸다. 세조가 "가마가 걸린다"고 하자, 소나무가 스스로 가지를 들어 가마가 무사히 지나갈 수 있게 했다. 그러자 세조가 소나무에 "정2품" 판서벼슬을 내렸다.

세조는 자신에게 머리를 숙이거나 도움을 주면 소나무라 해도 충심으로 보지만, 조금이라도 반항하거나 그런 의도가 보이면 가차 없이 역적으로 몰아붙였다.

2) 개인적 본능 7유형(SE7)의 성향과 특징

가. 성향 — 방어(Keepers of the Castle)

SP7은 타인과 단합하고 평소에 유대관계가 좋은 사람들을 보살핌으로써 자기의 생존을 보장받으려고 노력한다. 이들은 가장이 되어 자신의 가족을 보살피고, 수호주의자인 6유형이 가진 친화력의 특성을 공유하여 포용력이 있고 협조적이며 자상한 아버지와 같은 모습을 보인다.

나. 특징

① 네트워크를 조직함

SP7은 동맹을 형성하고 인적 정보망을 통해 안전을 확보하며 함께 단결하는 친한 파벌을 만든다. 즐거움, 정보, 자극을 공유할 수 있는 비슷한 생각을 가지 사람들을 찾는다. 또 안전의 느낌을 찾는 데 주의를 기울이고 실용적이고 이기적이며 모든 기회마다 유리한 거래를 만들어 낸다.

② 즐거움을 추구함

SP7은 붙임성 있고 유쾌한 스타일이며 여행, 놀이를 좋아한다. 이들은 영화 목록 작성, 여행 가이드, 카탈로그 제작 등 취미생활이나 여가생활을 보내는 데 도움이 되는 정보를 제공하고 안내하는 일을 직업으로 삼기도 한다. 편안하고 만족스러운 삶을 살기위해 전형적인 소비자로 살아간다. 이들은 쇼핑, 여행, 취미생활에 몰두하고 수다 떨기를 좋아하며 쾌락주의적이고 바람둥이 스타일이다.

③ 사교적임

SP7은 타인에게 의존하는 것을 두려워하지만 타인도 자신에게 의존하는 것을 원치 않는다. 이들은 자신의 욕구가 채워지지 않을까 두려워하고 불편한 상황이 되면 평정심을 잃는다.

④ 탐닉 표출 방법

SP7은 동맹을 형성하는 것을 통해 탐닉을 표현한다. 모든 기회마다 좋은 거래를 만들려고 하는 지나친 관심의 형태로 탐닉을 표출한다.

2. 고종: 개인적 본능 7유형(SE7)

1) 고종의 성격 분석

가. 놀기를 좋아함

고종은 고도의 집중력을 요하는 임금의 책무에 몰두하기보다는 낙관적인 상상 속에 머물렀다. 당시의 복잡한 국내외 정치상황은 낙천적 성격유형인 고종이 감내하기에는 너무 고통스런 것이었다. 그는 놀기를 좋아하여 친정 이후 매일 밤이 되면 잔치를 베풀고 음란한 생활을 했다. 그의 생활 패턴은 밤낮이 바뀌었는데 이는 노는 습성 때문이었다.

고종이 평복차림으로 전각 위에 앉아있고 그 아래 수십 명이 놀면서 "오는 길 가는 길에 만난 정 깊이 들어 죽으면 죽었지 헤어지지 못한다"는 음란한 노래를 불렀다. 광대와 무당과 소경들도 노래를 부르고 거드름을 피웠다. 밤에는 대궐에 등불을 대낮처럼 훤히 밝히고 새벽이 되도록 놀다가, 날이 밝으면 휘장을 치고 어좌에 누워 잠을 자고 오후 3시에 일어났다. 이로부터 모든 관장(官長)들도 게으름을 피우고 기무도 해이해지기 시작했다.

고종은 놀기를 좋아하여 과거를 유희로 생각하였으므로 매월 과거시험을 치렀다. 고종이 친임하여 시험을 치를 때도 날이 저문 후에 출궁하였다가 잠시 후 다시 들어가 버리므로 과거 보는 사람들은 정신없이 촛불을 켜고 시권을 쓰곤 하였다. 어떤 때는 한 달에 두 번씩 과거시험을 치르기도 하였고, 걱정이 있거나 무료하면 과거장을 설치하라는 명을 내리므로 서울 선비들은 조금 친한 사람을 만나기만 하면 "오늘은 과거 보라는 명령이 없었습니까?"라고 먼저 물어보는 인사 풍습이 생겨나기도 했다.

나. 낙관적임

고종은 근심걱정이 없는 즐거움을 좇는 성격이다. 그는 이상적이며 다소 순진하기도 하다. 현실을 미화하고 세상을 실제 모습보다 좋게 보고, 자신의 불편한 감정을 무의식적으로 회피하고자 하며, 낙관적인 태도로 어려운 상황에서도 긍정적인 정보에 집착한다. 또 삶의 지루함을 잊고자 특정 대상에 열광하기도 한다.

고종은 새로운 것을 겁내지 않고 모험을 과감히 시도하는 경향이 있다. 특유의 낙관적 태도나 관대함과 연관이 있는 이 성향은 그가 궁궐에서 자라지 않았기에 다른 왕보다 상대적으로 사고가 분방했을 가능성이 많다.

다. 꼼꼼하고 호기심이 많음

고종은 온화한 성격의 소유자로, 상대방과 담소를 나눌 때 우러나오는 그의 다정함은 매력적이고 활달한 모습을 더욱 돋보이게 하였다. 또한 근면하여 어떤 분야의 업무에도 능숙했고 보고문, 상소문 등을 꼼꼼히 검토했다. 그리고 호기심도 많아 중국의 견문을 비롯하여 시베리아 철도의 건설비, 전쟁에 대한 일본인들의 일반적인 감정, 영국의 관리 등용제도, 영국 귀족의 지위와 권리 등에 많은 관심을 가졌다.

라. 반개혁적임

고종은 처음에 독립협회를 찬동하고 승인했으나 나중에는 독립협회에 등을 돌리고 탄압했다. 독립협회가 전제군주권을 약화시키고 입헌군주제를 시행하려는 움직임을 보이자 이를 못마땅하게 여겼기 때문이다. 그는 독립협회를 강제 해산시켜 개혁운동을 좌절시켰다. 고종은 리더십 부족으로 진보적 사고를 국정에 제대로 반영시키지 못하고 그 반작용으로 군주권 회복에 집착한 나머지 진보적 개혁역량을 약화시켰다. 그 결과, 국가와 고종 자신의 파멸을 초래했다.

2) 개인적 본능 7유형(SE7)의 성향과 특징

가. 성향 ─ 피암시성(Suggestibility)

피암시성은 언제든지 순수하고 최면에 걸리기 쉬운 상태이며 상상을 통해 세상을 바라보는 것이다. SE7은 이들이 대하는 어떤 일에 대한 구상이나 절차와 방법 또는 타인과 융합하려는 성향이 있다. 이들은 인생의 반려자나 사랑하는 사람 또는 멋지다고 생각되는 사람들로부터 영향을 잘 받는다.

이들은 이성과 교제할 것이라는 생각이 들면 방향을 설정하고 이정표를 세운다. 이들에게는 애정관계가 미래로 투사되어 무한한 가능성이 넓은 바다 위로 펼쳐질 것으로 상상한다. 이들은 마음속에서 동요의 파문이 쉽게 물결지고 애정관계로 생겨난 환상들 속으로 잘 빠져든다. 따라서 이들은 암시에 걸리기가 용이하다.

나. 특징

① 이상향을 추구함

SE7은 상상대로 살고자 하는 이상적인 몽상가이다. 즉, 이들은 삭막하고 평범한 현실보다 나은 것을 상상하고 꿈을 꾸며 더 높은 세상을 향해 나가는 이상주의자다.

② 낙관적임

SE7은 긍정적 세상에 초점을 두고 이상적인 세상, 즉 사람과 경험을 실제 있는 그대로 보기보다 더 좋게 보려는 마음이 강하다. 따라서 공상을 하고 과할 정도로 행복해 하거나 열정적이며 자신이 원하고 상상하는 방식의 삶을 살고자 하며 쉽게 열정에 빠진다. 근심걱정이 없으며 장밋빛 안경을 통해 세상을 바라본다. 이들은 부정적이고 불편한 것을 인지하는 내면의 감정 등을 무의식으로 회피하고 긍정적 경험을 피난처로 삼으며 고통스럽고 지루하고 두려움을 회피한다.

③ 호기심이 많음

SE7은 여러 분야에 관심이 많아서 첨단이라고 여겨지는 새로운 아이디어나 주제에 매료당한다. 이들은 관심이 가거나 신선하다고 여겨지는 사람들에게 끌리며, 이들의 레이더에 포착되면 주저 없이 다가가 적극적인 관심을 보인다. 또한 이들은 모험에 대해 상상하는 것을 즐기며 유머와 재치가 있고, 끊임없이 새롭고 특별한 관심사를 찾아다니지만 어디에도 매이는 것을 싫어한다.

④ 탐닉 표출 방법

낙천적으로 생활함으로써 탐닉을 표현한다. 즉, 평범한 현실보다 더 나은 무언가를 상상하는 욕구를 통해 탐닉을 표출한다.

3. 영조: 사회적 본능 7유형(SO7)

1) 영조의 성격 분석

가. 검소함

영조는 사치와 낭비 풍조를 막기 위해 노력했다. 영조는 신하들이 모인 자리에서 "편리함과 이치란 무엇인가? 곧 검소함이요, 어려움과 사사로움이란 무엇인가? 곧 사치함이다"라고 말하며 신하들에게 검소한 생활을 당부했다. 그러면서 다음과 같은 말도 했다. "과인이 이를 몸소 실천하기 위해 상의원에서 매년 옷감을 짜는 것을 그만두라 하였다. 이제 베틀도 철거하여라"라며 상의원에서 베틀을 철거하라는 명령을 내렸다. 베틀은 옷감에 무늬를 넣는 기구이므로, 옷감에 무늬 넣는 것을 금지한 것이다. 상의원은 임금의 의복과 궁중에 쓰이는 일용품의 공급을 맡은 관청이다.

영조는 검소함을 무척 중요하게 여겨, "백성은 하루 세 끼 먹는 것도 어려운데, 왕이라고 어찌 하루에 5끼를 꼬박 먹을 수 있단 말인가?"라고 말했다. 조선시대 왕은 아침 6시에 죽이나 미음으로 초조반, 오전 10시에 밥·국·김치·전골 등 기본 음식에 열두 가지 반찬이 오른 아침 수라, 12시쯤 점심에는 면이나 떡국 등으로 차린 낮것상, 저녁 6시쯤에 열두 가지 반찬이 오른 저녁 수라, 오후 3시나 밤 9시쯤에 약식 등의 참까지 보통 하루에 5~6끼를 먹었다. 그러나 영조는 참이나 낮것상을 줄여 하루 3끼만 먹었고 반찬 수도 줄이라고 했다.

궁궐의 방문 종이가 뚫어지면 영조는 손수 종잇조각을 잘라 발랐고, 버선도 해진 데를 기워서 신었다. 비단으로 만든 요에서는 잠이 잘 오지 않는다고 하며 명주로 만든 이불과 요를 쓰는 등 영조는 검소함을 몸소 실천했다.

영조의 검소함을 상징하는 물건이 있다.

"전하, 이것은 방석이옵니다. 제가 전하의 성품을 생각해 특별히 만든 것이옵니다"라고 말하며, 어느 날 호조판서가 영조에게 방석 한 개를 만들어 올렸다. 영조의 검소한 성품을 잘 아는 호조판서는 방석을 만들 때 무명천에 푸른 물을 들이고 솜을 채워 넣었다. 영조는 그 방석을 사흘 동안 깔고 앉아 본 뒤에 도로 호조판서에게 돌려주면서 말했다. "방석을 깔고 앉아 보니 몸은 편하오. 그러나 몸이 편하면 게을러지는 법이라 방석을 쓰지 않기로 했소. 덕분에 검소한 것은 물건을 소중히 여기는 것만 아니라 부지런함까지 가져온다는 점을 깨달았으니, 참으로 고맙소." 영조의 말에 호조판서는 물론이고, 다른 신하들까지 크게 감동했다. 그 뒤로 호조에서는 호조판서가 영조 임금께 바쳤던 방석을 왕의 검소함을 상징하는 기념품으로 보관했다.

나. 예민하고 깐깐함

영조는 등극 후에도 반대세력에 의해 무수리의 아들, 이복형 경종의 독살,

노론이 만든 임금이라는 비난을 들어 자격지심을 가지고 있었다. 이로 인해 그는 사람을 믿지 못하고 책잡히지 않는 완벽한 군주가 되고자 스스로를 엄격하게 다스렸다. 그는 왕으로서 정당성을 인정받고자 노력하면서, 난관을 극복하고 왕권을 유지하기 위해 오랜 지지기반인 노론과의 동맹에 집중했다.

영조는 비극으로 이어진 그의 아들 사도세자와의 갈등 속에서도 이런 정치적인 입장을 양보하지 않았다. 그는 자신의 시대가 저무는 단계에서는 더 이상 동맹이 필요치 않았고, 세손(정조)에게 무사히 왕위를 승계함으로써 새로운 시대를 열어가도록 하는 현실성을 보였다.

다. 감정기복이 심함

영조는 감정기복이 대단히 심했는데, 사도세자에 대한 감정도 그 기복이 심한 것은 마찬가지였다. 어떤 때는 사랑했고 어떤 때는 미워했다. 사도세자에 대해 좋지 않은 소식을 들으면 불같이 화를 냈다. 경종의 독살설에 시달리던 영조는 사도세자가 15세가 되어 성인식을 갖던 날, 선위의 의사를 밝혔으나 이는 자신의 결백을 주장하기 위한 쇼였다.

과거 영조가 세제시절에 세제 건저(왕의 자리를 물려받은 후계자를 정하는 일)와 대리청정 문제로 많은 어려움이 있었기 때문에, 대리청정이 큰 의미가 없다는 것을 보여주기 위함이었다. 선위의사는 자신에게 씌워진 역모혐의를 확실히 벗기 위한 수단이었다. 즉, 영조가 애초 왕세제도 임금도 되고 싶은 마음이 없었음을 드러내고자 함이었다. 영조는 자신의 왕세제책봉 – 대리청정 – 경종 독살설 – 임금즉위와 관련한 과거의 콤플렉스로부터 자유롭지 못했다. 사도세자는 영조가 늦은 나이인 42세에 얻은 귀한 아들이었으나, 경종 독살설은 두 사람 사이를 이격시켰다.

영조는 세자가 어린 시절에는 무척 아꼈으나, 세자가 나이가 들어 본격적인 세자 수업에 들어가면서 부자 사이가 벌어지기 시작했다. 영조의 사도세자를 향한 비신뢰적 행동은 사도세자의 마음을 병들게 했고 그를 울화병과 불면증에 시달리게 했다. 감정기복이 심한 영조의 빈틈없는 자기관리와 완벽주의의 성격이 일탈을 일삼는 사도세자와의 비극을 낳았다. 이는 사도세자가 뒤주에 갇혀 죽는 사건(임오화변)으로 비화했다.

라. 소통을 중시함

어느 날 아침에 영조가 창경궁 정문인 홍화문에 나섰다. 이때 영의정, 좌의정, 우의정 등 당대 고위관원들이 모두 그를 따랐다. 성균관 유생 80여 명을 비롯해 도성 주민들도 이 광경을 지켜보려고 나왔다. 이 자리는 영조가 당시 심각한 사회문제였던 양역(16~60세인 양인 장정에게 부과하던 공역) 문제를 해결하고자 선비와 일반 백성들을 만나기 위해 마련한 것이었다.

참석자들을 확인한 영조는 강한 어조로 "양역 문제로 도탄에 빠진 백성을 더 이상 보고 있을 수 없다"고 강조했다. 이어 "그간 논의됐던 양역변통론(양역제 개혁을 주장하던 여러 논의) 가운데 유포론(세금을 내지 않는 양인 가정을 찾아내 세금 징수를 늘리자는 논의)과 구전론(성인 남녀 모두에게 인두세 개념의 돈을 징수하자는 주장)은 시행할 수 없고, 호포론(신분에 관계없이 집집마다 면포를 내게 하자는 의견)과 결포론(대동법처럼 토지 면적에 따라 세금을 부과하자는 것)만 갖고 논의하라"고 전교했다.

영조는 일반 백성들의 이해를 돕고자 성균관 유생에게 이 내용을 전달하게 했다. 영조는 특단의 대책이 필요하다고 강조하면서 이날 모임을 주도했다. 자기 의견을 밝힌 영조는 재상을 시작으로 고위 관리, 유생, 주민에게 각자 의견을 말하게 했다. 아침 일찍 시작한 이날 만남은 석양이 내릴 때까지 이어졌다. 그럼에도 의견이 좀처럼 모아지지 않았다. 신료들은 왕의 건강을 우려해 모임 중단을 요청했다. 그러자 영조는 되레 "좋은 대책을 얻은 뒤에 파하겠다"고 천명했다. 결국 왕이 신하들에게 "5일 안에 하나의 방안을 강구하라"고 지시하는 것으로 모임이 일단락되었다.

조선시대에는 왕이 조정 관리가 아닌 일반 백성을 만나는 것이 흔한 일이 아니었다. 위의 사례처럼 각자 소견을 들은 뒤 자신의 의견에 따라 남북으로 나눠 서게 해 의견을 취합하는 방식은 거의 없었다. 조선시대 왕이 궁궐 밖에 출입하는 일은 국가적 제사 때나 왕실 행사, 선대 국왕이나 왕비의 능 행차, 사신 접견 등으로 제한됐다. 궁궐 안에서만 생활하는 임금이 일반 백성을 접촉하는 경우는 많지 않았다. 궁궐 밖으로 직접 나가 정책 결정 과정에서 백성의 의견을 청취하는 소통방식은 영조부터 시작됐다.

영조는 끊임없이 백성의 목소리를 듣고 그들의 참모습을 확인하고자 했다. 그는 공식적인 행차와 많은 미행을 통해 백성들의 목소리를 듣는 데 주저함이 없었다. 영조는 암행어사제도를 활용해 자신의 정책과 정치적 이상이 궁궐과 한양에만 머물지 않고 지방 곳곳에 퍼져가고 있는지도 확인하고 감시했다.

2) 사회적 본능 7유형(SO7)의 성향과 특징

가. 성향 ― 희생(Sacrifice)

SO7에게 희생은 봉사하고자 하는 의지이다. 이들은 개인의 자유와 꿈을 사회적 이상에 양보하고, 타인을 위해 책무를 다하고자 하며 타인의 욕구를 채우기 위해 자신의 욕구를 희생시킨다. 따라서 이들은 자기의 책무라고 생각되는 일을 완수하기 위해 최선을 다해 희생해야 한다고 느낀다. 이들이 생각하는 희생은 결여된 소속감, 사회에 받아들여진 느낌, 자위감의 약속 등 이들이 상상하고 실현시키려고 계획하는 미래를 위한 것이다.

나. 특징

① 금욕적임

SO7은 자신을 위해서는 적게 갖고 살아가는 것을 미덕으로 생각한다. 따라서 이들은 자신의 선함을 증명하기 위한 노력으로 더 많이 원하는 탐욕스러운 욕구에 대항하여 타인에게 더 많이 주고 자신은 덜 가지려 한다.

② 선하게 보이길 원함

SO7은 희생을 통해 사회적 규범에 의해 정의되는 좋은 사람으로 보이길 갈망한다. 따라서 이들은 자신의 욕망을 희생시킴으로써 좋게 보이려는 격정을 가지고 있다. 또 타인에게 더 많이 주고 자신은 덜 가지고 희생을 통해 신하게 보이길 원하며 지나친 기회주의를 피한다.

③ 역할에 충실함

SO7은 가정과 직장에서 역할에 충실하느라 희생자로 살기 쉽다. 이에 대한 반발로 권위에 대항한다. 이들은 신뢰를 쌓으려는 사회적 본능과 구속받기를 좋아하지 않는 7유형 사이에서 갈등을 일으킨다.

④ 탐닉 표출 방법

타인을 돕는다. 즉, 타인을 위해 희생한다는 것을 외형적으로 표현하며 이상을 위해 자신의 욕구를 뒤로 연기한다.

제8절

8유형 — 주장주의자들

1. 인조: 자기보존 본능 8유형(SP8)

1) 인조의 성격 분석

가. 과묵하고 흐트러짐이 없음

어릴 때 능양군(인조)은 사저에서 자라지 않고 할아버지 선조의 배려로 궁중에서 자랐다. 능양군은 어려서부터 말이 별로 없고 감정을 잘 표현하지 않고 장난을 좋아하지 않아 선조와 의인왕후(선조의 첫 번째 왕비)의 총애를 받았다. 6세가 되어서는 선조가 직접 그를 품 안에 두고 가르치며 번거롭게 여기지 않았는데, 능양군이 일찍부터 글자를 해독하고 말귀를 알아듣자 선조가 더욱 기특하게 여겼다. 어느 정도 자란 뒤에도 그는 스스로 글 읽기를 힘쓰고, 왕손이라는 지위를 내세우지 않았으며 내외척 사이에서 귀한 체 한 적이 없었다.

왕이 된 이후에도 인조는 분위기가 매우 무겁고 말이 없어 측근에 모시던 궁녀들도 왕이 하루 종일 한마디도 하지 않아 목소리를 잘 듣지 못할 정도였다. 인조는 표현이 적으니 신하들은 왕의 뜻을 제대로 헤아리지 못하고 추측으로 일관할 뿐이었다. 게다가 글을 아주 잘 지었으나, 어떤 글도 잘 쓰지 않았고 신하들의 상소문에 대답하는 비답도 내시에게 베껴서 쓰게 하여 자신의 필적을 남기려 하지 않았다. 인조는 아들과도 거리를 두어 봉림대군과 인평대군이 장성하여 출궁한 뒤 입궐해 들어오면 시중들던 젊은 궁녀들을 피신시켜 자식 앞에서도 흐트러진 모습을 보이지 않았다.

나. 조심성이 많음

인조는 능양군 시절부터 죽음의 공포에 시달린 터라 사람을 잘 믿지 않았고 조심성이 많았다. 누군가가 자신의 글씨를 모방하여 모략을 꾸밀까 봐 친필로 교지를 내리는 일도 없었고, 자식들에게도 친필편지를 쓰는 일이 없었다. 항상 교지를 환관에게 베껴 쓰게 하여 조정에 전달했고, 서찰을 보낼 때도 대필하게 했다. 조심성 많은 인조의 성격은 여자문제에도 그대로 드러났는데, 자신이 신뢰하는 여자 외에는 가까이하지 않았다. 그는 왕위에 오르기 전에는 당시 왕실 사람들이 흔하게 거느리던 첩조차 두지 않았고, 왕이 된 후에도 극히 제한적으로 후궁을 뒀다.

인조의 첫 여인은 조강지처인 인열왕후 한씨이다. 인조가 한씨와 결혼할 때의 나이는 열여섯 살, 한씨는 열일곱 살이었다. 당시 능양군(인조)은 죽음의 공포에 시달리며 숨죽이고 살고 있었는데, 자신을 감시하는 광해군이 언제 역적으로 몰아 죽일지 알 수 없는 시절이었기 때문이다. 인조가 광해군에게 심한 감시를 받은 것은 그가 정원군의 장남이었기 때문이다. 정원군은 광해군의 어머니 공빈 이씨의 연적이었던 인빈의 아들이다. 광해군은 인빈의 자식들을 무척 싫어하고 경계했는데, 그 때문에 정원군과 그의 아들들은 광해군 즉위 후엔 살얼음판을 걷듯 살아야 했다.

그런 와중에 정원군의 셋째 아들이자 능양군의 동생인 능창군이 '신경희 사건'에 연루되어 죽는 사태가 벌어졌다. 이는 신경희 등 서인계 인사가 선조의 서손 능창군을 왕으로 추대하려다 발각된 사건이다. 동생 능창군이 역모죄로 죽을 때, 인조는 스물한 살이었다. 광해군이 즉위한 후로 능양군(인조)은 함부로 웃지도 찡그리지도 않았으며, 감정을 겉으로 드러내는 법도 없었다.

다. 냉혹함

공격적이고 다혈질인 인조는 자신의 어좌를 넘본다고 생각해, 장남 소현세자를 정적으로 몰아붙여 죽음으로 몰아갔고 며느리와 손자들까지 죽음으로 몰아넣었다. 인조는 14세의 소현을 왕세자로 책립했다. 인조는 자신이 비정상적인 방식으로 지존의 자리에 올랐기 때문에 후계자를 조기에 결정하여 권력기반을 안정시키려는 조처였다. 소현세자는 청나라에서 인질로 있을 때 선교사 아담 샬 등을 통해 서구의 문물을 접하게 되면서 청나라에 대한 시각이 바뀌게 되었다. 인조는 삼전도에서 당한 굴욕을 이겨내지 못하고 반청의 색깔을 더욱 짙게 드러내는 한편, 망해가고 있던 명나라에 대한 사대주의 노선을 강화시켰다. 인조의 모화정책은 청에 인질로 잡혀있던 소현세자의 의견과는 배치되는 것이었으므로, 인조는 소현세자를 불신하게 되었다.

소현세자는 조선의 차기 왕위 계승자로서 조선조정의 입장을 대변하고, 조·청 관계개선에 크게 기여해 청의 신뢰까지 이끌어내는 등 맹활약을 했다. 하지만 인조는 청과 긴밀한 관계를 맺고 있는 소현세자가 자기를 대신하여 조선 왕으로 책봉될 것을 염려했다. 청나라에서 8년간의 인질 생활을 끝내고 귀국한 소현세자는 청나라 황제(3대 세조)가 준 선물을 인조에게 보여주었다. 인조는 아들이 철저한 친청주의자가 되어 돌아왔다고 판단하고 선물 중 벼루를 소현세자에게 던져버렸다. 자신의 마음을 몰라주는 아버지 인조 때문에 크게 상심한 소현세자는 두 달 후 병이 들어 누웠다.

백성들로부터 인망이 높은 소현세자가 자신을 왕위에서 쫓아낼 것을 두려워한 인조는 그를 제거할 계획을 세웠다. 인조의 총애를 받던 후궁 소용 조씨(후일의 귀인 조씨)와 김자점 일파는 소현세자를 공격했다. 병이 든 소현세자는 의관이 열을 내린다고 놓은 침을 맞고 사흘 후에 사망했다(독살 당한 것으로 추정됨). 인조는 세자의 장례식을 빠르고 간소하게 치르라고 명했다. 인조는 후계자를 원손(소현세자의 아들)이 아닌 둘째 아들 봉림대군으로 정했다. 이는 현종 대의 서인과 남인 사이에 치열한 정쟁으로 비화된 예송의 원인을 제공했다.

소현세자가 죽은 이듬해 그 아내인 민회빈 강씨가 세자를 독살하고 소용 조씨를 저주했다는 소문을 이유로 인조는 민회빈과 그녀의 친족들을 죽이고, 소현세자의 세 아들은 제주도로 유배 보냈다. 이후 유배 간 세 아들 중 장남 경선군과 차남 경완군은 제주도에서 죽고 막내 경안군만이 살아남았다. 경선군과 경완군이 제주도에서 죽자, 세인의 비난 여론을 무마하고자 인조는 손자들이 유배될 때 따라가 그 시중을 들던 나인들을 잡아다가 문초하고 장살(매를 쳐서 죽임)하는 것으로 여론을 무마시키려 했다. 그러나 인조가 손자들을 죽게 했다는 소문은 사라지지 않고 계속 퍼졌다.

라. 짜증이 심함

병자호란을 호되게 겪은 인조는 울화병이 더욱 심해져 사소한 일에도 짜증을 내며 물건을 자주 내던졌다. 인조는 피해망상증 환자처럼 밤중에도 문관들을 불러들여 궁궐 감시에 소홀이 없는지 확인 후에 잠이 들었다. 소현세자 사후에 인조는 콤플렉스에 사로잡혀 짜증이 늘어났다. 대수롭지 않은 일에도 꼬투리를 잡았고, 신하들이 업무를 소홀히 하여 자신을 위태롭게 만들면 형벌을 내렸다.

2) 자기보존 본능 8유형(SP8)의 성향과 특징

가. 성향 — 만족(Satisfaction)

SP8은 자기에게 욕구의 만족을 가져다줄 것이라고 믿는 것에 집착한다. 이들은 자신이 필요하다고 생각하는 것에 덤비느라 욕구의 충족을 희생시킬 때가 많다. 또 만족을 얻으려는 충동 때문에 자신에게 정말로 필요한 것이 무엇인지 파악할 여지가 거의 없다. 이들의 불안은 자기 영역이라고 생각되는 부분에서 타인을 지배하고 통제하려는 데서 나타나고, 욕망의 열정은 이들의 만족을 향한 욕구의 탐욕으로 나타난다.

나. 특징

① 축재에 몰두함

SP8은 물질이 필요할 때에 적시에 이를 채워주기를 바라는 욕구가 매우 강하다. 따라서 이들은 재산을 많이 축적하려고 한다. 재산은 세상을 향한 자신의 힘과 영향력을 행사할 수 있는 도구라고 생각하기 때문이다. 이들은 필요나 욕구를 충족시키는 좌절을 견디지 못한다.

8유형 중에서 가장 가정적인 이들은 가정에 충실한 반면에 남성이든 여성이든 온 집안을 다 통제하려 한다. 이들은 강력하고 욕정적인 방식으로 생존에 필요한 것들을 추구하고 좌절을 견디지 못한다. 자신의 재산에 대해 걱정하는 경향이 있어 자신의 소유물을 철저하게 관리하므로, 8유형 부속유형 중에서 가장 물질주의적이다. 이들은 충동욕구에 대한 과다한 이기심이 있다.

② 척박한 환경에서의 생존법을 알고 있음

SP8은 어려운 환경에서 살아남는 기술을 연마하는 데 몰두하고, 어려운 상황에서 생존하는 법을 알고 있으며, 자신이 바라는 것을 수중에 넣는 법을 인지하고 있다. 이들은 자신이 필요한 것을 얻을 때 전능함을 느끼며 육체적인 전투력이 태생적으로 강하고, 기본적으로 굶주린 야생들개 같은 느낌이 있다. 이들은 비즈니스 하는 법, 즉 물물교환 하는 법, 흥정하는 법, 상대와의 관계에서 우위에 서는 법을 알고 있다. 8유형 중에서 무장이 제일 잘되어있다.

③ 사회성이 부족함

SP8은 규범에 관해 너무 관심이 없다. 이들은 다른 사람들의 도움이 없이도 세상에서 살아남을 수 있다고 생각하므로 사회성이 부족하다. 스스로의 이익을 도모하고 어느 누구도 자기에게 맞설 수 없다는 것을 나타낼 수 있는 것이라면 망설임 없이 타인을 공격한다. 8유형 중 표현이 가장 적고 자신의 몫을 잘 챙긴다.

④ 욕망 표출 방법

생존에 필요한 것을 얻어냄으로써 욕망을 표출한다.

2. 태조: 개인적 본능 8유형(SE8)

1) 이성계의 성격 분석

가. 카리스마가 있고 주도면밀함

이성계(태조)는 타고난 리더이다. 그가 자신만의 세력을 구축할 수 있었던 것은 그의 무인으로서의 실력과 도전정신에 기인한다. 그가 고려 중앙 무대에 진출할 수 있었던 것도 왜구, 여진족, 홍건적 등의 계속된 침입과 이를 격퇴하는 과정에서 전국적인 명성을 쌓았기 때문이다. 이성계는 원나라의 잔영세력과 왜구들, 홍건적의 침략 등으로 어지러운 시대에 그의 능력을 최고치로 끌어올렸다. 전투할 때마다 카리스마 넘치는 지휘로 군대를 통솔하며, 신기에 가까운 궁술과 천재적인 전술로 승리를 이끈 이성계는 고려의 영웅으로 떠올랐다.

고려의 요동정벌군이 평양을 출발하여 위화도에 도착했을 때, 이성계는 회군을 결심하고 4불가론을 주장하며 두 차례에 걸쳐 조정에 회군을 요청했다. 처음 회군요청을 했던 때는(1388.5.13) 양광도(경기·충청) 일대에 왜구들이 침입해 왔다. 우왕은 왜구진압을 위해 도성방위군의 주력을 내려 보냈다. 이 사실을 안 이성계가 재차 회군요청을 하고(5.22) 도성방위군이 남하한 틈을 타 병력을 위화도에서 개경으로 돌린 것이다. 요동정벌 당시 평양(서경)에서 출발한 군대가 위화도까지 걸린 시간은 20일이었다. 위화도에서 개경 구간은 정벌 출발지인 서경에서 위화도보다 2배임에도 회군하는 데 소요된 시간은 절반이나 줄어들었다. 이는 왜구토벌을 위해 남하했던 도성방위군이 복귀한다면 회군은 실패할지 모르기 때문이었다. 이성계가 두 차례나 조정에 회군 허가를 요청한 것은 회군을 정당화하기 위한 명분을 쌓기 위한 것이었다.

나. 처세에 능함

이성계는 무장답지 않게 처세에도 능했다. 『동각잡기(조선시대 문신 이정형이 고려 후기부터 조선 선조 때까지 정치와 명신들의 행적을 기록한 역사서)』에 의하면 이성계가 부하를 예의로 대접해 아무도 욕하는 자가 없었고, 서로 이성계 부대에

속하고 싶어 했다. 이성계는 항상 겸손하게 행동했으며 남의 위에 서려고 하지 않았다. 활을 쏠 때도 상대편의 실력을 봐서 비슷하게 맞히다 권하는 이가 있으면 한 번쯤 더 맞히는 데 그쳤다.

　　다. 잔혹하고 가혹함

　　이성계가 형식적이고 의례적인 사양을 하다가 마침내 새로운 왕조의 왕위에 올랐다. 그러자 누가 퍼뜨린 헛소문인지 전국 각지에서 반란이 일어났다는 유언비어가 퍼졌다. 이를 핑계로 이성계가 전국의 왕씨를 모두 잡아들여서 강화도와 거제도에 분산 수용하라고 명하니, 거의 모든 왕씨들이 붙잡혀서 강화도와 거제도에 수용되었다. 그들은 움막에 기거하면서 음식도 매우 부족하게 보급되어 피골이 상접해지고 무례하고 비인간적이고 폭력적인 대우를 받았다. 결국 그들은 새로운 국가인 조선의 국운에 걸림돌이 된다는 이유로 두 섬에서 몰살되었다. 유배를 갔던 공양왕과 그의 두 아들도 교살되었다. 이성계는 또한 도읍을 개경에서 한양으로 옮기는 데 새로운 도읍의 성을 쌓는 노역에서도 잔학하고 가혹한 행위를 저질렀다.

　　왕씨 몰살이 자행되자 이성계와 새 왕조에 대한 민심은 아주 흉흉했다. 특히 왕씨들이 많이 살았던 개성에서는 일가친척들 중에 왕씨와 엮이지 않은 사람이 거의 없었기 때문에 이성계에 대한 민심은 거의 증오에 가까웠다. 결국 이성계가 천도를 결심하지 않을 수 없을 지경에 이르렀다. 나중에 이성계가 1차 왕자의 난을 겪으며 이방원과 그 수하들에 의해 두 아들과 정도전과 남은 등의 충복들을 잃게 되자, 민중들은 이성계가 왕씨들을 몰살한 업보로 천벌을 받은 것이라며 통쾌하다는 반응을 보였다. 왕건이 저주를 걸어서 이성계의 두 아들들과 충복들이 희생을 당한 것이라는 전설이 전해지는 것도 이를 반영한 것으로 보인다.

　　그러나 이성계도 말년에는 왕씨 몰살을 후회하게 되었다. 1차 왕자의 난으로 인한 충격으로 자의 반, 타의 반으로 왕위를 내놓고 정종이 왕위에 오르는 과정에서 이복형제를 죽이는 패륜을 저지른 이방원이 실권자로 등극한 데다가 더 나아가 2차 왕자의 난 등의 비참한 일들을 겪었기 때문이다.

라. 복수심을 거두지 않음

이성계는 양위 후 세상을 떠날 때까지 자신의 뜻을 거스른 이방원에게 복수심을 거두지 않았다. 정종 재위 기간과 태종 즉위 초반에 태조는 서울을 떠나 오대산과 소요산, 함흥 등에 머물러 있기도 했고, 회암사에 머물면서 시찰을 중수하는 일 등을 했다.

이성계는 왕자의 난을 일으킨 태종과 거리를 두었다. 제1차 왕자의 난 이후, 이성계에게 태종은 아들이 아니라 원수였다. 태종이 이성계의 와병을 틈타 사랑하는 아들 방석과 방번을 죽이고 권력을 빼앗아갔기 때문이다. 뒤통수를 맞았다는 배신감, 아들과 권력을 뺏겼다는 상실감은 태종에 대한 미움과 복수심으로 연결되었다. 그는 마음만 먹으면 태종을 처벌할 수 있다는 자신감도 있었으므로, 고향 함흥으로 가서 군대를 일으키기도 했다. '조사의'라는 사람을 앞세웠지만 배후에는 이성계가 있었고, 동북면 사람들 10,000명이 이성계를 따랐다.

이들의 기세가 만만치 않자 태종이 직접 나서면서 부자간 군사대결이 시작되었다. 태종이 진두지휘하는 관군은 양과 질적인 면에서 반란군을 압도했고, 얼마가지 않아 반란군은 스스로 와해되었다. 인심이 예전 같지 않았고 왕년에 이성계를 따르던 많은 사람들도 더 이상 내일을 장담할 수 없는 68세의 노인에게 희망을 두지 않았기 때문이다. 방원은 아버지까지 물리치고 나서야 명실공히 조선의 최대 권력자가 되었다.

2) 개인적 8유형(SE8)의 성향과 특징

가. 성향 — 소유(Possession)

SE8의 성향은 소유로써 이는 상황과 주변을 강력하게 장악하고자 하는 것이다. 물질적 안전을 추구하는 대신에 이들은 사람과 물건을 지배하려고 하여 배우자와 애인을 소유하고 통제하려고 한다. 관계를 정복으로 여기고 관계에서 주도권을 쥐고 싶어 하기 때문에 사랑에 있어서 약하거나 의존적이지 않다. 특히 여성은 그럴 가치가 있어 보이는 상대에게 통제권을 양보하고 싶어 한다. 그러나 겉으로는 열렬하게 양보의 몸짓을 하지만, 여전히 거의 주도권을 쥐고 있다. 이들에게 욕망의 열정은 사랑하는 대상의 몸과 영혼을 소유하고 싶은 욕구로 나타난다.

나. 특징

① 경쟁심과 성취욕이 강함

SE8은 자신의 인기와 매력을 과시하며 가까운 사이에서도 자신이 우위를 차지하고 통제하는 힘을 갖고자 한다. 이들은 간사하고 꾀가 많고 익살스럽게 표현하는 감각이 있으며 도덕적 기준에 어긋나는 것을 즐기는 편이다. 또 긴장감을 고조시켜 이를 즐기기 위해 다른 사람들과 치열한 경쟁을 하는 성향이 있으며 사랑싸움을 즐긴다. 이들은 경쟁에서 쉽게 승부가 나면 재미를 못 느낀다.

② 상대방을 지배하려 함

SE8은 주위에 있는 사람들에게 간섭하고 그들의 삶에 영향을 끼치고자 한다. 성격이 강해서 사람들을 지배하는 유형이다. 아주 가까운 사람들도 통제하고 영향력을 행사하려고 하므로 거칠어지기도 한다. 이들은 물질적 안전보다 사람과 물건을 지배하려고 한다. 친한 사람들과는 장난을 치고 토론을 즐기지만, 꼼꼼하게 따지는 사람들에 대해서는 참을성이 없다.

③ 반항적임

SE8은 반사회적 성향이 강할뿐더러 도발적 성향이 있다. 이들은 저항을 노골적으로 표현하며 타인의 눈치를 보지 않는다.

④ 소유 표출 방법

SE8은 사람들의 주의를 사로잡기 위한 욕구와 반항을 통해 욕망을 표현한다.

3. 태종: 사회적 본능 8유형(SO8)

1) 태종의 성격 분석

가. 중심에 서고자 함

고려 말 기존 권력을 대체하는 새로운 질서를 세우는 과정에서 주체는 이성계였지만, 고비마다 돌파구를 열고 위기를 극복해 나갈 수 있었던 것은 이방원(태종)의 냉철한 결단 때문이었다. 방원은 자신의 가치를 주장함에 있어서 조금의 망설임도 없었다. 이성계의 역성혁명에는 정도전이 지향하는 성리학적 이념에 바탕을 둔 왕도정치의 실현이 명분이고 가치였다. 새 왕조를 주창하는 과정에서 정도전이 가치와 명분을 선점하고 향후 정권의 향방까지 영향력을 행사하는 것이 이성계에게는 문제가 되지 않았지만 이방원의 입장은 달랐다.

이성계는 정도전을 동반자 내지는 단순한 조력자로 인식하였지만, 이방원은 정도전을 이성계를 매개로 자신의 이상을 실현하고자 하는 주체로 보았다. 이는 상황의 중심에 서고자 하는 이방원이 수용할 수 없는 일이었다. 두 사람은 강하게 부딪쳤고 이방원은 격정의 흐름인 소유에 충실하였다.

나. 용인술이 뛰어남

고려시대 과거는 무척 어려운 시험인데, 이방원은 17세 때 문과시험에 합격한 엘리트였다. 방원은 조선 국왕 중 유일한 과거급제로 공무원 생활을 한 덕분에 관료들의 심리를 꿰고 있었다. 그는 과거에 합격했고, 명나라와의 외교 경험이 있었고, 아버지를 도와 고려를 무너뜨리고 조선을 건국했으며, 왕권을 잡기 위해 두 차례에 걸친 왕자의 난을 일으켰고, 외척세력과 친형제도 숙청 및 유배를 보냈으며, 아버지와의 전쟁도 치렀다.

태종은 이처럼 산전수전을 다 겪은 후에 왕위에 올랐으므로, 신하들을 자유자재로 다루는 능력이 있었다. 그는 신하들이 간언을 해도 폐하거나 처벌하지 않았고, 끝까지 신하들이 간언하게 놔두는 등 토론에도 능했다.

다. 야비함

태종의 왕비 원경왕후 민씨에게는 네 명의 남동생이 있었다. 이들 중 무구와 무질은 1·2차 왕자의 난과 태종의 즉위에 결정적 역할을 했다. 더구나 그들은 세자(충녕대군)의 형(양녕대군)과 각별한 사이였다. 양녕대군은 어린 시절을 외가에서 보냈고, 외삼촌들인 그들과 친했기 때문이다. 이런 이유로 무구와 무질 형제는 조정의 막강한 실세로 부각했다. 태종은 그런 그들을 못마땅하게 생각했다.

더구나 태종은 즉위 이후 민씨와 자주 다퉜는데, 태종이 지나치게 색을 탐한 것에 대한 원경왕후의 반발 때문이었다. 태종은 즉위와 동시에 계속해서 후궁을 들였고, 후궁의 수는 열 명에 육박했다. 민비는 그런 태종을 몰아 세웠고, 태종은 민비가 투기를 한다며 역공을 가했다. 민비가 자신에게 오만하게 구는 것은 동생들의 권세를 바탕으로 한 것이라고 판단한 태종은 처남들을 제거하기 위해 아주 치밀하면서도 치졸한 음모를 꾸몄다.

태종은 느닷없이 세자(충녕)에게 왕위를 물려주겠다며 선위파동을 일으켰다. 태종의 전위표명은 조정 대신들로서는 보통 곤혹스러운 문제가 아니었다. 전위를 받아들이면 임금에 대한 불충이요, 받아들이지 않으면 차기 임금에 대한 불충이었기 대문이다. 이유야 어찌되었든 백관들은 모두 나서서 전위는 절대 안 된다고 한 목소리를 냈다. 민무구와 민무질 형제도 마찬가지였다. 또 세자도 울면서 선위를 받을 수 없다고 버텼다. 그러자 태종은 며칠 만에 못 이기는 척 전위의사를 거둬들였다.

얼마 뒤에 이화(태종의 숙부)가 민무구와 민무질을 탄핵하는 상소를 올렸다. 이미 태종과 이화는 입을 맞춘 상황이었다. 이화의 상소문 내용은 태종과 민무구 두 사람만 알고 있는 일들이 대부분이었다. 이는 태종이 민무구와 나눈 대화를 이화와 그 일당에게 발설했다는 뜻이다. 이화가 민무구와 민무질 형제를 탄핵한 사건에 태종이 깊숙이 연루되어 있음을 의미했다. 그렇듯 태종은 작정하고 민무구 형제를 죽이려 했고, 민씨 형제는 빠져나갈 방도가 없었다.

이화의 상소문 이후에 민무구와 민무질을 처벌해야 한다는 상소가 빗발쳤고, 태종은 그들의 상소에 밀린 듯 마지못한 얼굴로 민무구를 여흥에, 민무질을 대구에 유배 조치했다. 이는 그들의 부친인 민제가 제안한 것이었다. 그대로 뒀다간 유배형이 아니라 극형에 처해질 것을 염려한 고육책이었다.

하지만 민씨 형제의 일은 그쯤에서 끝나지 않았다. 만약 민무구 형제가 살아남은 가운데 태종이 죽고 세자가 즉위한다면, 그 뒷감당이 만만치 않았기 때문이다. 필시 민씨 형제는 복수할 것이고, 탄핵에 가담한 무리들은 대거 숙청당할 것이 뻔했다. 그 점을 모르지 않는 하륜·이숙번·이화 등은 대간들을 통해 지속해서 그들 형제를 극형에 처할 것을 요구했다. 그런 가운데 민씨 형제 편에 서있던 이무·조희민·강사덕 등은 자위책을 마련하기 위해 은밀히 민씨 형제와 연락을 취했는데, 이 일이 발각되어 사건은 걷잡을 수 없이 확대되었다.

결국 정사공신 이무가 사형을 당했고, 민씨 형제는 제주도로 유배되었다. 태종은 마침내 민씨 형제에게 자진 명령을 내렸다. 또 몇 년 후에 그들의 두 아우인 민무휼과 민무회에게도 자진하게 했고, 그들의 처자도 모두 변방으로 내쫓았다. 왕비 민씨와의 부부 갈등에 화가 난 태종은 결국, 4명의 처남을 모두 죽임으로써 왕비와 처가를 철저하게 응징했다.

라. 목적을 위해 수단과 방법을 가리지 않음

방원은 조선 개국의 가장 큰 걸림돌이었던 포은 정몽주를 개경 선죽교에서 살해했다. 이로 인해 원래 가장 사랑받는 아들이었던 그는 태조 이성계의 눈밖에 나게 되었다. 제1차 왕자의 난을 일으키며(1398년) 삼봉 정도전·남은·심효생·아우인 방번·세자 방석·태조의 사위인 이제를 죽였다. 제2차 왕자의 난을 일으키면서(1400년) 형인 의안대군 방간과 내전을 벌여 방간을 유배 보냈으며 그 휘하인 박포 등을 죽였다.

태종이 즉위한 지 얼마 지나지 않아 태상왕으로 전국 곳곳을 돌아다니던 이성계는 함흥지역에서 '조사의의 난(태종 2년, 1404년)'을 일으켰다. 이때 태종은 신하들에게 한양 수비를 맡기고, 아버지를 상대로 친정(親征)에 나서는 조선왕조 최초이자 최후의 막장 행각을 벌였다. 아버지(이성계)와 아들(태종)의 부자간 전투에서 이성계가 패했고, 태종은 수많은 사람을 희생시켰다. 외척에 대한 견제를 목적으로 당시 좌의정이던 박은과 전 영의정 유정현을 움직여 강상인의 옥사를 일으키고(세종 원년), 이때 사돈이자 세종의 국구인 심온을 희생시켰다. 그리고 심온의 가인들은 노비로 격하되었다.

2) 사회적 본능 8유형(SO8)

가. 성향 — 우정(Friendship)

소속되지 못한 느낌을 해결하기 위한 시도로 친밀한 사회적 관계를 유지한다. 이들에게 있어 동지가 되는 것이 사회적 불안정을 해결할 열쇠이기 때문이다. 우정이란 아주 깊은 유대감으로써 영원한 신뢰와 충성, 형제애 같은 무리의 일원이라는 뜻을 함축한다. 이들에게는 지배적이고 통제적인 성향이 사회적 관계의 영역에서 나타나는데, 신뢰나 우정의 배반은 복수를 부를 수도 있다. 이들에게 용서하는 것은 쉬운 일이 아니다. 이들의 욕망의 열정은 다른 사람들과 맺은 유대관계의 격렬하고 독점욕이 강한 성질로 나타난다.

나. 특징

① 관계 맺기를 좋아함

SO8은 명예와 신의를 중요시하여 믿을 수 있는 사람들과의 친교를 선호하고, 다른 사람들과 끈끈한 정을 통해 자신의 영향력을 확인한다. 이들은 완벽한 의리와 우정을 추구하기 때문에 배신감이 들면 참지를 못한다. 어려움이 있거나 사람들에게 거부당하고 있다고 느낄 때, 자신이 의지할 수 있고 자신을 순수하게 생각해 주는 사람들과 교제를 함으로써 난관을 극복해 나가려고 한다. 이들은 가까운 사람들과 얘기하느라 밤을 지새우기도 하고 주말에 파티를 열어 여가를 즐긴다.

② 약자를 보호함

SO8은 누군가가 힘을 더 많이 가진 사람에게 박해받거나 착취당하는 상황을 감지하는 데 민감하다. 따라서 이들은 힘없는 사람들을 보호하기 위해 행동하는 경향이 있다.

③ 친절함

부드럽고 뜨거운 동정심을 나타내며 친절하다.

④ 욕망 표출 방법

SO8은 타인과 연대한다. 이들은 타인을 위하고 사람들의 주의를 사로잡기 위해 욕구와 반항을 통해 욕망을 표출한다. 이들은 자신이 좋아하는 사람들을 테스트해서 유대관계를 돈독히 할 뿐만 아니라 안전지대를 공고하게 한다.

제9절
9유형 — 평화주의자들

1. 정종: 자기보존 본능 9유형(SP9)

1) 정종의 성격 분석

가. 현실감각이 뛰어남

왕자의 난으로 실권을 장악한 방원이 자신의 형제들 가운데 태조의 왕위를 물려받을 인물로 방과를 선택한 이유는 다음과 같다. ① 태조의 미움과 세상의 비난을 피하기 위함이다. ② 방과는 후궁들로부터는 자식들을 많이 두었지만, 정비(장안왕후)와 사이에는 자식이 없었다. 따라서 '적자가 왕위를 계승해야 한다'는 원칙에 따르면 방과에게는 후계자가 없었기 때문이다.

방과는 방원이 자신을 왕으로 선택한 이유가 태조와 태종을 이어주는 '과도기 임금' 역할 때문임을 잘 알고 있었다.

나. 처세술이 좋음

정종은 방원과 갈등을 피하기 위해 노력했다. 정종은 실권이 없었으므로 스스로 몸을 낮췄다. 정종은 재위 기간 내내 왕위나 권력에는 관심이 없다는 것을 표출했다. 정종은 처세술의 일환으로 격구·사냥·연회를 즐기며 정치에 관심 없음을 방원에게 넌지시 드러냈는데, 특히 격구를 즐겼다. 정종은 허수아비 왕이었지만, 방원에게 왕위를 넘긴 후 상왕으로 있으면서 왕위로 재임할 당시와 동일하게 유유자적의 삶을 보냈다. 이러한 처세술로 정종은 세종 대에 이르기까지 19년간 유유자적한 삶을 영위했다.

다. 춤을 잘 춤

정종은 조선왕조 최초로 춤을 춘 왕으로 천성적으로 춤추기를 좋아했다. 정종시대는 정치적으로 불안정한 시기였으므로, 대부분의 정사가 이방원 뜻에 의해 이루어져 왕이었음에도 동생의 대리인에 불과했다. 그럼에도 이방원과의 갈등과 분열보다는 조화를 택했다.

정종은 이방원을 만족시키기 위하여 자신을 희생했다.

① 정종은 상왕인 태조와 춤을 함께 추었다.

정종이 백관을 거느리고 아버지 태조에게 나아가 헌수했을 때, 정종이 춤을 추자 태조도 일어나 함께 춤을 추었다(1399년).

② 정종이 이방원과 더불어 춤을 추었다.

공적인 행사가 끝나고 사적인 성격이 강한 술자리에서 정종은 이방원(세자)과 함께 춤을 추었다(1400년). 다음 날 내관은 정종이 아버지인 상왕과 춤을 춘 것은 예에 어긋나지 않지만, 세자와 함께 춤을 춘 것은 예에 어긋난다고 지적했다. 이에 정종은 술에 취해서 알지 못한다며 비난을 피해갔다. 그 후에도 정종은 세자와 함께 어울려 춤을 추었다. 내관의 지적에도 정종 자신은 세자와 춤추는 일을 대수롭지 않게 생각했다.

③ 임금과 신하가 더불어 춤을 추었다.

정종의 생일에 모두들 술에 취하여 임금은 종친, 재상 등과 어울려 춤을 추었다(1400.7). 그리고 신하들을 위로하기 위해 술자리를 베풀었을 때 술에 취해 신하들과 함께 춤을 추었다(1400.9).

라. 현실에 순응함

정종은 인자하고 온화하며 공손했다. 동생 방원(태종)이 베푸는 상왕(정종)에 대한 위협요인의 자진철회에 대한 보상으로 평생 안락한 삶을 산 현실 타협주의자였다. 정종은 주어진 현실의 난제를 슬기롭게 극복했다. 정종은 상왕으로 물러나면서 도성 밖 15리 양주에 있는 연희궁에 머물렀다. 동생 태종의 눈앞에 안 보이는 것이 생명유지의 으뜸임을 깨달았기 때문이었다. 그 후 정종은 도성에서 더 멀리 떨어진 개성 인근에 인덕궁을 짓고 유유자적하며 여생을 보냈다.

2) 자기보존 9유형(SP9)의 성향과 특징

가. 성향—식욕(Appetite)

SP9은 자기욕구와 허기를 충족시키길 원한다. 식욕은 먹는 것이라기보다는 신체적 욕구가 충족되는 경험이 주는 안락한 연합을 통해 보호를 받고 싶어 하는 것이다. 나태가 여기에서는 자신이 정말로 필요로 하는 것 대신에 별로 중요치 않은 만족을 좇는 습성으로 나타난다. 가장 깊은 차원에서는 참된 정신적 만족을 물질적 만족으로 대신하는 데서 드러난다.

비본질적으로 대체하는 성향이 더 표면적인 차원에서 드러나는데, 이들은 영양가 있는 식사 대신 초코바를 먹는 것으로 식사를 대신하는 듯하다. 식욕이라는 단어가 암시하듯이 탐닉하는 경향이 있다. 양분을 받지 못할까 봐 불안한 마음 때문에 실제로 필요한 양보다 훨씬 많이 섭취하고 흡수한다.

나. 특징

① 느긋함

SP9은 소박한 욕구만 충족되어도 만족해하며 편안하고 느긋하다. 이들은 살아가면서 과욕을 부리지 않는 편안하고 느긋한 성격으로, 패스트푸드 레스토랑에서 식사를 하거나 TV 재방송을 보다가 소파에 드러눕는 즐거움에도 만족을 느낀다. 이들 중에는 재능을 가진 사람들이 많지만 야심은 없다.

② 활력이 없음

SP9은 감동이 없고 스스로를 돌보지 않아 자신이 필요한 것을 획득하거나 자기보존의 욕구를 충족시키는 데 어려움을 겪는다. 이들은 불안을 해결하기 위해 바쁜 삶에 빠져들거나 큰일을 감당해야 하는 것을 피하기 위해 작은 일에 매달린다. 이들에게는 이들이 바라는 것을 좇지 않는 데 대한 불안감이 내면에 억압되어 있다.

③ 강한 존재감

SP9은 타인에 의해 자신의 좋은 기분이 방해받는 것을 원치 않으므로 반응하지 않는다. 이들은 조용히 있음으로써 사람들에게 저항한다.

④ 나태 표출 방법

억압된 분노를 먹는 것으로 푼다.

2. 경종: 개인적 본능 9유형(SE9)

1) 경종의 성격 분석

가. 심약함

경종은 어린 시절에는 어머니 장희빈이 숙종의 총애를 받고 당시 집권세력인 남인의 지지를 받았기 때문에 평탄한 세자시절을 보낼 수 있었다. 그러나 부왕인 숙종이 왕권강화를 위해 많은 환국을 일으켰으며 경종의 생모도 희생양이 되었다. 중전이었던 어머니가 후궁으로 강등되고 인현왕후가 복위되어, 경종은 법적으로 인현왕후의 아들이 되었다. 경종은 생모 희빈 장씨의 원수임에도 불구하고 양모인 인현왕후를 깍듯하게 모셨다.

경종이 14세 때 생모가 인현왕후를 모함했다는 사실이 밝혀져 숙종에 의해 사사될 때, 경종은 자신을 지지하던 대신들에게 어머니를 살려달라고 간청했으나 왕권이 강했던 숙종에게 반문할 수 있는 대신들이 없었다. 생모의 죽음을 목격한 경종은 심신쇠약에 걸렸다.

경종은 세자의 신분으로서 대리청정을 했으나 숙종과 노론대신들의 바람과는 달리 적극적으로 정치에 임하지 않고 조심스러운 행보를 했다. 이런 행보의 배경에는 언제든지 폐세자 될 수 있다는 염려가 있었기 때문이다.

나. 갈등을 싫어함

경종 즉위 초에 정국을 발칵 뒤집어놓는 사건이 일어났다. 자객, 독살, 위조 교서에 의한 폐출의 수단을 써서 경종을 몰아내려는 모의가 있었다는 '목호룡의 고변'이었다. 이 일로 노론세력의 주요 대신 등 수십 명이 죽임을 당했다 (임인옥사). 하지만 독살기도 부분에 대하여는 관련 증언에도 불구하고 경종은 "나인을 조사해 밝히는 것은 원래 어려운 일이 아니지만, 노론을 타도하는 계책으로 삼고자 하는 것은 더욱 근거가 없으니 앞으로 이런 문자는 써서 들이지 말라"며 수사를 중지시켰다.

이는 사건 확대를 경계한 의도였지만 당시 사회의 관습상 파격적인 조처였다. 당시 노론이 주요 권력을 장악하고 있기 때문이기도 했지만, 평화주의자인 경종이 이들을 자극하고 갈등을 피하기 위한 결과였다. 경종은 비록 병약했지만 연잉군(경종의 이복동생 – 영조)을 세제로 책봉하자는 노론의 주장을 수용했고, 임인옥사 때는 연루된 정황에 따라 연잉군이 죽임을 당할 수도 있었으나 경종은 그를 보호하여 자신의 뒤를 이을 수 있도록 했다.

다. 자기주장이 없으나 욱하는 성격임

경종은 연잉군을 지지하는 노론이 정국을 장악한 가운데 즉위했으므로 왕권이 불안정하고 미약했다. 노론은 평소 말수가 적고 자신의 의견을 강하게 피력하지 못하는 경종을 노골적으로 무시했다. 경종은 즉위 1년 후에 노론의 압박에 밀려 연잉군을 왕세제로 책봉했다. 노론이 다시 경종에게 연잉군의 대리청정을 건의하자, 소론이 강력하게 반발했고 경종도 분노했다. 경종은 노론의 4대신 (김상집·이이녕·이선녕·소래재)을 사형시켰다. 이는 경종의 욱하는 성격을 보여주는 일면이다.

라. 인내력이 강함

숙종은 말년에 자신이 사약을 내린 장희빈의 아들이자, 30년을 세자 자리에 있으면서도 허약하고 자기주장이 강하지 않은 경종이 마음에 들지 않아, 영민한 연잉군을 더 마음에 두었다.

숙종은 세자(경종)에게 문안조차 허락하지 않을 만큼 냉랭하게 대했으나, 연잉군에게는 따뜻한 자애로움으로 보듬었다. 숙종은 세자를 바꾸고 싶었으나 특별한 잘못이 없는 한 교체할 수 없으므로, 세자에게 대리청정을 시켰다. 이러한 숙종의 조치는 세자에게 잘못이 있으면 폐세자시키고 연잉군을 대신 세자로 만들고자 함이었다.

세자(경종)는 대리청정 후 말을 아끼고 신하들의 말을 경청할 뿐 좀처럼 자신의 의견을 내보이지 않았다. 실수하기를 바라는 노론의 속마음을 아는 것처럼, 세자는 유약하고 기대에 못 미치기는 했지만 책잡힐 행동을 하지 않았다. 이러한 처세로 인고의 오랜 세월을 견뎌낸 경종이 왕위에 오를 수 있었다.

2) 개인적 본능 9유형(SE9)의 성향과 특징

가. 성향 ― 융합(Fusion)

SE9은 삶에서 중요한 사람, 즉 동반자인 부모와 자녀, 가까운 친구 등과 융합한다. 상대방의 사랑에 대한 욕구와 융합에 대한 욕구에 의해 움직이며 그것이 그들에게는 행복으로 가는 열쇠처럼 보인다. 이들에게는 상대방과의 완전한 융합이 자신이 완전해지는 데 필요하다. 이들은 타인에게 쉽게 몰입하고 그 과정에서 자기 자신과의 연결을 잃는다. 정말로 융합해야 하는 대상인 자신의 본질적 바탕을 어떤 다른 사람으로 대체하는 것이 나태열정의 핵심이다. 이렇게 '실제'와의 상실로 남겨진 구멍을 상대방의 사랑으로 채우려는 시도를 한다.

나. 특징

① 거만함

SE9은 거만하여 잘난 체하고 남을 업신여기며, 대인관계가 원만하지 않고 어려워지면 쉽게 화를 낸다.

② 배우자에게 집착함

SE9은 자신의 인생보다는 우리의 인생에 대해 생각하면서 이상적인 배우자를 찾는다. 이들은 배우자를 이상적인 인물로 만들기를 원하므로 배우자의 결점을 보려 하지 않는다. 다른 9유형에 비해 외향적이고 적극적이다. 이들은 어떤 사람과 완전한 결합을 상상하며 그 사람이 자기 정체성의 구심점이 되므로, 배우자를 이상화하거나 집착하는 문제가 생긴다.

③ 공격성 없음

SE9은 독립적으로 존재하기에는 너무 힘들다고 느끼므로, 타인의 의견이나 태도를 무의식적으로 취한다. 이들은 친절하고 상냥하며 수줍어하고 공격적이지 않다.

④ 나태 표출 방법

타인에게 동화됨으로써 나태를 표출한다.

3. 문종: 사회적 본능 9유형(SO9)

1) 문종의 성격 분석

가. 소통을 잘함

문종은 언관의 언론이 활성화되어 있었음에도 불구하고 언로를 더 넓히는 정책을 펼쳤다. 6품 이상의 신하들에 대해서 윤대(돌아가면서 왕을 만나는 것)를 허락해 벼슬이 낮은 신하들의 말도 경청했다. 윤대는 비단 관료들의 의견을 국왕에게 전달하는 계기가 될 뿐만 아니라, 국왕 입장에서도 관료 개개인의 식견과 능력을 직접 시험해 볼 수 있는 기회이기도 하였다. 현대사회의 정치에 있어 가장 키워드로 꼽히는 '소통'을 문종이 실현한 것이다.

나. 너그러움

문종은 성품이 너그럽고, 말수가 적으며, 우애가 있었다. 어렸을 때부터 인품이 관대하고 후하여 누구에게나 좋은 소리를 들으며 학문을 좋아했다. 문종은 또한 우애적이고 성격이 좋아서 사람들과 잘 친해지고 잘 도왔다. 그는 형제들 간의 우애도 돈독해서 동복, 이복을 가리지 않고 지극정성으로 챙겼다. 심지어 수양대군이 국법을 어겨 대신들의 상소가 있을 때에도 적극적으로 그를 옹호했다.

문종은 침착하고 신중하여 남에게 비난받는 일도 없었다. 하지만 지나치게 착하고 어질기만 하여 문약함을 벗어나지 못했다. 그는 어려서부터 어질고 말수가 적으며 공손하고 검소했다. 그는 유학뿐 아니라 천문과 역수 및 산술에도 정통했고, 예·초·해서 등 서도에도 능하였다. 성리학에 깊이 몰두하여 연구하였으며 여색과 놀이를 좋아하지 않았다. 천문학에도 밝아 세종은 일기예보관 대신 문종을 데리고 다닐 정도였다.

문종은 인성이나 통치능력이 아닌 다른 능력들도 뛰어났는데, 엄청난 명필이라서 신하들이 앞다투어서 문종이 글을 써서 신하한테 주면 그 신하들이 미친 듯이 좋아하면서 그 글씨체를 본받으려고 집에서 많은 노력을 했다. 문종의 글씨는 힘차고 살아 움직이는 진기한 기운이 있어 진(晉)나라 사람의 오묘한 경지를 능가하였다.

다. 효심이 깊음

문종은 천성이 지극히 효성스러워 여러 가지 정무가 많아도 늘 부왕의 약을 먼저 맛보고 수라상을 친히 살폈다. 밤중이 되어도 부친을 곁에 모시고 있으면서 물러가라고 명령하지 않으면 물러가지 않았다. 세종이 앵두를 즐기므로, 문종이 일찍이 후원에 손수 앵두나무를 심어 앵두가 익으면 따다가 드렸다.

효심이 깊은 문종은 어머니의 3년 상을 최고 강도로 수행했다. 문종이 수행한 초고강도 3년 상이 아닌 저강도 3년 상을 수행한 사람들도 엄청나게 죽어나갈 판이었다. 충과 효를 그렇게 부르짖는 사대부들마저도 너무 힘들어서 형제들이 돌아가면서 3년 상을 하거나, 아니면 노비들한테 돈을 쥐어주고 자신은 몇 달 쉬고 노비들한테 대신 시킬 정도였다. 3년 상은 매 시간 온몸을 축내며 통곡하고 명복을 빌며 애통해해야 하고 음식 또한 고기를 못 먹는 건 물론이고 풀뿌리로 연명해야 했다.

이처럼 저강도도 아니고 초고강도로, 심지어 일반인이면 얼마 하지도 못하고 과로사할 과다한 업무량을 감수하면서 문종은 3년간 초식을 했다. 문종은 3년 상을 치르는 동안 약간의 병치레를 겪을 뿐 막대한 업무량을 겪으면서 버텨내는 데에 성공했다. 어머니의 3년 상이 끝나려고 할 시점에 세종이 타계했다. 엄청난 효자였던 문종은 어머니의 3년 상이 끝나고 휴식 기간 없이 바로 세종의 3년 상에 돌입해 과중한 업무량을 감당하면서 6년 상 중 5년까지 수행하다 사망했다.

라. 처복이 없음에도 향락에 빠지지 않음

문종은 일생 동안 처복이 지독히 없었다. 그는 세자 시절 3번의 혼인을 했다.

첫 번째 혼인은 휘빈 김씨(상호군 김오문의 딸)를 세자빈으로 맞아들였다(1427년). 문종은 휘빈 김씨와 성격이 맞지 않아 세자빈의 처소를 멀리했다. 그러자 세자빈 김씨는 문종의 총애를 얻기 위하여 온갖 미신적인 술법을 쓰고, 사랑을 받기 위하여 방중술(房中術)까지 배웠다. 유교사회였던 조선에서 사술은 문제가 되었는데, 세종은 김씨가 세자빈으로 적당치 못하다고 생각하여 궁에서 내쫓았다. 이렇게 문종의 첫 결혼 생활은 채 2년을 채우지 못하고 끝나고 말았다.

그 후 순빈 봉씨(창녕현감 봉여의 딸)를 세자빈으로 맞이했다. 문종은 차분하고 조용한 성격인데 순빈 봉씨가 자기주장이 강하고 나서기를 좋아하자, 문종이 세자빈의 처소를 멀리했다. 봉씨는 문종의 총애를 얻기 위하여 궁인들을 사주하여, 시도 때도 없이 음주를 하는가 하면 음식을 몰래 숨겨두고 먹는 식탐을 부리기도 했다. 또 세자빈 봉씨는 궁궐 내에서 소쌍이란 궁녀를 사랑하여 동성애를 행했다. 이러한 행실에 대해 시어머니인 소헌왕후가 몇 차례 타이르기도 하였으나 결국 행실을 고치지 못하자, 세종은 고심 끝에 봉씨를 폐출했다.

세 번째 부인은 본래 후궁으로 있었다가 봉씨의 퇴출 이후 세자빈이 된 훗날의 현덕왕후 권씨(권전의 딸)이다. 현덕왕후 권씨는 세자빈 시절에 단종을 낳고 3일 만에 죽었다. 권씨는 세조가 왕위에 오른 이후 단종의 생모라 하여 작위를 추탈 당했다.

문종은 모두 세 명의 부인을 두었지만 결국 그가 왕위에 오르기 이전에 모두 폐출되거나 사망하여 처복이 없었다. 문종은 처복이 없음에도 여색에 빠지거나 향락을 즐기지 않았다. 또한 수렵에 탐닉하지도 않았고 술을 즐겨 마시거나 음악을 좋아하지 않았으며 검소했다.

2) 사회적 본능 9유형(SO9)의 성향과 특징

가. 성향 — 참여(Participation)

SO9에게는 소속되고 싶은 욕구가 많은데, 자신이 참으로 소속되어 있다는 확신이 부족하기 때문이다. 자신이 정말로 환영받는지 아닌지에 대한 민감성 때문에 이들은 사교적 상황에서 편안한 느낌을 갖지 못한다. 이들은 어떻게 해야 구성원의 일부가 될 수 있는지 모르겠다고 느낄 때가 많다. 있는 그대로의 자기 자신이 되기보다 사회적으로 받아들여지는 행동과 친교형태를 흉내 냄으로써 자신을 끼워 맞추려고 한다.

이는 필연적으로 타인들과 진실로 접촉하고 있지 않다고 느끼게 만든다. 그 결과 소속되지 못하고 버려진 듯한 기분이 더욱 강화된다. 이들의 나태의 열정은 사회적 관습을 통해서 참여하려고 하는 태도와 거기에서 비롯된 타인과 피상적 접촉을 하는 것으로 나타난다.

나. 특징

① 중재 역할을 함

SO9은 친구가 많고 다양한 사람들과 잘 어울리며 사람들과 관계 맺는 것 좋아하고 사람들을 모아들여서 평화를 만드는 데 관심이 많다. 모든 이들의 의견을 수용하고 집단 내 갈등을 피하고자 서로 다른 의견들을 중재한다. 하지만 이러한 일이 자신에게 무거운 짐이 되거나 심하게 휘둘릴까 봐 걱정이 돼 갈팡질팡한다. 이들은 모든 사람들과 잘 지내기를 원하므로, 부탁을 받으면 거절을 잘하지 못해 산만해지기 쉽다.

② 이타적임

SO9은 그룹 마인드를 가지며 타인이 자신에게 부여한 책임감을 충족시키려고 자신을 희생할 정도로 타인의 욕구를 만족시키는 재능이 있다. 이들은 일하는 것이나 타인을 돕는 것을 꺼리지 않는다. 그러나 다른 사람이 자기에게 무엇을 해주기를 바라는지를 알고 싶어 한다.

③ 자신을 드러내지 않음

SO9은 다른 사람들 뒷전에 있는 것에 만족해하며 겸허한 사람으로 인식됨으로써 자신의 존재나 의견은 중요하지 않다고 느낀다. 자신의 겸허한 삶이 기쁨과 행복을 가져다 줄 것이라고 생각하기 때문이다. 그러나 이러한 생각은 사람들에게서 소외가 될 수 있을뿐더러 삶의 중요한 기회를 놓칠 수가 있다.

④ 나태 표출 방법

일을 열심히 하여 부여받은 책무를 다함으로 나태를 표출한다. 이들은 잘 놀고 사회적이지만, 열심히 일할 때는 자신의 고통을 보이지 않고 자신의 스트레스를 타인에게 전가하지 않는다.

[표 4] 조선 왕들의 성격유형(*작성: 조성민(2024.2.1.))

	자기보존 본능	개인적 본능	사회적 본능
1유형	순조(SP1) • 말수가 적고 온화함 • 간언에 귀 기울이지 않음 • 눈물이 많음 • 감정표현을 절제함	예종(SE1) • 총명하고 독서를 좋아함 • 효성이 지극함 • 소통에 힘씀 • 규칙과 기준을 잘 지킴	정조(SO1) • 개혁의지가 강함 • 결단력이 강함 • 자기관리가 철저함 • 다혈질이고 직설적임
2유형	철종(SP2) • 겁이 많고 연약함 • 베풀기를 선호함 • 자괴감에 빠짐 • 외로움에 시달림	숙종 (SE2) • 추진력이 강함 • 계산적이고 이해타산에 밝음 • 고약하고 분노조절을 못함 • 감정기복이 심함	현종(SO2) • 따스함 • 지나치게 신중함 • 어려운 일에 유연하게 대처함 • 여색을 탐하지 않음
3유형	효종(SP3) • 성취욕이 강함 • 타인의 시선을 의식함 • 나르시시스트임	인종(SE3) • 총명함 • 어질고 착함 • 고지식하고 미덕에 가치를 둠 • 효심이 깊음	세종 (SO3) • 경쟁의식이 강함 • 꼼꼼함 • 일벌레임 • 실용주의자임

	헌종(SP4)	연산군(SE4)	순종(SO4)
4유형	• 개혁적임 • 과단성이 있음 • 서화와 전각을 좋아함 • 소박함	• 열등감이 많음 • 포악함 • 엽기적인 향락을 추구함 • 예술적 감각이 뛰어남	• 기억력이 뛰어남 • 정서적으로 불안정함 • 충의지사의 기지가 있음 • 적개심이 강함
	명종(SP5)	광해군(SE5)	성종(SO5)
5유형	• 마마보이임 • 간언에 귀 기울이지 않음 • 눈물이 많음 • 감정표현을 절제함	• 예민하고 조심스러움 • 슬기로움 • 경청에 약하고 측근에게 엄격하지 못함 • 포용력이 없음	• 공부벌레임 • 균형감각이 있음 • 줏대가 없음 • 호색한임
	선조(SP6)	단종(SE6)	중종(SO6)
6유형	• 의심이 많음 • 두려움이 많음 • 인재를 아낌 • 검소함	• 의타성이 많음 • 겁이 많음	• 눈치를 봄 • 우유부단하고 결단력이 부족함 • 이즘저 선거인 • 나약하고 공포심이 많음

	세조(SP7)	고종(SE7)	영조(SO7)
7유형	• 사치하지 않음 • 강하고 야심만만함 • 우월 의식이 강함 • 과시욕이 강하고 피아를 구별함	• 놀기를 좋아함 • 낙관적임 • 꼼꼼하고 호기심이 많음 • 반개혁적임	• 검소함 • 예민하고 깐깐함 • 감정기복이 심함 • 소통을 중시함
	인조(SP8)	이성계(SE8)	태종(SO8)
8유형	• 과묵하고 흐트러짐이 없음 • 조심성이 많음 • 냉혹함 • 짜증이 심함	• 카리스마가 있고 주도면밀함 • • 처세에 능함 • 잔혹하고 가혹함 • 복수심을 거두지 않음	• 중심에 서고자 함 • 용인술이 뛰어남 • 야비함 • 목적을 위한 수단과 방법을 가리지 않음
	정종(SP9)	경종(SE9)	문종(SO9)
9유형	• 현실감각이 뛰어남 • 어벙수의 대가 • 춤을 잘 춤 • 현실에 순응함	• 심약함 • 갈등을 싫어함 • 자기주장이 없으나 욱하는 기질이 있음 • 인내심이 강함	• 소통을 잘함 • 너그러움 • 효심이 깊음 • 처복이 없음에도 향락에 빠지지 않음

내 안의 구속

조성민

기다리며
가는 길마다
끊임없는 풀무질이 필요하다

내부에서 소용돌이치는
변화를 극복하기 위해
가슴을 망치로 두들기며 담금질하는
낮과 밤의 진통은 존재의 생채기다

때론 아픔을 견디지 못해
어디론가 도망치려 하면
나를 꼼짝 못하게 붙잡는 현실은
모두 시의 가슴이 된다.

참고문헌

1. 단행본

강동호, 『효종』, 포텐, 2020

강명관, 『조선시대 책과 지식의 역사』, 천년의상상, 2014

강상구, 『내 나이 마흔, 이솝 우화에서 길을 찾다』, 원앤원북스, 2013

계승범, 『중종의 시대』, 역사비평사, 2014

과화/차혜정 옮김, 『삼국지 인간력』, 스마트비즈니스, 2008

김 범, 『연산군: 그 인간과 시대의 내면』, 글항아리, 2010

김순남, 『세조: 폭군과 명군 사이』, 푸른역사, 2022

김영운, 『에니어그램 – 내 안의 보물찾기』, 올리브나무, 2007

김우진, 『숙종의 대청인식과 수도권 방엇번략』, 민속원 2022

김종준, 『고종시대 군주권과 민권의 관계』, 역사공간, 2022

김준혁, 『리더라면 정조처럼』, 더봄, 2020

김진희, 『에니어그램』, 도서출판 평산, 2016

리처드 로어 · 안드레아스 에베르트/이화숙 역, 『내 안에 접힌 날개』, 바오로 딸, 2006)

박상하, 『에니어그램 리더십』, 고수출판, 2006

박시백, 『조선왕조실록 2: 태조·정종실록』, 휴머니스트, 2021

　　　　『조선왕조실록 13: 효종·현종실록』, 휴머니스트, 2021

박영규, 『한권으로 읽는 조선왕조실록』, 웅진지식하우스, 2017

박홍규, 『태종처럼 승부하라』, 푸른역사, 2021

비어트리스 체스닛/한세화 · 한병복 옮김, 『에니어그램 27가지 하위유형』, 한국에니어
　　　　그램협회, 2017

비어트리스 체스닛/이규민 · 한병복 · 박충선 옮김, 『완전한 에니어그램』, 연경문화사,
　　　　2018

손선영, 『마지막 유산』, 토로이목마, 2017

신성범, 『소설 철종 이원범』, 꿈과비전, 2018

신병주, 『책으로 읽는 조선의 역사』, 휴머니스트, 2017

신봉승, 『문정왕후』, 금성출판사, 2007

엄광용, 『이성계 – 조선왕조를 세우다』, 서연비람, 2023

엘리자베스 와겔리/글로벌에니어그램연구원 옮김, 『청소년 리더십』, 스토리나인, 2014

엘리 잭슨 베어/이순자 옮김, 『영혼의 자유 에니어그램』, 슈리 크리슈다나스 아쉬람, 2011

유근표, 『인조 1636』, 북루텐스, 2023

유승원, 『사대부시대의 사회사』, 역사비평사, 2020.6

유은성·김봉환 외, 『에니어그램 - 이해와 적용』, 학지사, 2008

윤은성·김은아 역, 『에니어그램 12단계』, 한국에니어그램교육연구소, 2012

윤명선 외, 『에니어그램』, 도서출판 동연, 2017

윤운성, 『심층 에니어그램 의식수준』, 에니어그램연구소, 2014

윤재근, 『노자 - 크고 싶다면 먼저 작게 하라』, 나들목, 2014

이강옥, 『에니어그램 이야기』, 중앙적성출판사, 2006

이경순·이미경·김경희, 『인간관계와 의사소통』, 현문사, 2006

이광수, 『단종애사』, 세움, 2015

이기봉, 『산을 품은 왕들의 도시 2』, 평사리, 2023.3

이덕일, 『조선 왕을 말하다』, 위즈덤하우스, 2010.8

　　　　　『조선왕조실록 1: 태조』, 다산초당, 2018.7

　　　　　『조선왕조실록 2: 정종·태종』, 다산초당, 2018.7

　　　　　『조선왕조실록 3: 세종·문종·단종』, 다산초상, 2019.1

이부영, 『자기와 자기실현』, 한길사, 2007

이성무, 『조선왕조실록 4: 인조·정조편』, 살림지식총서, 2015

이한우, 『성종: 조선의 역대 태평을 누리다』, 해냄출판사, 2014

　　　　　『선조: 조선의 난세를 넘다』, 해냄출판사, 2013

장석만, 『삼국지에 길을 묻다』, 머니플러스, 2016

장연 편역, 『한권으로 읽는 삼국지』, 김영사, 2016

정연현, 『세종의 정치와 리더십』, 북랩, 2012

조성민, 『삼국지에서 내 성격을 찾다』, 박영사, 2018

　　　　　『삼국지 27에니어그램』, 박영사, 2021

차동엽, 『무지개 원리』, 위즈앤비즈, 2009

최용현, 『삼국지 인물 109인전』, 일송북, 2013

최우석, 『삼국지 경영학』, 을유문화사. 2010

탁양현, 『이씨조선 당파싸움, 조선왕조 붕단정치』, 퍼플, 2019

한　명, 『광해군』, 역사비평사, 2018

Don Richard Riso·Russ Hudson/주혜명 옮김, 『에니어그램의 지혜』, 한문화멀티미디어, 2008

Don Richard Riso & Russ Hudson/구태원·두홍찬 역, 『성격을 알면 성공이 보이다』, 중앙 M&B, 2003

Don Richard Riso & Russ Hudson, 『The Wisdom of the Enneagram』, 주혜명 옮김, 한문화, 2008)

Elizabeth Wagele/정환종 외 옮김, 『해피엔딩 에니어그램』, 스토리 나인, 2017

Janet Levine/윤운성 외 옮김, 『에니어그램 지능』, 교육과학사, 2007

Mona Coates & Judith Searle/이영옥 외 옮김, 『17 하위유형 부부코칭 에니어그램』, 스토리 나인, 2017

Renee Baron·Elizabeth Wagele/주혜명 외 옮김, 『나를 찾는 에니어그램, 상대를 찾는 에니어그램』, 연경미디어, 2008),

Renee Baron·Elizabeth Wagele/에니어그램 코칭 인스티튜트 옮김, 『나와 만나는 에니어그램』, 마음살림, 2015

Sandra Maitri/이정섭 외 옮김, 『에니어그램의 격정과 덕목』, 포널스, 2016

Spencer Johnson/형선호 옮김, 『선택』, 청림출판, 2005

Willard B. Frick/손정락 옮김, 『자기에게로 가는 여행』, 교육과학사, 2011

2. 논문

강수정, 「성어 교수 방법론 연구 – 삼국지 성어를 중심으로」, (강원대학교 교육대학원 석사학위논문, 2011.8)

김미혜, 「에니어그램 8번유형의 격정 '정욕'에 대한 개념분석」, 대한에니어그램영성학회지 제6권, 2017.8

김영운, 「한국사회의 에니어그램」JKASES 제1권 제1호, 2012.8

─────, 「한국사화의 에니어그램 리더십」 JKASES 제2권 제1호, 2013.8

김영운·이광자, 「성서인물에 나타난 에니어그램 8유형에 대한 고찰」 JKASES 제1권 제1호, 2012.8

김정선·이정섭, 「에니어그램 3번유형의 격정 '기만'에 대한 개념분석」 JKSES 제3권 2014.8

김혜경, 「에니어그램 6번유형의 걱정에 대한 개념분석」 JKASES 제2권 제1호, 2013.8

박현아, 「윌버의 의식스펙트럼 입장에서 본 에니어그램의 자아 초월적 의미 고찰」, (공주대학교 교육대학원 석사학위논문, 2008.2)

손봉희, 「한국인의 사회적 성격과 9유형의 비교분석」 JKASES 제1권 제1호, 2012.8

안미경, 「에니어그램에 의한 강완숙과 정약종의 영성 연구」, (가톨릭대학교 문화영성대학원 석사학위논문, 2010.5),

유영수, 「시조에 나타난 중국인물에 대한 연구」, (가천대학교 대학원 석사학위논문, 2015)

유지인, 「삼국지연의에서 나타난 제갈량의 형상화 방법연구」, (공주대학교 교육대학원 석사학위논문, 2010),

윤서연, 「에니어그램 성격유형에 기반 한 아버지 양육행동 척도개발」, (숙명여자대학교

대학원 박사학위논문, 2015)

윤운성 외, 「에니어그램 - 이해와 적용」,(서울: 학지사, 2008)

이민경, 「반조조현상 및 그 원인연구」, (부산대학교 대학원 석사학위논문, 2005)

이정섭·김덕진·김정선·김혜경, 「에니어그램을 통한 간호대학생의 자기인식경험」
　　　JKASES 제2권 제1호,

정명실, 「에니어그램의 가슴중심 유형과 트라우마」, 대한에니어그램영성학회지 제5권,
　　　2016.8

조성민, 「삼국지 인물의 성격유형」, 대한에니어그램영성학회지 제7권, 2018.8
　　　　「27가지 부속유형의 분석」, 대한에니어그램영성학회지 제8권, 2019.8
　　　　「삼국지 인물 중 가슴형 성격 분석」, 대한에니어그램영성학회지 제11권, 2022.4

조성준, 「삼국지연의 속 인물들의 심리학적 유형에 관한 연구」, (공주대학교 교육대학원
　　　석사학위논문, 2012)

주석진, 「에니어그램 유형판별을 위한 척도개발」, (대구대학교 대학원 석사학위논문,
　　　2003.1)

조선 왕들의 성격 이야기 ― 에니어그램

초판발행	2024년 8월 19일
지은이	조성민
펴낸이	안종만 · 안상준
편 집	소다인
기획/마케팅	조성호
표지디자인	Ben Story
제 작	고철민 · 김원표
펴낸곳	(주) 박영사
	서울특별시 금천구 가산디지털2로 53, 210호(가산동, 한라시그마밸리)
	등록 1959. 3. 11. 제300-1959-1호(倫)
전 화	02)733-6771
f a x	02)736-4818
e-mail	pys@pybook.co.kr
homepage	www.pybook.co.kr
ISBN	979-11-303-2066-3 93180

정 가   26,000원